S. FISCHER

THOMAS HÜRLIMANN

Abendspaziergang mit dem Kater

S. Fischer

Originalausgabe
Erschienen bei S. FISCHER

© 2020 S. Fischer Verlag GmbH, Hedderichstr. 114,
D-60596 Frankfurt am Main

Satz: Dörlemann Satz, Lemförde
Druck und Bindung: GGP Media GmbH, Pößneck
Printed in Germany
ISBN 978-3-10-397040-1

Für Klara Oskamp

Inhalt

Er kam eine Stunde vor der Dämmerung, strich um meine Beine, miaute und maunzte, und blieb ich sitzen, um einen angefangenen Satz zu beenden, schnellte er lautlos aufs Pult, langte mit der Vorderpfote nach dem Bleistift oder fläzte sich flach aufs Papier, die Botschaft war klar, so oder so: Hör auf zu schreiben, es ist Zeit für den Abendspaziergang.

Der Kater war uns in der Parterrewohnung einer Zürcher Satellitenstadt zugelaufen. Das hatte den Mietvertrag verletzt. Keine Haustiere. Fristlose Kündigung. Wir zogen in die Innerschweiz, in ein Chalet über einem voralpinen Stausee, und da das Revier mit seinen Füchsen Dachsen Raubvögeln für den Stadtkater neu war, nahm er die Gewohnheit an, mich auf meinen Erkundungsgängen zu begleiten. In den ersten Wochen stapfte ich voraus, er taperte hinterher, aber als es zu herbsten begann, kehrte sich das Verhältnis um, der Kater übernahm die Führung, ich hatte ihm – mit einigem Abstand – zu folgen. Von der Route, die wir nun Abend für Abend gingen, duldete er keine

Abweichung. Stets zur gleichen Zeit, wenn sich die Sonne dem Horizont näherte, brachen wir auf, und immer berührte er dieselben Punkte: einen Baumstrunk, den Eingang eines Fuchsbaus, eine verlorene Schuhsohle, lauter Dinge, die ich ohne sein geduldiges Schauen übersehen hätte. Er veränderte meine Wahrnehmung, der Gang wurde zum Ritual, in der Wiederholung erfuhr ich eine andere Wirklichkeit. Die Schuhsohle zeigte über Nacht nicht mehr nach Norden, sondern nach Süden, wie eine Kompassnadel. Auf dem Baumstrunk häuften sich die welken Blätter. Beim nächsten Gang waren sie weggeweht, Nebel befeuchtete die Jahresringe und gab dem Holz eine melancholische Zeichnung. Dann wurde es Winter, der Kater und ich blieben im Haus, er schlief, ich las, und immer wieder kam es vor, dass wir gemeinsam hinausstarrten ins irre Sinken der Flocken, er auf meinem Tisch hockend, ich an der Schreibmaschine, aus der stumm das weiße Blatt hing.

Ich nutzte die stillen Wochen, um mich über das Tier, das mein Schauen und mein Leben verändert hatte, kundig zu machen. Pater Gebhard, der Bibliothekar des nahen Klosters, erklärte mir, dass die Katze sowohl aus dem Alten als auch aus dem Neuen Testament verbannt ist, sie kommt in der Bibel nicht vor. Dem Islam hingegen gilt sie als heilig, denn die fünf Streifen, die sie auf dem Rücken trägt, gehen zurück auf die Hand des Propheten. Er soll sie gestreichelt haben – wen wundert's, die Katze ist so sauber, dass sie ihre Nachgeburt verschlingt, mehrmals am Tag unternimmt sie eine Waschung, wie die Gläubigen vor dem Betreten der Moschee, und lautlos lauscht sie der Predigt. Ein Förster, der hie und da hereinsah, um sich am Kirschwasser aufzuwärmen, wies mich darauf hin, dass eine Katze das Vergehen der Zeit negiere – ihre Vorfahren und Nachkommen interessieren sie nicht, sie überlässt sie dem Vergessen. »Geschichte«, sagte der Förster, ein Grinsen im frostroten Gesicht, »das ist etwas für Bäume und Menschen.«

Noch lagen im Wald letzte Schneeflecken, noch war es kalt, und für den Abendspaziergang zog ich Mantel und Stiefel an. Wieder schlug der Kater den gleichen Weg ein, wieder beschnupperten wir die bekannten Punkte: den Strunk, den Ameisenhügel, die Schuhsohle und weiter oben, wo der Hang steil wurde, den Fuß eines steilrechten Felsens. Unsere Fährte folgte uns durch den Wald, meine Stapfen, die Abdrücke seiner Pfoten und hie und da ein Strich seines Schweifs. Ging er heute schneller als üblich? Tupfte er mehr Striche als gestern in den Schnee? Gezielt strebte der Kater auf den Felsen zu, und dort hielt er inne, wie angewurzelt, vollkommen reglos. Ich wartete etwas weiter unten. Die Stämme wurden schwarz, das Licht dazwischen flüssig, gleich würde es einnachten. Der Kater rührte sich nicht. Starrte zum Stein. Was faszinierte, was bannte ihn? Schließlich kraxelte ich auf allen vieren zu ihm hoch, kauerte mich an seine Seite, konzentrierte den Blick wie er auf den Spalt am Fuß des Felsens. Aber da war nichts … nichts als eine winzige, hellgrün im Laubteppich versteckte allererste Knospe. Der Frühling. Der Frühling! Der Kater, der aus der Stadt kam und für den dieser Wald neu und fremd war, wusste, was Platon und Nietzsche gewusst hatten, er wusste um die ewige Wiederkehr des Gleichen. Und hier, unterm Stein, wo tagsüber ein Strahl der Sonne hinreichte, offenbarte es sich: keine Geschichte, ein ungeheuerliches Geschehen. Ein Wunder. Es kommt wieder. Du kommst wieder. Wir sind ewig.

I
WEGE

Schreiben

Beim ersten Mal war ich gut, sehr gut sogar, doch wurde ich für meine Leistung nicht belohnt, sondern bestraft.

Damals war ich vierzehn Jahre alt und Klosterschüler im ehrwürdigen Stift zu Einsiedeln. Wir hatten einen wundervollen Deutschlehrer, Pater Erlebald. Er las uns seine Lieblingsgedichte vor und Szenen aus dem *König David* von Reinhard Sorge. Beim Eintritt ins Kloster hatte Pater Erlebald seine Stimme verloren, und noch heute höre ich die schönsten Verse der Menschen, die Gottfried Benn'schen, von seiner fast tonlosen Stimme hervorgekrächzt.

An einem sonnigen Frühlingsmorgen lag Pater Erlebald, wie in letzter Zeit öfter, fieberkrank in seiner Zelle, und Pater Walafried, der Subpräfekt, erhielt vom Gütigen – so wurde der oberste Präfekt genannt – den Auftrag, unsere Klasse zu einem Stundenaufsatz ins Freie zu führen, auf einen Hügel hinter dem Kloster. Dort sollten wir, wie der Ersatzlehrer an Ort und Stelle verkündete, eine Baumgruppe beschreiben. Glücklich, der Steinwelt des Klosters entronnen zu sein, legte ich los. Durch die Blätter blitzte die Sonne, Dunst lag überm Land, und es fiel mir leicht, die sieben Linden als Naturkathedrale zu beschreiben, aus Luft und Licht gebaut, von uralten Säulen getragen. Nach einer Stunde sammelte Ersatzlehrer Walafried unsere Hefte ein und hieß uns Zöglinge, die wir schwarze Kutten trugen, ins Kloster zurückmarschieren. Damit hätte sein Auftrag geendet, Pater Walafried jedoch, der seit Jahren davon träumte, in den Schuldienst eintreten zu dürfen, wollte die Bewertung der Aufsätze nicht dem kranken Erlebald überlassen, sondern selber vornehmen. Während des abendlichen Studiums bestellte er mich in seine Zelle, zeigte auf mein Heft und fragte: »Wo hast du das abgeschrieben?«

»Ich habe nicht abgeschrieben, Herr Walafried«, antwortete ich leise.

Er blieb dabei, bezichtigte mich der Lüge und wiederholte seine Frage. Vorsichtig wies ich den Pater darauf hin, er habe uns das Thema erst auf dem Hügel eröffnet, weshalb es mir gar nicht möglich gewesen wäre, mitten in der Natur ein Buch zu erwischen, um mich daraus zu bedienen. Walafried, seiner Meinung sicher, grinste meinen Einwand beiseite: »Gesteh, Lügner!«

Ich weigerte mich, ein falsches Geständnis abzulegen. Da befahl er mir, ihm die Innenflächen meiner Hände zu zeigen, und während er laut und lauter fragte, wer der Dichter sei, dem ich die herrlichen Sätze gestohlen habe, hieb er mit einem vierkantigen Lineal auf mich ein. Meine Handballen schwollen an, die Haut drohte zu platzen, er schrie, ich winselte, er schlug, ich heulte, doch heulte ich die Wahrheit: »Ich habe nicht abgeschrieben, Herr Walafried, ich habe nicht abgeschrieben.«

So wurde ich mit einem Lineal zum Dichter geschlagen, und wenn ich in späteren Jahren verrissen wurde, dachte ich wehmütig: Wenn wir wirklich gut sind, wird es uns heimgezahlt.

Mit sechzehn schrieb ich mein erstes Stück, stieg aus der Kutte, schlang mir einen Schal um den Hals, kletterte über die Klostermauer, fuhr per Autostopp nach Zürich, betrat die Direktion des Schauspielhauses und erklärte einer verdutzten Sekretärin, hier sei die Dichtung, auf die das Haus seit Jahren warte. Ich bat sie, mir so bald als möglich mitzuteilen, wann die Uraufführung stattfinde, und es kommt mir heute wie ein Wunder vor, dass ich nach einigen Wochen von Dietbert Reich, dem Dramaturgen, zum Gespräch geladen wurde.

Meine Komödie handelte von Adligen, die während der Französischen Revolution ins Innere der Erde geflohen sind. Dort zeugen sie sich fort, und als einer (ich!) nach langer Zeit an die Oberfläche zurückkehrt, stellt sich heraus, dass er nur noch an der Decke gehen kann. Dummerweise verliebt er sich in eine gewisse Gisela, die Frau des Einsiedler Fotografen, und da sie mit ihren schönen Beinen fest auf der Erde steht, bleibt die Liebe des jungen, kopfüber von der Decke hängenden Grafen ebenso unsterblich wie unerfüllbar. Dramaturg Reich erklärte mir, das Theater sei kein Zirkus, und meine Chance, gespielt zu werden, werde sich beträchtlich erhöhen, wenn ich künftig auf artistische Vorgaben verzichte. Ich fühlte mich verkannt, und wäre Gisela nicht gewesen, die ich vor meinem Freitod ein einziges Mal küssen wollte, hätte ich mich an einem Lindenast meiner Naturkathedrale aufgehängt, natürlich mit den Füßen nach unten. Aber Gisela zog es vor, ihre Ehe und mein Leben zu retten – sie verweigerte mir den Kuss. So schrieb ich, statt den Strick zu nehmen, einen Liebesroman, und aus Gründen, die auf der Hand lagen, der geschlagenen, stand im Mittelpunkt des in Hexameter gegossenen Werks ein gewisser Frunz, voller Pickel, die Nase krumm, vorstehend die Zähne, aber mit dem Talent versehen, sich bei einbrechender Dämmerung in einen Adler zu verwandeln. Frunz wagt es nicht, in einem Fotogeschäft sein Passbild abzuholen, als Adler jedoch landet er nachts auf dem Dach, unter dem die schöne Gisela mit ihrem Fotografen das Bett teilt, stößt wilde Brunstschreie aus, ra raak, ri riik, und bestimmt ist es besser, wenn ich den Rest verschweige (der arme Vogel konnte alles außer vögeln).

Wieder wurde meine Dichtung verkannt, trotzdem schrieb ich weiter, ich musste es tun, ob ich wollte oder nicht, *nulla dies sine linea*, kein Tag ohne Zeile, nur in den Wörtern konnte ich atmen, nur auf einer Seite, die bis zum Rand gefüllt war, ohne jeden Freiraum, wie heutzutage die Gemälde der Sprayer auf Betonwänden, war ich vorhanden. Erfolglos vorhanden. Was ich verschickte, sei's an Theater, an Verlage, an Zeitungen, ging verloren oder kam mit vorgefertigten Absagen retour. Seit ich dreizehn war, führte ich die Existenz eines Dichters, aber ich musste dreißig werden, bis es mir gelang, auf der Bühne und in einem Verlag, erst noch einem neugegründeten, zu landen.

Der mir liebste Mensch war mein Bruder. Er hatte Knochenkrebs und kämpfte vier Jahre gegen den Tod. Sein Sterben verwandelte mich. Ihm zeigte sich alles im Abend- und Abschiedslicht, in den Tönen der Dämmerung, und fast ohne es zu merken, begann ich seine Sicht zu übernehmen. Ich lernte, dass das Schöne, wie Rilke sagt, der Anfang des Schrecklichen ist und das Schreckliche der Anfang des Schönen. Am Bett des Sterbenden schrieb ich erneut ein Theaterstück, und mit wachsender Erregung nahm ich wahr, wie ich zum ersten Mal etwas Eigenes erschuf. Mit neuer Hoffnung sandte ich das Stück, *Großvater und Halbbruder*, an einige Verlage sowie an die Jury des Stückemarkts beim Berliner Theatertreffen – und hatte zum ersten Mal Glück. Eines Abends, es war kurz vor zehn, erhielt ich das schönste Telefonat meines Lebens. Sigrid Wiegenstein meldete sich, die Vorsitzende der Jury, und teilte mir mit, mein Stück sei angenommen. Es wurde von den besten Schauspielern Westberlins gelesen, unter anderen von Fritz Lichtenhahn und Otto Sander, und plötzlich war ich in der komfortablen Lage, Dramaturgen und Verlagslektoren, die mich mit Angeboten köderten, stehenzulassen. Über Nacht hatte sich mein Lebenswunsch erfüllt, ich hätte jubeln müssen, doch als ich am nächsten Morgen erwachte, hatte ich einen üblen Kater. Subpräfekt Walafried, dachte ich, hat recht behalten. Wie war ich zum Autor geworden? Indem ich etwas Eigenes geschaffen hatte. Aber es war *sein* Eigenes. Das Eigene meines Bruders. Nicht ich, *er* war der Autor. Die Dämmertöne gehörten ihm. Er, nicht ich, hatte das Stück erdacht. Es kam an. Im »Berliner Tagesspiegel«, der wichtigsten Zeitung der Stadt, konnte ich lesen, dass ein neuer Name aufgetaucht sei, ein Name, den man sich merken müsse. Schön. Sehr schön. Dumm war nur, dass es ein Toter war, erst noch mein Bruder, der dieses Bravourstück hingelegt hatte. Der unverdiente Erfolg quälte mich, und er quälte mich so gewaltig, dass ich im Moment des Durchbruchs den Entschluss fasste, mit dem Schreiben aufzuhören.

Da klingelte es. Im Flur des Berliner Hinterhauses, wo

ich damals wohnte, stand Egon Ammann, der Leiter der Suhrkamp-Dépendance in Zürich. Die kleine Nihal, eine Türkin, die mit ihrer Familie eine Treppe höher wohnte, hatte ihn zu mir geführt, und zu meinem Erstaunen sprach der Herr aus Zürich mit Nihal fließend Türkisch.

Obwohl mir kein Mensch abnimmt, was sich bei dieser Begegnung ereignet hat, sei sie kurz berichtet. Wir lehnten uns gegenseitig ab. Der Herr aus Zürich gab mir mein Stück zurück (vor einigen Monaten hatte ich es auch an ihn gesandt). »Vergessen Sie das Theater«, meinte er, »schreiben Sie Prosa, dann werden wir Sie herausbringen.«

Ich schlug sein Angebot aus. Wir schüttelten uns die Hände und sagten: »Adieu.«

So stand am Anfang unserer Beziehung deren Ende – oder war es umgekehrt? War dieses Ende jener Anfang, den wir suchten?

Die Szene im Treppenhaus der Kreuzberger Mietskaserne wirkte bei beiden nach. Ich musste immer wieder an den Schweizer Basarhändler denken, der, auf seinen Fersen hockend, mit Nihal gescherzt hatte, und ihm war es zum ersten Mal widerfahren, dass einer nein sagt, wenn ihm Suhrkamp die Visitenkarte unter die Nase hält.

Meine damalige Freundin hieß Ute und jobbte als Serviererin im »Litfin«, einer Westberliner Gastwirtschaft, deren Eingang direkt an der Mauer lag. Schäferhunde, die im Todesstreifen Hasen jagten, ließen von drüben ihr Gehechel hören, und der Scheinwerfer eines Wachturms gab den Novembernächten eine gespenstische Helle. Als Ammann wiederkam, nun mit Marie-Luise Flammersfeld, seiner Partnerin, führte ich die beiden hierher. Ute brachte uns die Biere, und schon nach den ersten Schlucken deuteten die Besucher aus Zürich an, dass sie einen verwegenen Plan hegten: die Gründung eines eigenen Verlags.

Die letzten Gäste hatten sich davongemacht. Von drüben jaulten die Hunde, und strich der Scheinwerfer über die Fenster, versetzte er uns ins Niemandsland. Ich erzählte von meinem Bruder, dem wahren Dichter, aber die beiden Verlagsgründer hielten mich keineswegs für einen Betrüger, sondern meinten: »Darüber musst du schreiben.«

»Das schaffe ich nie«, wandte ich ein.

»Darum geht's«, sagten die beiden.

Ute, müde vom stundenlangen Servieren, saß nun bei uns am Tisch. Sie war der Engel, der die Verlagsgründung begleitet hat, und zugleich seine erste Gönnerin – die von ihr gestiftete Flasche Wodka tranken wir gemeinsam aus.

Als über der schwarzen Mauer ein aprikosenfahler Himmel erschien, schlossen wir auf einem feuchten Bierdeckel einen Vertrag, und bald danach wurde mein Erstling, *Die Tessinerin*, das erste Buch des neugegründeten Ammann Verlags. Mit der Titelgeschichte konnte ich mich vom Gefühl, ich hätte abgeschrieben, für immer befreien. Es geschieht auf wenigen Zeilen. Mitten im Text steht mit seinen eigenen Worten, mit seinem Namen und seinen Daten, wie ein Grabstein mein Bruder. Indem ich ihn zitierte, war ich zum Autor geworden.

Das Erwachen der Steine

Steine sind durch und durch Gegenwart, geschichtet seit je und für immer. Weder haben sie, wie die Pflanzen, einen Trieb, der sie werden lässt, noch kennen sie, wie wir, die Sehnsucht, zu sein und zu vergehen. Irgendwann sind sie entstanden, irgendwann werden sie verwittern, mit uns und unseren Maßen jedoch haben ihre Perfekt- und Futurformen nichts gemein. Steine ruhen in sich selbst, und zwar so endgültig, dass alles, was sie dem Gesetz des Zerfalls unterstellt, von außen kommt – niemals, wie bei Pflanzen und Lebewesen, aus eigenen Adern oder Zellen. Unsere Geschichte, die Action meint, nicht Ablagerung, strömt und strudelt an den Steinen vorbei. Steine sind kein Gegenstand unseres Denkens, für unsere Sinne kein Rätsel: Steine sind Steine.

Es gibt einen Stein – und es gibt ihn in allen Kulturen, in jeder Weltgegend –, der gerade dem widerspricht. Dieser Stein hat ein Gesicht, er hat Geschichte.

Wie kommt er dazu? Durch die besondere Form oder eine auffällige Lage. Oder durch seine Fremdheit. Er ist mit dem Grund nicht verwachsen. Er war den Menschen vor die Füße gerollt. So entstand am Findling – dies sein Name – eine erste große Frage. Welche Ober- oder Unterwelt hatte ihn ausgestoßen?

Zwei Antworten waren denkbar. Entweder hatte sich der Findling aus eigener Kraft bewegt. Dann war Gott ein Stein. Oder Gott hatte ihn, den unbeweglichen Brocken, ins Rollen gebracht. Dann war im Stein, ausgerechnet in dieser toten Materie, die Macht Gottes bezeugt. Gefährlich erschien den Menschen beides. Der Findling war zum Stein des Anstoßes geworden, zum »Probierstein«, wie Kant sagt, an dem sich »die Schädel blutig wetzten«.

Auch die Naturwissenschaften fanden im Findling ein Rätsel vor. Da lag, beispielsweise im Jura-Kalkstein, ein Granit. Kein Zweifel, dieser Stein hatte eine Fahrt hinter sich, er war fremd unter seinesgleichen. Folglich haben ihn die Geologen als verirrt qualifiziert, als erratischen Block. Die Frage, die sich mit dieser Irrfahrt verband, wog schwer. Was für eine Luft-, Wasser- oder Feuermacht hatte den Gneis in den Sandstein, den Schiefer unter den Schotter gebracht?

Der Stein in der Wüste

Als ich mit C. durch die Sahara fuhr, hatten wir im Meer des Schweigens eine lebensgefährliche Panne. Tagsüber zerflossen die Horizonte zu gewaltigen Wasser- oder Lichtmauern, und nachts, wenn die Sterne wie Fäuste aus der Finsternis herabstießen, auf unsere Hirne zielend, glaubten wir, genau im Mittelpunkt der Erde zu stehen, im Zenit einer gewölbten Scheibe. Es war das Schrecklichste, was mir je widerfuhr: In dieser Wüste gab es nur mich, nur C. und den defekten Renault R4. Durst bedrohte uns und die Furcht, wir könnten von einem Tanklaster – sie hatten Öl geladen und durchzogen in schnurgerader Fahrt die Sahara – überrollt werden. Immer wieder war nah und fern ihr Dröhnen zu hören. U-Booten gleich kamen sie aus der Tiefe heraufgeschossen, wurden zu Jets, die flügellos vorüberdonnerten, um dann in einer Stille, die noch grausamer war, noch heiliger als zuvor, zu verschwinden. Zwar wirbelten sie kilometerlange Sandschleppen auf, aber nie hinterließ einer dieser Laster eine Spur, der Sand, dem Auge kaum sichtbar, trieb und floss dahin, alles löschend, alles vernichtend. Wüste. Nacht. Nichts. Und unser Auto; und wir; und dieses ewige Rieseln, unbarmherzig wie die Zeit. Am dritten Tag erkannten wir im Sonnenuntergang eine Erhebung. Es gelang uns, den Motor anzuwerfen und ohne Kupplung loszufahren. Die Erhebung, habe ich später gehört, ging auf einen Meteorstein zurück, der aus dem All herabgestürzt war. Die Sandflut hatte ihn nicht zerstört, aber tausendfach überdeckt, so dass im Lauf der Zeiten ein weithin wirkender Buckel entstanden war. An diesem Punkt orientierten sich die Karawanen und Wüstenfahrer. In seinem Umkreis stießen wir auf Tuaregs, und noch in der Nacht hielt am Fuß des Hügels ein Tanklaster an, der uns mit Ersatzteilen versorgen konnte. Der Stein hatte uns gerettet.

Der Stein des Weisen

Die Geschichte der Steine, vermute ich, hat *unter* ihnen begonnen. Die Wälder waren wild, die Tiere gefährlich, es tobten Feuersbrünste, es fluteten die Wasser und Nebel, nirgendwo gab es eine sichere Statt. Wohin mit den Toten? Unter den Steinen wurden sie bestattet. Hier waren sie vor Geiern und Blitzen, vor Fluten und Schändern geschützt. Dann schliffen die Überlebenden die Steinlöcher zu Schalen aus, füllten diese mit Tierblut, Fett und anderen Opfergaben, und im Rauch, der hell oder dunkel, steil oder schräg aus den Schalen quoll, versuchte der Priester zu erkennen, ob sein Volk dem höchsten Wesen gefiel oder nicht. So hat der Stein, unter dem die Toten lagen, den Menschen nach oben verwiesen, auf Gott.

Natürlich galten auch andere Steine als heilig. Die früh erkannte Tatsache jedoch, dass der Findling fremd auf seinem Grund lag, brachte die Menschen dazu, gerade ihn für etwas Besonderes, ja Göttliches zu halten. Zum einen, wie eben dargestellt, diente er als Orientierung zwischen Hades und Himmel, zum anderen wurden die Opferflammen zu Signal- und Leuchtfeuern. Auch steckten die Steine bestimmte Grenzen ab, heilige Orte, verbotene Bezirke, Ländereien und Siedlungen. Da der Verlauf solcher Grenzen in die Findlinge eingeritzt wurde, ebenso die Wege, entstanden die ersten Weiser und Karten. Dann begann man, im Geäder den Lauf der Sterne oder des Schicksals zu lesen, damit war der Stein zum Würfel geworden – er entschied über Leben und Tod. Und er war, zumindest in unserer Gegend, die erste Apotheke. In den Opferschalen kochten die Menschen Kräuter aus, sie zerstießen Körner, mischten Salben. Wer genas, schrieb die Wirkung dem Stein zu.

Dieser Überblick ist nicht vollständig. Aber er zeigt, dass der Stein im frühen Denken und Fühlen der Menschen einen festen Platz einnahm. Er hat die Gesellschaft geordnet und gerichtet, und zwar im geistigen Bereich (Grab und Gott), im sozialen (Priester, Arzt und Volk), und nicht minder im geographischen (als Signal-, Weg- und Grenzstein).

Das Alte Testament war steingläubig. Moses, übrigens ein Findling, hatte dem Volk die Zehn Gebote auf Steintafeln gezeigt. Aber dann kam Christus, und er kam im Zeichen des Holzes, von Anfang an. Joseph war Zimmermann; das Kind lag in der Krippe; Jesus starb am Kreuz. So begann ein Krieg, der nach wie vor andauert: Kreuz gegen Opfertisch, Holz gegen Stein. Dieser Krieg sprengte zahllose Findlinge in Stücke. Oder sie wurden, wie der nächste Abschnitt zeigt, von der Kirche verschluckt.

Jesus Sisyphos

Die vier Evangelien berichten es im Triumph: Als sie am »frühen Morgen kamen, fanden sie den Stein von der Gruft weggewälzt«. Christus war auferstanden, das Grab leer, das Kreuz, so schien es, hatte den ersten und entscheidenden Sieg über den Stein errungen. Irrtum. Diese Sätze leiten die erste Niederlage ein, die die junge Religion erleiden sollte. Der weggewälzte Stein, das leere Grab – nichts als Gerede! Dem Tod und seinen Riten kann keiner den Stachel ziehen, nicht Gott, nicht Sisyphos.

Ja, beide haben sie das Gleiche versucht. Mit seiner Schlauheit, so die Sage, überlistete Sisyphos sogar den Tod. Die Strafe für seine Hybris ist furchtbar. Seither muss er einen Stein, der immer wieder hinunterrollt, den Hadeshang hochwälzen. Christus erging es ähnlich. Sein am

Sabbatmorgen weggewälzter Grabstein rollt immer wieder an den Ausgangspunkt zurück. Unsere Toten, als hätte die Auferstehung nicht stattgefunden, wohnen nach wie vor unter dem Schutz der Steine.

Jesus Sisyphos gab und gibt nicht auf. Immer wieder stemmt er sich gegen den Stein, versucht er, dem Kreuz den Boden zu bereiten. Ein Teilsieg ist der Sarg. Früher wurden die Leichen in Binden gewickelt, nun begraben wir die Toten in einem hölzernen Kleid. Aber dieses Holz hat in der Erde zu verschwinden, und hölzerne Kreuze sind auf den meisten Friedhöfen nur eine beschränkte Zeit, bis das Eisenkreuz geschmiedet oder der Grabstein gemeißelt ist, erlaubt. So stoßen auf den Friedhöfen, ja auf jedem Grab die beiden Welten aufeinander. Inmitten der marmornen Totenstädte erblühen wildschöne Oasen. Im Schatten der Grabsteine liegt ein kleiner, oft liebevoll gehegter Garten. Hier steht stumm die Steinwelt, dort liegt der Pflanzgrund für das Holz.

Eben kehre ich von einem Spaziergang zurück. Dabei habe ich zum ersten Mal bemerkt, dass die Wegkreuze unserer Gegend auf ein Fundament gestellt sind, auf einen steinernen Sockel. Die Botschaft ist klar. Das Holz, soll dem Wanderer suggeriert werden, hat den Stein besiegt. Das Gleiche behaupten die Gipfelkreuze. Das Holz hat unsere Horizonte erobert. Wirklich? Ist gerade hier, in der Steinwelt der Alpen, das Kreuz der große Sieger?

Die Kirchenväter, etwa Hieronymus, und die frühen Konzile, speziell jene zu Arles, Toledo und Rouen, haben die »Steinanbeter« und »die Feueranmacher auf Steinen« heftig bekämpft. Aber die alten Kulte ließen sich nicht ausrotten, nicht mit dem Schwert, nicht mit dem Bann. Da beschloss der Klerus, den Stein in die Kirche hereinzuholen. Der Opfertisch wurde zum Altar; die Tag und Nacht leuchtende Signalflamme hieß nun Ewiges Licht; die Opferfeuer wurden zu Kerzen stilisiert, und was als Flusstaufe begonnen hatte, nahm man alsbald in den Stein zurück, in die altbewährte Opferschale – das ist das Taufbecken.

Es war ein gewaltiges Ringen, und selbstverständlich sind seine Spuren und Trümmer nicht auf das Innere von Kirchen beschränkt. Gerade bei uns, in den Alpentälern, begegnet man den beiden Kontrahenten auf Schritt und Tritt. Wo ein Punkt strategisch ist, eine Passage schwierig – das kann eine Klus sein, eine Brücke, ein Pass –, begegnen sich Teufelssteine und Kapellen, Bildstöcke und Felsenmalerei, und zahllose Sagen erzählen, wie der Kampf abging.

Ihr Muster ist stets dasselbe. Der arme, auf verlorenem Posto kämpfende Teufel will das Vordringen des Holz-Kreuzes in seine Steinwelt verhindern. Er greift, um die Holzbrücken und Stege zu zertrümmern, nach einem gewaltigen Brocken, schon will er werfen, aber siehe da, ein frommes Kind schlägt das Kreuzzeichen, ein tiefer gelegenes Kirchlein bimmelt, oder Gott selbst, indem er ein rauschendes Gewitter schickt (eine Art Großtaufe), spült dem Teufel den Stein aus der Kralle.

Alte Geschichten? Gerade an den Alpenpässen wird sichtbar, dass die große Schlacht noch immer im Gang ist. Auf der einen Seite steht die tiefe Sorge um die Bannwälder, auf der andern die Ingenieurskunst, die Betonbänder über die Schluchten spannt. Die Lager sind unversöhnlich. Es

28

darf uns nicht wundern: Alle sind sie Glaubenskrieger, und jede Partei, freilich ohne es zu ahnen, steht in einer Tradition, die Jahrtausende übergreift. Die Waldleute kämpfen im Zeichen des Kreuzes, die Betonbauer vertreten die Steinwelt. So ist, vermutlich zum letzten Mal und in seine Ursprünge zurückführend, der alte Krieg noch einmal aufgeflammt. Das Kreuz will den vierspurigen Kulttischen den Sinn nehmen. Das Holz möchte stärker sein als der Stein.

Erratische Blöcke

»Noch starrt das Land von fremden Zentnermassen«, sagt Mephisto, »Wer gibt Erklärung solcher Zaubermacht?«

Die Steinforscher standen vor einem gewaltigen Problem. Die erratischen Blöcke waren so schwer, dass es leichter fiel, sich den Teufel als Transporteur vorzustellen, als die Naturkräfte zu entdecken, die die Gneis- und Granitbrocken quer durch den Alpenraum getragen hatten. Ein Beispiel mag zeigen, wie verzweifelt die Steinforscher gesucht haben.

1767 propagierte ein Moritz Anton Capeller, damals ein berühmter Geologe, die »Alpentrümmer«. Wo ein einzelner Fels auf der Wiese liege, so Capeller, sei früher ein ganzer Berg gewesen. Er habe sich aufgelöst. Nur *ein* Stein, der Gebirgskern, sei zurückgeblieben. Capellers Schriften sind ein schöner Aufstieg in den Wahnsinn. Zum Schluss glaubte er, das Dach der Welt erstiegen zu haben. Capeller stand mit gebreiteten Armen auf einem fassgroßen Findling, und das rundum weidende Braunvieh glotzte ihn an.

Wenige Jahrzehnte später, 1815, verbrachte Jean de Charpentier, ein gebürtiger Sachse, Direktor der Salinen zu Bex und Professor der Geologie an der Universität Lausanne, in der Hütte eines Gemsjägers im Vallée de Bagne eine kalte Nacht. Wie er später berichtet hat, sagte ihm der Jäger, ein einfacher Mann, die Alpengletscher hätten vor Jahr und Tag bis ins Tal hinuntergereicht, bis Martigny und darüber hinaus, denn riesige Blöcke würden dort unten liegen, zu schwer für jede Wasserkraft, nur der Gletscher, so der Jäger, habe sie tragen können.

War der Gletscher die Antwort auf die Frage des Mephisto? Charpentier wurde zum Alpenwanderer. Er suchte Argumente und Beweise für eine neue Genesis. Die Welt, so seine Vermutung, war ursprünglich von Eismeeren bedeckt gewesen.

Eines Tages, es war im Sommer 1834, wanderte Charpentier über den Brünig. Als er sich über einen Granitblock beugte, kam ein Holzer daher, die Hände in die Hosentaschen gestopft, im Mundwinkel eine Pfeife. Solche Steine, bemerkte der Mann, gebe es zuhauf hier oben. Sie kämen von weit, vermutlich von der Grimsel. Charpentier sah auf. »Wissen Sie«, fragte der Steinforscher den Holzer, »wie der Granit gefahren ist?«

»Mit dem Gletscher«, sagte der Holzer.

1841 erschien Charpentiers *Essai sur les glaciers et sur le terrain erratique du bassin du Rhône*. Das Werk gilt als klassisch. Es weist nach, dass im sogenannten Diluvium, Jahrtausende vor unserer Zeitrechnung, weite Teile der Welt, insbesondere im Alpenraum, von Gletschern bedeckt gewesen waren. Damit stand das Transportmittel fest:

Schmelzende Gletscherzungen hatten die erratischen Blöcke verteilt.

Eine Anmerkung. Obwohl Charpentier den Naturwissenschaften verpflichtet ist und seine Argumente auf Tabellen und Zahlen baut, unterlässt er es nicht, die Begegnung mit Gemsjäger und Holzer zu schildern. Der Steinforscher gibt zu, die Gletschertheorie von einem Gemsjäger erhalten zu haben. Dessen Kostüm kommt uns bekannt vor. Wer will mit Wams und Jägerhut von seinem Tierfuß ablenken? Der Teufel. Und nicht zufällig, meine ich, ist es ein Holzer, der dem Steinforscher die Beweiskette schließen hilft. So verweist uns gerade jener Mann, der das Rätsel der Steine löst, noch einmal in den Mythos, in den großen Krieg Holz gegen Stein.

Augenmensch und Hörnlimann

Mein Name (Frunz) entbehrt jeglicher Bedeutung. Bin Secretarius, id est Schreibknecht, also abgerichtet zum feh-
lerlosen Erfassen von Diktaten, und wenn ich aus eigenem
Antrieb zur Feder greife, so geschieht das allein deshalb, weil
es mir beschieden war, im Herbst 1797 den reisenden Dichter Herrn von Goethe durch unser Land zu begleiten, von
Schaffhausen bis auf die Höhe des Schwyzer Hackens. Dort
oben, dies sei schon jetzt verraten, trug sich am Abend von
St. Michael, dem 29. September, eine unerhörte Begebenheit
zu, und es ist wohl angebracht, Goethes Nachwelt wissen zu
lassen, was ich, der Schreiber Frunz, an jenem Herbstabend
auf dem Hacken erleben durfte: Herr von Goethe überstieg
sonnenhaft den Horizont menschlicher Erfahrungen. Aber
schweifen wir nicht voraus, beginnen wir in Schaffhausen.

Das hochwohllöbliche Consortium der Herren Meyer,
Horner und Escher hatte mich dem Dichter an die Lan-
desgrenze entgegengesandt. Im Namen des Consortiums, so
lautete mein Auftrag, sollte ich dem großen Mann meine
Dienste anbieten, sei es als Secretarius, sei es als Reise-
marschall, und Herr von Goethe, nachdem er einen Blick
in mein Empfehlungspapier geworfen, nahm das Angebot
stumm nickend an – ich war engagiert und heftete mich
fortan als Schatten an seine Seite.

Im Gasthof »Krone« zu Schaffhausen bezogen wir das erste gemeinsame Quartier. An der Table d'hôte saßen in der Mehrzahl französische Emigranten: Comtessen, Pfaffen, condéische Offiziere, und der Dichter, wie mir bald einmal auffiel, unterschied sich von dieser Gesellschaft weder im Aussehen noch im Gehabe, noch gar in seiner Sprache. »Bemerkung eines gewissen stieren Blicks der Schweizer, besonders der Zürcher«, sollte ich für seine Akten notieren (am 17. September, abends).

Den andern Tag fuhren wir früh um sechseinhalb zum Rheinfall hinaus, wo wir die Erscheinung der stürzenden Wassermassen vom Kalkfelsen aus betrachteten. »Grüne Wasserfarbe«, rief Herr von Goethe in mein rechtes Ohr, und es fiel mir gewiss nicht leicht, mitten im Tosen und vom anwehenden Wasserdunst bedrängt, ein sauberes Diktat zu schaffen! »Schnelle Wellen. Flocken. Gischt im Sturz. Gischt unten im Kessel.« Sodann: »Wenn die strömenden Quellen grün aussehen, so erscheint der nächste Gischt leise purpurn gefärbt. Unten strömen die Wellen schäumend ab, schlagen hüben und drüben ans Ufer, die Bewegung verklingt weiter hinab, und das Wasser zeigt im Fortfließen seine grüne Farbe wieder.«

Nachdem wir aus dem inzwischen durchsonnten Dunstschleier auf die hölzernen Vorbauten gelangt waren, ließ sich Herr von Goethe ein Tuch reichen, trocknete seine Schläfen ab und meinte, mit dem Finger auf mein feuchtes Büchlein weisend: »In der menschlichen Natur liegt ein heftiges Verlangen, zu allem, was wir sehen, Worte zu finden.«

Damit war es ausgesprochen! Goethe war ein Seher, ein Schauer. Deshalb störte ihn der stiere Blick des Schweizers, insonderheit jener des Zürchers, und anders als unsereiner, der den Rheinfall nur in seiner Gesamtwirkung erfassen kann, war es dem Dichter gegeben, von jeder Welle, ja sogar von deren Farbspiel, auf das Allergenaueste affiziert zu werden.

Am 19. September reisten wir in der Kutsche von Schaffhausen nach Stäfa, wo Herr von Goethe bis zum Morgen des 28. die Gastfreundschaft des Consortiums in Anspruch nahm. Die Herren diskutierten die französischen Ereignisse und verbrachten manch gute Stunde mit dem Betrachten von Meyers Kupferstichen. Des Morgens wurden mir diverse Aufsätze diktiert, eine Elegie, ein Idyll sowie ein mehrseitiger, von Freundschaft durchströmter Brief an Schiller, und nicht ohne Stolz darf ich bekennen, dass sich der große Mann mit meiner Arbeit zufrieden zeigte. Sein: »Hat Er das? Ist Er so weit?« musste er nur noch selten zwischen die Sätze flechten, und war es mir vergönnt, ein verlangtes Aktenfaszikel in beflissener Eile aus der mitgeführten Sammlung herauszupicken, glaubte ich erkennen zu können, dass sein Dichterhaupt nur noch um Haaresbreite von einem anerkennenden Nicken entfernt war. Am Vorabend unserer Weiterreise fragte er beiläufig: »Frunz, hat Er gutes Schuhwerk?«

Nicht wagend, meine ehrerbietige Krummhaltung zu lösen, streckte ich den Fuß etwas vor, Herr von Goethe jedoch, welcher wie stets am Fenster stand und hinausträumte in den abenddunstigen Herbst über dem Zürichsee, fuhr mit dem Diktieren fort, ohne meine Ausrüstung ein weiteres Mal anzusprechen. Schließlich sagte er: »Ruh Er sich aus, Frunz. Trink Er nicht zu viel. Mit dem Sonnenaufgang brechen wir auf.«

Hauchte mein: »Empfehle mich zu Gnaden!«, und wischte hinaus. Den andern Tag begleitete das Consortium seinen Gast zum Ufer. Ich hatte das gesamte Reisegepäck zu buckeln, und schon dieser kurze Weg zum Schiff, das uns mit gesetzten Segeln erwartete, ließ mich erahnen, wie beschwerlich der Spaziergang ins Gebirge ausfallen würde. Die Herren Meyer, Horner und Escher winkten mit ihren Tüchern, bis sie im grünen Ufergebüsch kaum mehr auszumachen waren. Da befahl mich der Dichter, welcher seit dem Ablegen aufrecht im Bug stand, nach vorn. »Glanz der Wolken über dem Ende des Sees«, ließ er festhalten.

In dreiviertel Stunden fuhren wir hinüber.

Im Hafen von Richterswyl drängten sich viele Pilger, vor allem aus Schwaben, aber der Meister interessierte sich mehr für die Wegplatten, die, wie er nach kurzem Studium befand, »bald porphyr-, bald brekzienartig erscheinen« würden. Um zweieinhalb kamen wir in Hütten an, freilich nicht gemeinsam, denn die Bagage drückte schon bald derart heftig auf meine Lungen, dass ich im leichtfüßigen Voransteigen des Dichters durchaus einen Vorteil erkennen musste – das Keuchen seines wankenden Trägers wäre ihm mit Sicherheit lästig geworden.

Der Pfarrer von Hütten, Bleyel mit Namen, der Landrichter sowie ein gewisser Bär, Medicus und Chirurgus, hatten die durchreisende Berühmtheit mit einem guten Frühstück erwartet. Es gab Krebse aus dem Hüttensee, Käse, Früchte und Wein. Dabei saß man unter einem Nussbaum und lobte, als ich die Höhe glücklich erreicht hatte, den Tag.

Um zwei Uhr ab. Nun kam ein schöner Moment, denn plötzlich gebot Herr von Goethe Halt, und selbst Bleyel, welcher uns bis zum Klosterdorf den Weg weisen wollte, musste unter Ausrufen des Entzückens gestehen, diesen Platz, obwohl er doch die Gegend wie seinen Hosensack kenne, noch nie getroffen zu haben. Tatsächlich sah man linker Hand bis zur Stadt Zürich hinab und hinaufwärts bis in die Gebirge von Toggenburg, die sich, vom dunstigen Himmel umflossen, wie fein beschneite Inseln aus diesem heraushoben. Gleichzeitig bemerkte Herr von Goethe eine Stechpalme, »der Stamm stark wie ein Mannsschenkel, etwa zwölf Fuß hoch«. Hatte ihm diese Palme den Ort verraten? Oder hatte er den Aussichtspunkt aus der Landschaft erspürt und erst dann die Palme erblickt, die hier wie ein Sendling des Paradieses aus dem Hang hing, von Büschen gegen die Winde geschützt?

Ich war für den geschenkten Blick derart dankbar, dass ich den Seher und Schauer beinah in mein vor Anstrengung hämmerndes Herz geschlossen hätte. Seht diesen Augenmenschen!, dachte ich bei mir.

Dabei zeigte sich ihm, wie sich gleich erwies, nicht nur das Vorhandene, sondern in diesem auch das Mögliche. So schlug er vor, bei Schindellegi einen Wall zu setzen, um die reißende Sihl hier zu stauen, schränkte freilich ein, ein derartiges Unternehmen sei »in einem demokratischen Kantone nicht denkbar«. Unter dem Kofferberg wandte ich vorsichtig den Kopf und war dadurch in die Lage versetzt, sehnsuchtsvoll in jene Richtung zu seufzen, in der ich Frankreich und den Anbruch besserer Zeiten vermuten durfte. Euer Gnaden, wenn wir, mit französischem Succurs, eine wahre Demokratie geworden sind, werden wir unsere Stauseen schon bauen!

Um fünf Uhr abends erblickten Herr von Goethe und Bleyel Einsiedeln, kamen gegen sechs Uhr an und logierten zum »Pfauen«. Ich selber, durch die Gepäckeslast im Vorankommen behindert, erreichte das Klosterdorf mit einiger Verspätung, so dass die nötigen Schreibarbeiten erst gegen Mitternacht ihre Erledigung erfuhren. Offenbar gefielen dem Dichter die Einsiedler Frauenzimmer, allerdings wurde ich angewiesen, diesbezüglich kein Notat anzufertigen.

Am andern Morgen – es war der 29. September, der Festtag von St. Michael – besah Herr von Goethe die Kirche. Die Verzierung des Chors empfand er als unsinnig, von der Musik war er nicht erbaut, im klostereigenen Naturalienkabinett jedoch, welches er nach dem Hochamt zu besuchen wünschte, gefiel ihm »ein kleiner wilder Schweinskopf, ingleichen schöne Adularien, ein Granat mit natürlichen Facetten von Mittelgröße« (mir daselbst diktiert).

Um elf von Einsiedeln ab. Durch das Tal der Alp ging es nun tief und tiefer hinein in jene unglaubliche Ruhe, in welche die Urkantone zwischen ihren Felsen versenkt liegen. Herr von Goethe saß zu Pferd, indes ich, in solchen Dingen leider ungeübt, einen störrischen Maulesel mit Namen Paula am Strick hinter mir herzog. Immerhin hatte mir die gute Paula den Buckel befreit! Sie, nicht mehr ich, war nun mit den Bücher-, Kleider- und Instrumentenkoffern sowie mit mehreren Hut- und Perückenschachteln des Dichterfürsten beladen. So gingen wir im Tale der Alp, am rechten Ufer derselben, auf einem leidlichen Fußwege hin – ich in den Strick gestemmt, Paula schnaubend und der Dichter, die flache Rechte an die Stirn haltend, immerzu schauend, schauend, schauend. Als sich das Tal zur Schlucht verengte, stieg

Herr von Goethe vom Pferd. Ein Kapellchen bezeichnete er als das böse Augurium, dass uns noch ein starker Stieg bevorstehe, und ach, dieses Wort sollte sich nur allzu bald als prophetisch erweisen! Indes hatte ich Paula entladen, worauf sie, wie man mir in Einsiedeln versichert hatte, sofort und selbständig den Rück- und Stallweg unter ihre Hufe nahm. Das Pferd folgte ihr brav, beider Geklapper entfernte sich, und da der Bach nur wenig Wasser führte, umfing uns nun eine feuchte, graue Stille – wir waren im Gebirg.

Aufstieg durch die Schlucht. Schiefriges Tongestein, Nebel noch dichter. Aber der Felsen, der sich nach wie vor verhüllte, war dennoch zu spüren – und wie! Knarrend wankten auf meinem Rücken die Koffer, Kisten und Schachteln, und schon nach hundert Schritten sah das frunzische Schuhwerk aus, als wollten sich zwei hungrige Mäuler in den Berg hineinfressen. Ich keuchte, ich stöhnte. Mein Blick, vom Atlasgepäck zum Boden hingedrückt, ließ diesen steil, ja senkrecht werden, und hielt ich kurz an, um Atem zu holen, sah ich Nebelschwaden da in die Tiefe, dort in die Höhe wallen. Kein Laut mehr, nirgendwo. Die Vögel waren im geröllbedrängten Wald zurückgeblieben. Über nassglatte Steine kroch ich bergwärts, zwar immer bemüht, mich und die kostbare Fracht in der Balance zu halten, aber zwei- oder dreimal wurde ich vom Gewicht an den Hang geschlagen und glaubte an diesem zu verröcheln wie Unser Herr Jesus Christ am Kreuze.

Nun, meine Via Dolorosa führte schließlich doch in eine flacher werdende Weide hinein und über diese vor eine Alp- oder Sennhütte, deren rußig riechendes Dunkel erst ein Rumoren hören und dann eine Art Berg- oder Erdgeist hervortreten ließ. Das graue Haar spross dem Geist aus den Ohren- und Nasenlöchern, ja sogar über beide Augen hinab und bedeckte wie ein Latz seine breite, nackte Brust. Er stellte sich als Hörnlimann vor, Senn allhier, aber nicht mehr lang, bald würden die Alpen entladen und er samt seiner Herde dem Winter weichen. Als ich mich so weit erholt hatte, dass ich den Gepäckturm abwälzen konnte, rief ich in den Nebel hinaus: »Empfehle mich zu Gnaden, bin angelangt!«

Keine Antwort kam aus der Leere. Ich wiederholte, die Hände zum Trichter geformt, meinen Ruf: »Euer Gnaden? Euer Gnaden! Herr Rat! Herr Rat!«

Ra ra, tönte ein fernes Echo, ra ra, und wieder war es still. Ich sah ihn nie mehr.

Submissest jawohl, die vornehme Gestalt, die ich auf Geheiß des Consortiums vom Rheinfall bis an den Hacken geleitet hatte, war vor gut einer Stunde hangaufwärts verschwunden, für immer verschwunden, denn was sich jetzt, da plötzlich die Sonne blitzt, am hochaufragenden Mythenfelsen zur Erscheinung bringt, ist zwar Herr von Goethe, gewiss ist es Herr von Goethe, aber dieser Goethe, als habe er Göttlichkeit erlangt, ist ganz und gar sein Auge geworden!

Wankt der Grat? Linker Hand saugen sich die Schwaden in den Kessel von Schwyz, zur Rechten ins Tal der Alp hinab, und dort oben, wahrhaftig, dort schaut es noch immer, ein einziges Sehen, ein Schaffen, ein Walten und Wundern, schaut es und staunt es, bis es dann, vom Felsen ins Dreieck gefasst, seinen Augenglanz erlöschen und alles, was ihm Weide war, all die im Nebel fahrenden Gipfel und Ketten und Alpen ringsumher, in der kalten Gebirgsnacht versinken lässt.

Als ich das eigene Auge wieder aufschlug, fand ich mich in einer schwarzen Höhle. Unter einem Kessel zuckten Flämmchen, und ein tierähnliches Kauerwesen, in dem ich erst nach längerem Nachdenken jenen Alpenschrat, den Hörnlimann, erkannte, rührte mit langer Kelle in einem brodelnden Sud. Davon gab er mir zu trinken, offenbar mehrmals und in weiten Zeitabständen, denn einmal leuchtete in der Tür ein blauer Himmel, ein andermal schwamm der Mond darin, und eines Morgens, da es mir gelungen war, mich zwischen meckernden Geißen aufzurichten, sanken lautlos die Flocken. Nach Herrn von Goethe wagte ich nicht zu fragen. Wie ich später erfuhr, war er über Brunnen und Altdorf bis auf den Gotthard weitergewandert, und der Himmel mag wissen, wer sein Gepäck beim Hörnlimann eingesammelt und weitergetragen hat. Jedenfalls lag, als ich von meinem Nervenfieber genesen, nur noch eine Perückenschachtel im Schnee, und diese Schachtel war leer.

Ich habe Goethe, den Seher, rein als Auge im Gedächtnis bewahrt. Er war, was sich ihm offenbarte.

Ja, er war. Als sich die Kunde seines Todes durch die Lande verbreitet hatte, wurden Mann und Werk allüberall in artigen Tönen beschrieben, und selbst die Herren des damaligen Consortiums, welche sich zu einer Punsch- und Trauerrunde eingefunden hatten, ließen aus stieren Zürcher Augen ein paar Tränen fließen. Mehr habe ich nicht zu berichten, aber vielleicht ist es mir erlaubt, mit dem Hinweis zu enden, dass die gottähnliche Augenheit des großen Goethe durch den letzten von ihm überlieferten Spruch eine gültige Bestätigung erfuhr. »Mehr Licht!«, soll er gerufen haben. Mit diesem Wort ging das Auge über.

Das Holztheater

Die Dramatiker Thomas Bernhard und Rolf Hochhuth waren Freunde. Eines Nachmittags, es war im Winter '90, fuhren sie miteinander im Intercity durch Deutschland, und sei's, dass das Zusammentreffen dieser beiden Theatertitanen die Atmosphäre durcheinander strudelte, sei's, dass ein Tief über Skandinavien der Auslöser war – ein Jahrhundertsturm brauste Deiche zerschellend dächerablösend kirchturmknickend über Deutschland hinweg. Auch Bernhard und Hochhuth, in ihrem Coupé Erster Klasse über den Burgtheaterintendanten Peymann redend, blickten schließlich aus dem Fenster. Der Himmel war schwarz wie ein Meer, losgerissene Wirtshausschilder, Kübelpalmen und Regenschirme trudelten durch die Luft, die Signalmasten schwankten, die Fahrleitungen auch, das Ende der Welt schien nah. Hochhuth, an wilde Bühnenstürme gewöhnt, meinte ungerührt: »Bernhard, es scheint zu stürmen«, und der, seinen Lodenmantel über die Schulter legend, nickte bestätigend: »A Wetter.«

Sie redeten wieder über Peymann, vor allem über Peymanns Frauen, und noch eine gute Stunde fuhr der Zug, mit seinem Signalhorn tutend, im Schritttempo weiter. Dann, plötzlich: Schreie, Bremsen, der Zug stand still. Mitten im Wald. Es könnte sich, meinte Hochhuth, um den Teutoburger handeln, und Bernhard, nachdem er unter dem heruntergeplumpsten Gepäck seinen Tirolerhut hervorgezogen hatte, war überzeugt, die Lok sei in fallende Bäume gefahren und aus den Schienen gestolpert. Ringsumher ein Tosen, Prasseln, Knattern, aber nein, das war kein Brand, der Wind war's, der Sturm: Mit einem explodierenden Krachen drehte er Stämme aus den Wurzeln und warf sie splitternd um.

»Aber das ist ja großartig«, rief Bernhard plötzlich, »was für ein gewaltiges Holzfällen!« Hochhuth runzelte die Stirn. War Bernhard wahnsinnig geworden? Tatsächlich, jetzt lüpfte er tanzend sein grünes Hütlein und sang dazu ein Lied auf den Wirbelwind, der Millionen von Bäumen fälle und den Holzpreis ins Bodenlose sinken lasse. Dann, auf einmal sehr ernst, hielt er beide Hände um Hochhuths Schultern, sah dem Verdutzten tief in die Augen, und: »Lieber Freund«, sagte Thomas Bernhard, »wir werden ein Holztheater errichten.«

»Ein Holztheater?«

»Ja, Hochhuth, wir nutzen den kaputten Markt, kaufen billigst ein und bauen mit dem Sturmholz dieses Jahrhundertsturms ein Holztheater.«

»Lieber Bernhard«, hob Hochhuth an, »Ihnen ist gewiss bekannt, dass in den meisten Theaterhäusern nicht einmal die Bühne aus Holz besteht – feuerpolizeiliche Vorschrift! Im Burgtheater zum Beispiel, das mich übrigens viel zu selten spielt, darf beim Bühnen- und Kulissenbau kein einziges Stück Holz verwendet werden.«

»Richtig!«, versuchte Bernhard den Kollegen zu unterbrechen, was aber gar nicht so einfach war, denn Hochhuth hatte mit einer präzisen Schilderung des Ringtheaterbrandes begonnen, nannte Zahlen, Daten, Umstände, so dass Bernhard, damit der Dialog unter Hochhuths Anmerkung nicht vollständig zusammenbrach, sein »Richtig« mehrmals rufen musste, »richtig, Hochhuth, alles Plastik.«

»Eben«, setzte Hochhuth wieder ein, »seit jenem berühmten Brand ist das Holz aus dem Burgtheater vollständig, aus den meisten anderen Theatern nahezu vollständig –«

»Verbannt«, fuhr ihm Bernhard dazwischen, »jawohl, das Holz ist aus dem Theater verbannt!«, und Hochhuth, scharf wie sein Pater Riccardo im *Stellvertreter*: »Und da wollen Sie gegen alle Feuerwehrvorschriften der Welt ein Holztheater errichten?«

»Jawohl, Hochhuth. Alles aus Holz! Holz das gesamte Haus, Foyer, Garderoben, Bühne, Bühnenturm, Kulissen – Holz, nichts als Holz.«

»Und wenn es brennt, Ihr Holztheater?«

»Dann brennts!«, rief Bernhard, seine Augen glühten, auch die Wangen, »und das ist gut so, Hochhuth. Wahre Kunst ist Scheiterhaufenkunst!«

»Donnerwetter!«, machte Hochhuth. Er sah auf einmal eine domgroße Blockhütte vor sich, ein aus Wäldern gezimmertes, jede Feuerwehrregel und sämtliche Versicherungsparagraphen verhöhnendes, einzig und allein der Bretterkunst geweihtes Holzbayreuth, und miteins hatte auch bei ihm der Funke gezündet, er war Feuer und Flamme für das Holztheater.

Die beiden Dramatiker schüttelten sich ergriffen die Hände.

Bernhard sagte: »Bauen wir den Haufen, auf dem wir scheitern.«

»Stiften wir die Bühnen für unsere Brände!«, ergänzte Hochhuth, und schon, durch die Waggons sich kämpfend, über Koffer und Menschen steigend, war er unterwegs nach vorn, zur Lok, um einer bass erstaunten Bahnmeisterei über Funktelefon mitzuteilen, er, Hochhuth, und sein Kollege Bernhard hätten den großen Sturm zum Anlass genommen, um das Erste Deutsche Holztheater zu gründen.

»Wie bitte?«, entfuhr es dem entnervten Bahnmeister, um den herum gerade das gesamte Intercity-Netz am kollabieren war, »*was* haben Sie gegründet?«

Und Rolf Hochhuth, im Führerstand der Lok, den Blick stramm geradeaus und also in den flachgelegten Teutoburger Wald gerichtet, rief mit jubelnder Tenorstimme ins Funktelefon: »Hier Hochhuth. Mitteilung an die Welt. Durch Holz zum Feuer. Nur Brunst ist Kunst. Roger. Over.«

Der Wegweiser

Nach links? nach rechts? nach rechts? nach links?

Ich fuhr auf die Wegscheide zu, unentschieden, ob ich nach links will oder nach rechts, nein: nach links, nein: nach rechts, zu spät, ein Knistern, ein Knall, und der Wegweiser, als ich die Augen vorsichtig wieder öffne, hängt wie eine sinkende Standarte aus dem eingedrückten Kühler. Ein Witz, aber wahr: Ich bin, anstatt nach links oder rechts abzubiegen, auf meiner Spur geblieben und frontal gegen den Wegweiser gekracht. Vorbeifahrende Autofahrer winken mir fröhlich zu, ich lache zurück, auch mir ist die Komik meiner sichtbar gewordenen Entscheidungsunfähigkeit bewusst.

Seit Tagen und Wochen hatte ich an einem Stück geschrieben, das noch in dieser Saison am Zürcher Schauspielhaus gezeigt werden sollte. Die Zeit drängte, und die Frage: Kommt die Eile der Arbeit zugute oder schadet sie ihr?, stellte sich mit jeder Stunde deutlicher. Ich schwankte zwischen Mut und Unlust, zwischen: Ha, das schaff ich schon! und: Je, das wird nix. Abends fühlte ich mich als Weltmeister, morgens als Anfänger. Schwieriges gelang, Simples missriet, ich war fleißig, *zu* fleißig, kein Kino, kein Bier, da rief, vorige Woche war's, die Buchhandlung an, ein bestelltes Buch ist da, ich fuhr ins Dorf, fuhr zurück, und erst jetzt, eine knappe Fahrminute von zu Hause, lockt die Gastwirtschaft (nach links), obwohl ich doch schreiben will (nach rechts) nach rechts, nach links, es knallt.

Auf Hilfe wartend hatte ich Zeit, in der Panne jene Lebens- und Schreiblage zu erkennen, in die ich geraten war. »So«, sprach der Wegweiser zu mir – und er sprach geknickt –, »so können wir nicht weiterfahren. Nimm bitte zur Kenntnis, wo du stehst. Überdenke dein Tun.«

Kein Witz, eine wichtige Botschaft: Einerseits wollte ich das Stück fertigschreiben, andererseits wollte ich es reifen lassen, nein: fertigschreiben, nein: reifen lassen, und so, wie gesagt, kann's nicht weitergehen, so kommt's zum Crash.

Was ist passiert? Ich bin, am Steuer des Autos, der Autor einer Botschaft, die ich mir selber vor den Kopf knallen will. Wer nicht hören will, muss fühlen. Wer sich selbst nicht lesen kann, muss zum Text werden.

PS: Der Werkhof Einsiedeln bedankte sich umgehend für die Schadensmeldung, legte die Rechnung bei und schloss sein Schreiben mit einem wunderbaren Satz: »Der neue Wegweiser wird im Frühling gesetzt.«

Die Katze ist ein Pelztier, das aus der Wüste kam. Sie kann allein leben oder im Rudel, sie bewegt sich auf Samtpfoten, unhörbar wie eine Schlange oder Spinne, und ist sie verliebt, dringt aus den Hinterhöfen Italiens ein Nachtgesang, der lauter und nervender ist als das immer wieder durch die Gassen donnernde Motorrad. Katzen lieben die Dämmerung, da in ihren Augen das weichende Licht erglüht, und innerhalb von vierundzwanzig Stunden schlafen sie vierzehnmal, wohl im Wissen, dass die 14 zu den heiligen Zahlen der Pythagoräer gehört – ein Kreuzweg hat 14 Stationen, Hegels Weltgeist 14 Stufen. Katzen lieben es, häuslich und heimisch zu sein und ihren Ort mit einem Kranz von Wegen zu umgeben. So wohnen sie im Zentrum eines Sterns, auf dessen Strahlen sie spazieren, aber auch in den Sternen des Alls kennen sie sich aus – immer wieder kommt es vor, dass eine Katze, etwa nach einem Umzug, über Grenzen und Flüsse und Autobahnen zurückfindet in ihre Heimat. Hat sie die astronomische Kunst auf ihren Meerfahrten erwor-

47

ben? Möglich wäre es, in früheren Jahrhunderten gehörte zu jedem Segelschiff ein Bordkater, der mit scharfen Klauen und spitzen Zähnen Ratten und Mäuse zu bekämpfen hatte. Er war der Beschützer des Proviants und oft der Freund des Kapitäns, bei dem er auf der Brücke ausharrte, wenn sich die schwarze Wand des Taifuns heranschob.

Die Katze, sagt man, hat viele Leben, sieben oder neun, und so überstand sie Meer-, Sand- und Schneestürme. Sie ist ein Landtier, aber weit gereist, strom- und ozeanerfahren. Sie bewohnt gern einen festen, ihr vertrauten Ort, und hat es sie in die Fremde verschlagen, ist sie fähig, über halbe Kontinente zurückzuwandern. Zwiespältig das Wesen, widersprüchlich der Charakter – dieses schmusige Raubtier, das sich niemals domestizieren ließ, war dazu prädestiniert, Literatur zu werden.

II
GOTTFRIED KELLER

»Schreiben kannst du!«

Es war Anfang der achtziger Jahre im letzten Jahrhundert. Ute kam im späten Nachmittag und teilte mir mit, zwischen uns sei es aus. Um Zeit zu gewinnen, floh ich in die Küche und kochte Kaffee. Als ich zurückkehrte, stand Ute an meinem Pult und las einen Text, den ich mit der Schreibmaschine getippt hatte. Was Ute nicht wusste: Der Text stammte von Gottfried Keller. Beim Lesen einer bestimmten Stelle des *Grünen Heinrich* waren mir die Tränen gekommen. Warum? Das wollte ich unbedingt herausfinden, und da mir die Literaturwissenschaft nicht helfen konnte, ging ich vor wie die Kunststudenten, die ihre Staffeleien ins Museum stellen, um beim Kopieren berühmter Gemälde die Tricks der Meister zu erwerben. In der Nacht vor Utes Besuch hatte ich Kellers Wunderstelle Seite für Seite abgetippt, Satz für Satz, Wort für Wort, und es waren diese Blätter, die die schöne Schattenfigur im spätsommerlichen Nachmittagslicht in ihren Händen hielt. Ich goss den Kaffee ein. Nichts geschah. Ute las. Als sie sich schließlich umwandte, flossen Tränen über ihre Wangen.

»Du bist zwar ein Riesenarschloch«, sagte sie, »aber schreiben kannst du.«

Der doppelte Gottfried

Nach dem frühen Tod des Vaters hing der kleine grüne Heinrich im Estrich des Elternhauses an einer Fensterluke und beobachtete, »wie nach und nach alles in graue Schatten sank, bis zuletzt nur noch der goldene Wetterhahn funkelte«. Plötzlich glaubte er, »dass dieser Hahn Gott sei«. Er sprach mit niemandem darüber, aber fortan wusste er: Ihm offenbarten sich Dinge, die wirklicher waren als ein Stuhl oder ein Tisch. Das galt auch für den toten Vater. In Heinrichs Erinnerung war der Abwesende anwesend – das erlebte er im Estrich, wenn er ins Weite träumte, über die fernen Schneeberge hinaus.

Aber das Elternhaus hatte auch eine Küche, und hier hielt sich die strenge Frau Lee, Heinrichs Mutter, an das protestantische Kochbuch für den Kanton Zürich. Zu »schwarzer Schuldsuppe« gab es »das gesunde Brot der Vorwürfe des Gewissens« – ohne Butteraufstrich, wie Keller betont. An diesem Brot sollte er »ein Leben lang kauen«, und so viel er von der Suppe in sich hineinwürgte, der Teller blieb immer voll.

Der große Kollege Keller hat die Maxime aufgestellt, »über dem Gegenstand niemals breit zu werden«. Fassen wir uns also kurz. Es gab zwei Gottfried Keller, einen Estrich-Keller und einen Küchen-Keller. Der Estrich-Keller war der Gläubige, der Fromme, der Träumer, der Phantast, der Romantiker. Er glaubte an Wunder und erlebte sie auch. Durch die Augen, seine »lieben Fensterlein«, flossen Bilder vom fernen Abendfeld in ihn hinein, blaue Blumen und goldene Sterne.

Der Küchen-Keller hingegen war Realist. Er empfand die Religion, den Zwinglianismus, als eine innere Gerichtsinstanz, die ein Leben lang gegen ihn prozessierte. Nie ein Freispruch. Kau an deinem Gewissensbrot. Löffele die Schuldsuppe. Dulde.

Beide Gottfried Keller wurden berühmt. Der Küchen-Realist schaffte es in die Ahnengalerie der marxistischen Literatur und wurde von einem Georg Lukács für die »plebejischen« Gestalten und die »Widerspiegelungen der gesellschaftlichen Prozesse« hoch gelobt. Im Bücherregal des Sozialismus war Keller zwischen Goethe und Gorki eingereiht, und so ist es kein Zufall, dass er mir nicht im Deutschunterricht an der Stiftsschule Einsiedeln, sondern – ich war damals Student in Westberlin – in der Ostberliner Karl-Marx-Buchhandlung begegnet ist.

Allerdings habe ich mich dann hauptsächlich für den anderen Keller interessiert, den Estrich-Träumer, der es so wunderbar verstand, das Gewöhnliche ins Außergewöhnliche, das Sinnliche ins Übersinnliche zu erhöhen. Analog zum Schöpfer schuf der Dichter eine eigene Welt, ein eigenes Selbst, den grünen Heinrich, der in beiden Fassungen des monumentalen Romans eine faszinierende Doppelfigur ist, ein Ich und sein Schatten. In der Erstfassung wird zuerst in der Ich-Form erzählt, dann wird das Ich verabschiedet, und wir erfahren in der Er-Form, wie das Leben des grünen

Heinrich weitergeht, wie er unglücklich heimkehrt nach Zürich und einzieht in die Schattenwelt.

Die beiden Perspektiven zeigen, dass Kellers Weltsicht sowohl ästhetisch wie gesellschaftspolitisch eigen war, ungewöhnlich. Walter Benjamin: »Alle Bücher dieses Mannes gehören zu den zweideutigsten und gefährlichsten Produkten der Literatur. Gefährlich ist dieses Zweideutige, weil es sich dem ordnenden Zugriff entzieht«, weil es »ein den herrschenden Strukturen nicht integrierbares Anderes enthält«.

Das nicht integrierbare Andere war er selbst, der doppelte Keller, der als romantischer Estrich-Keller seine schönsten Geschichten schrieb, etwa »Spiegel, das Kätzchen. Ein Märchen«, und als Küchen-Keller seine düstere Jugend verarbeitete: den Rausschmiss aus der Schule, den Frondienst als Kopist, die Armut, die Not, die Schuldenlast – auch im Finanziellen.

Eine Zwischenbemerkung. Benjamins grandiose Charakterisierung von Kellers Dichtung entnahm ich dem *Gottfried Keller Handbuch*, herausgegeben von Ursula Amrein. Das Buch ist eine wahre Schatztruhe und enthält alles, was man sich in Sachen Keller nur wünschen kann: Daten zur Biographie, Angaben zur Werkgenese, zur Zeitgeschichte, zur Rezeption, zur Wirkung. In Amreins Handbuch fand ich zahllose Belege für den doppelten Keller, denn neu ist dieser Befund nicht – auch Keller selbst hat berichtet, wie der Küchen-Realist dem Estrich-Träumer den Garaus machte.

Es geschah in Heidelberg. Hier hatte der berühmte Heidelberger Kreis (um Bettina und Achim von Arnim, Brentano, Eichendorff) noch einmal den Traum eines katholischen Mittelalters geträumt – gegen die Reformation, gegen die Aufklärung, gegen den Siegeszug der Dampfmaschinen und Eisenbahnen. Doch der Altstudent aus Zürich kam zu spät. Als er in Heidelberg eintraf, waren die Sterne der Romantiker verblasst, die blauen Blumen gepflückt, poetische Lieder, Märchen, Sagen nicht mehr aktuell.

Aktuell war der radikale Antireligionsphilosoph Ludwig Feuerbach. Keller hatte ihn erst kürzlich verrissen, aber »hopsa!«, wie es im *Grünen Heinrich* heißt, nun saß er bei Feuerbach am Kneipentisch und fand durch dessen Vorlesungen einen neuen Zugang zum Diesseits – zu einem Diesseits, das kein Jenseits mehr hat. Damit erloschen die Träume in der Dachstube, als hätte jemand den Schalter ausgeknipst. Keller gab seinen Glauben an Wunder, an die Transzendenz, an eine ferne Heimat auf. Nun war er überzeugt: Mit dem Tod ist alles aus. Nach uns das Nichts. »Ich machte tabula rasa«, bekannte er. Der Küchen-Keller knüpfte den Estrich-Keller an einem Dachbalken auf.

Bald musste er feststellen, dass er seine Gewissensinstanz unter dem wilden Revoluzzerbart in der breiten Brust mit sich herumschleppte, weshalb sie mit dem abgeschafften Jenseits nicht verschwand, sondern noch mächtiger wurde, noch rigoroser. Mit dem Dichten wollte es auch nicht mehr so recht klappen. Damals schrieb er an der ersten Fassung des *Grünen Heinrich*, und ganz ohne Romantik kann man beim besten Willen nicht von der Liebe erzählen. Zudem wurde ihm Feuerbach, der Weiberhasser und Zyniker, immer unsympathischer. Im Roman wird er als »Vogel« charakterisiert, »der mit einem tiefen, monotonen Gesang den Gott aus der Menschenbrust wegsingt«. Ein atheistischer

Bass-Vogel! – da hörte selbst für den Küchen-Realisten der Spaß auf. Er schnitt den im Estrich hängenden Träumer vom Strick, und zu zweit zogen sie weiter, jeder als Schatten des andern, von Heidelberg nach Berlin.

Dort gelang es Keller, seinen Roman in jahrelanger Schweißarbeit fertigzustellen. Allerdings war es nur die erste Fassung, im Alter wird er den Roman ein zweites Mal schreiben, und wenn es ein Symbol für Kellers Doppelung gibt, dann ist es der *Grüne Heinrich* – ein Gesamtkunstwerk aus zwei Bänden, die beide denselben Titel haben und mit den gleichen Figuren die gleiche Geschichte erzählen – ein Roman und sein Schatten.

1855 kehrte Keller nach Zürich zurück, wo er dann bei Mutter und Schwester seine sechs bittersten Jahre verbrachte, ohne Job, ohne Einkommen, ein überflüssiger Esser am Küchentisch, verurteilt zum lebenslänglichen Schuldsuppen-Schlürfen und Gewissensbrot-Kauen.

Seine Rettung war ein Wunder, zumindest ein politischer Coup: Der nach bürgerlichen Maßstäben gescheiterte Dichter, der in radikal linken Immigrantenkreisen verkehrte, wurde am 14. September 1861 vom Regierungsrat des Standes Zürich in das Amt des Ersten Staatsschreibers berufen.

Eine Sensation war dies schon deshalb, weil die acht Regierungsräte samt und sonders der von Keller bekämpften liberalen Partei angehörten. Und nicht genug damit: Der freche Keller hatte den Dominator dieser Regierung, Alfred Escher, immer wieder persönlich angegriffen – obwohl der einer seiner Förderer war. Escher sah großzügig darüber hinweg, und so konnten zwei Männer im besten Alter, beide 42, die sich bisher als Antipoden verstanden hatten, eine Verbindung eingehen: Alfred Escher, ein liberaler Krösus, Gönner, Diplomat, Banken- und Eisenbahnmogul, und Gottfried Keller, ein Revolutionär und Schmarotzer.

In seinem Buch *Das Ende von Seldwyla* behauptet Kurt Guggenheim, der Begriff »herrschendes System« stamme ursprünglich von Keller, und zwar aus einer Polemik gegen Eschers »unsittliche Verquickung von wirtschaftlichen Interessen und politischer Macht«. Hatte das »herrschende System« sich seinen sprachmächtigsten Kritiker einverleibt, um ihn mundtot zu machen? Nicht nur – Alfred Escher (nachzulesen in der spannenden Biographie von Joseph Jung) wollte die junge Republik, die zwischen 1798 und 1848 von der dreizehnörtigen Eidgenossenschaft zu einem Bundesstaat geworden war, mit einer Edelfeder schmücken. Er sah in Keller den geeigneten Mann, um die von lauter Monarchien umschlossene Demokratie über die Grenzen und über die Gegenwart hinaus kenntlich zu machen.

Eine zweite Zwischenbemerkung. Keller hat sich oft in Situationen verwickelt, die exemplarisch das Tragische oder Komische der menschlichen Existenz ausdrückten. Da lag es für später geborene Autoren nahe, sich aus der Überfülle von Keller-Szenen zu bedienen und ihn auf die Bühne oder in einen Roman zu bringen. Ein Stück von Adolf Muschg, *Kellers Abend* – Werner Düggelin hat es 1975 an den Basler Theatern uraufgeführt –, zeigt die letzte Nacht des Revoluzzers, und Kurt Guggenheim erzählt in *Das Ende von Seldwyla* vom nächsten Morgen:

»Höre mich an, Gottfried«, sagt da Regierungsrat Hagenbuch, als der bös verkaterte neue Staatsschreiber um zehn noch nicht zum Dienst erschienen war, »wenn du so weitermachst, gehst du unter im Dunkel. Das ist nur noch ein Scheinleben, das du führst.«

»Und Sie glauben, Herr Regierungsrat, wenn ich oben in der düsteren Staatskanzlei sitze, Akten studiere, Protokolle führe, Pässe ausstelle, das sei das eigentliche Leben?«

»Das Leben in diesen Papieren ist ebenso eigentlich wie das Leben in den Papieren, auf die Sie den *Grünen Heinrich* geschrieben haben! In der Staatskanzlei oben sitzen Sie an der Quelle unseres Gemeinschaftslebens, alles läuft dort zusammen, Geburt, Heirat, Tod.«

Beide Autoren, Muschg wie Guggenheim, haben den Übergang des revolutionären Dichters in den konservativen Beamten gestaltet, und das ist in der Tat eine theatralische Angelegenheit. Ab sofort muss Keller seine Doppelrolle öffentlich spielen – erst noch beglaubigt durch das eigene Amt. Er ist in dieser Kunst geübt, deshalb hat er Erfolg. Während der Dichter des *Grünen Heinrich* und der Novelle *Romeo und Julia auf dem Dorfe* in deutschen Landen allmählich berühmt wird, zieht man in Zürichs Gassen vor dem ehrwürdigen Herrn Staatsschreiber den Hut.

Viele Keller-Interpreten neigen dazu, die fünfzehn Amtsjahre als Fron und Unglückszeit zu definieren. Schon seine linken Freunde unterstellten Keller Opportunismus und verkannten, wie später die Biographen, dass er zeit seines Lebens ein Träumer geblieben ist, auch im Politischen. Sein Herz schlug links, doch seine Haltung war die eines Konservativen, der die Schweiz, wie sie sich seit dem Sonderbundskrieg konstituiert hatte, bewahren wollte. Ein Widerspruch? Höchstens an der Oberfläche. Kellers Schweiz war eine Real-Utopie mit den Hauptstädten Genf und Zürich, die die Verfolgten aus ganz Europa in sich aufnahmen, etwa einen Bakunin, der eine Schule für Anarchisten betreiben durfte, oder – später – einen Lenin, der im Zürcher Niederdorf die Weltrevolution vorbereitete. Hier wurde frei gedacht. Hier galt die offene Rede. Hier wurde niemand wegen seiner Rasse oder Religion verfolgt (Einschränkungen gab es allerdings für Juden und Jesuiten), und so bekam der kluge Escher recht. Der Erste Staatsschreiber Keller, ein konservativer Revolutionär, verstand es vorzüglich, die aus Bürgerkriegen und Aufständen entstandene Demokratie in einer »Widerspiegelung« (Georg Lukács) glänzen zu lassen.

Damit waren die Jahre des Schweifens – früher im Ausland, dann in den Gastwirtschaften der Vaterstadt – vorerst einmal vorbei. Die Schwermut hat es gern häuslich, und endlich war es Keller möglich, sich seiner Seele gemäß einzurichten – wie seinerzeit in der Kindheit, im »Haus zum goldenen Winkel«.

Die Staatskanzlei amtete im »Steinhaus« an der oberen Kirchgasse. Das Erdgeschoss diente als Archiv; im ersten Stock befanden sich die Kanzleiräume und das Bureau des Zweiten Staatsschreibers. Im zweiten Stock lag die Amtswohnung des Ersten Staatsschreibers, wo nun eine Kleinfamilie hauste: die strenge Mutter und die unverheiratete Schwester mit Sohn und Bruder Gottfried. Die Mutter, wird im *Grünen Heinrich* erzählt, ließ auf dem Herd, in dem sie aus Abfällen ein mageres Feuer unterhielt, tagaus, tagein die schwarze Suppe köcheln. Der Sohn löffelte sie in sich hinein. Der Teller blieb voll. Trotzdem war sie verdaulicher als früher. Die Republik entgalt die Dienste des Staatsschreibers mit freier Wohnung, Licht, Holz und dem festen Jahresgehalt von 1750 Franken. Nun konnte er Schuldsuppe und Gewissensbrot selbst bezahlen.

Gewiss, das »Steinhaus« war ein Mausoleum; hier lag sein Dichterleben begraben. Nur noch selten schrieb er private Briefe. Die Poesie war ihm vergangen. Er erfüllte seine Pflicht. Aber der fromme Träumer war nicht tot, dem ging es prima, denn nun hatte er im obersten Stock ein Bureau (und musste sich nicht mehr in den Estrich verdrücken). Hinter einem pompösen Pult saß er im Amtssessel, ein Sitzriese mit Kneifer und Bart, bis zum Mittag in den plüschroten Schlafrock gehüllt, und auf dem Stapel nicht erledigter Akten schnurrte die Katze.

Zu Kellers Aufgaben gehörte das Verfassen der sogenannten Bettagsmandate. Das waren Verlautbarungen der Kantonsregierung zum Eidgenössischen Dank-, Buß- und Bettag. Sie wurden auf Plakaten und im Amtsblatt publik gemacht sowie von den Kanzeln herab verlesen. Laut Michael Andermatt (im *Keller-Handbuch*) sollten diese Mandate, auch Briefe genannt, die Bürger über das Weltgeschehen informieren und an die Pflicht gemahnen, Gott gegenüber bußfertig und dankbar zu sein.

Als Kellers Freunde vor die Plakate traten, trauten sie ihren Augen nicht. Hatte der Polemiker Keller früher nicht geschrieben, eine Republik habe kein göttliches »Reichsoberhaupt« nötig? Doch, hatte er. In deutschen Landen galt er als mutiger Feuerbach-Anhänger und atheistischer Dichter. Und auf einmal solche Worte, auf einmal eine

Frömmigkeit, die sogar dem Stadtpfarrer Lang zu weit ging? »Etwas Verzwickteres, Geschraubteres, Schwülstigeres«, schimpfte Lang von der Kanzel herab, sei noch »keiner regierungsräthlichen Feder entflossen«.

Irrtum, Herr Pfarrer! Die Bettagsbriefe sind großartige Texte. Sie danken Gott im Namen des Rats und der Bürger für die Verschonung von den »verheerenden Todesseuchen« (der Cholera); sie bitten um die »Erhaltung des Weltfriedens« und bekunden Verständnis für all jene, »welche eine gewisse Scheu und Furcht vor dem Neuen und den Folgen des noch Unbekannten haben«. Verglichen mit dem Moralschleim, der heutzutage von den Kanzeln tropft, sind diese Worte weder geschraubt noch schwülstig, sondern wahr und rein und schön. Der Romantiker, der nun nicht mehr im Estrich an der Luke hing, sondern in der obersten Etage wie ein König im Bureau thronte, konnte seinen Traum von einer jenseitigen Welt, von einem Abendfeld, blauen Blumen und glitzernden Sternen in tiefer, wahrer Frömmigkeit weiterträumen.

Der andere Keller jedoch, der pünktlich am Küchentisch erschien, wenn die verhärmte alte Mutter die schwarze Suppe auftrug, behauptete sich ebenfalls. Es kümmerte ihn einen Dreck, dass sein Alter Ego, der politische Romantiker, den mittlerweile abgewählten Alfred Escher als »Erhalter des Vaterlandes« über den Klee gelobt hatte – im *Fähnlein der sieben Aufrechten* schlägt Keller andere Töne an, da wird Escher als »Verderber des Volkes« an den Pranger gestellt: »Lass aber einmal Kerle mit vielen Millionen entstehen, die politische Herrschaft besitzen« (ruft der alte Hediger im *Fähnlein* aus), »und ihr werdet sehen, was die für einen Unfug treiben (...), was für einen Schaden sie anrichten.« Das ist antikapitalistische Agitprop und machte Keller im Ostblock zu einem helvetischen Maxim Gorki.

Nein, ein einfacher Mann war er nicht. Zum einen hatte er großdeutsche Anwandlungen und brachte einmal den Trinkspruch aus, »wenn das Deutsche Reich für die Freiheit reif geworden sei, dann sollten seine Grenzpfähle am Gotthard stehen« – im Klartext: Heim ins Reich! Zum andern war er »euse Göpfi us em Niederdorf«, und als er im Tannensarg durch die Gassen getragen wurde, haben Tausende seine Hymne gesungen: »O mein Heimatland! O mein Vaterland! / Wie so innig feurig lieb' ich Dich.«

Ein pathologischer Fall? Das mögen Berufene entscheiden. Aus meiner Erfahrung kann ich höchstens vermelden, dass mir in Zürich ausnahmslos bipolar auffällige Menschen begegnet sind. Die meisten leben damit. Viele lassen sich einen psychischen Defekt attestieren. Und einer von ihnen hat sich mit seinen zwei Seelenflügeln in eine »Eule« verwandelt, die ihren Platz im Pantheon der Weltliteratur hat: Gott. Fried. Der doppelte Keller.

Dämmerschoppen

Novelle

Erster Akt

Am Vorabend seines siebzigsten Geburtstages saß hoch über dem Vierwaldstätter See der Dichter Gottfried Keller auf einer Hotelterrasse, trank eine Flasche Gumpoldskirchner und sah in die Dämmerung hinaus. Hier oben kannte ihn niemand. Der Seelisberg, mitten in der Innerschweiz auf einer steil abfallenden Felsflanke gelegen, war ein vornehmer Luftkurort und wurde von Herrschaften aus ganz Europa, ja sogar aus Übersee, aber kaum von Schweizern besucht. Keller hob das Glas. Der Juliabend war lau, der Wein gut, mit jedem Schluck fühlte er sich wohler. Morgen würde er siebzig Jahre alt, ein runder Geburtstag, das größte Fest seines Lebens, er jedoch, der Jubilar, hatte all seinen Gratulanten ein Schnippchen geschlagen. Es war ihm gelungen, im Grand-Hotel »Sonnenberg« unter falschem Namen abzusteigen. Er trank das Glas in einem Zug leer und stellte sich in wachsender Frohlaune vor, wie die Männerchöre und Fackelstudenten ihre Lieder und Hochrufe vor seiner Zürcher Wohnung ins Leere jubeln würden: Keller hervor, hurra! hurra! hurra!

Am Fuß der Flanke, bei der Rütliwiese, tutete ein Dampfer. Dann erklang ein helles Lachen – zwei Mädchen, ihm

63

einen Gruß zunickend, verschwanden im Hotel. Ach, ich alter Hund, dachte Keller, wie bin ich froh, dass mich die Flöhe der Leidenschaft nicht mehr jucken.

Oft kam die Schwermut mit einbrechender Dämmerung, deshalb war Keller entschlossen, seiner Gicht zum Trotz, noch eine Weile zu sitzen, zu trinken. Er fürchtete sich vor der pompösen Leere seines Zimmers. Dort würde er auf dem Doppelbett liegen, nicht viel größer als ein Kind, er würde die Decke betrachten und das im Dunkel sich auflösende Tapetenmuster, und dann, plötzlich, würde auf der Fußlade der Bettstatt sein schwarzer Vogel hocken, die Schwermut.

»Es timmeret«, bemerkte jetzt, ihm einschenkend, ein langbeiniger Herr Ober. Er war aus dem Innern herangestelzt, nun stellte er die Flasche auf den Beitisch zurück, räusperte sich in einen weißen Handschuh hinein und erwartete wohl, dass ihn der Gast in eine Unterhaltung zöge. Keller hütete sich. Das war ein Hiesiger, ein Innerschweizer. Ihm, dem Stadtzürcher, waren Leute dieses Schlages fremd. Vor Zeiten hatten sie ihr Land den Vögten abgenommen, sie waren ihre eigene Herrschaft geworden, und heute? – heute krochen sie hinter Komtessen her, hinter Bank- und Schlotbaronen, immer darauf bedacht, ein Trinkgeld zu kassieren. Die einst mächtigen Bauern hatten sich zu Knechten deformiert, zu Kellnern und Caddies.

Unter der zarten, letzten Himmelshelle schien das Land weit und groß und grau zu werden. Von den tiefer gelegenen Alpen tönte das Läuten der Herden herauf, und ein Senn mit kräftiger Stimme, die ein Holztrichter noch verstärkte, leierte seinen Betruf in den Abend hinaus. Der befrackte Ober stand jetzt an der Terrassenbrüstung; er schien dem Dampfer zuzusehen, der tief unter ihm den See durchfuhr.

Ich bin, sagte sich Keller, ein Greis. Er saß in einem Korbstuhl, die kurzen Beine von einem Plaid verdeckt, und trank, trank hastig, er trank, um froh zu bleiben, heiter. Es war kühl geworden, es wurde dunkel. Nur der See, als vermöchte er aus eigener Kraft zu leuchten, lag wie ein Spiegel aus Silber in der Tiefe einer gründunklen Schattenlandschaft. Keller lächelte. Er war alt, doch nicht verbittert. Er war allein, doch nicht einsam. Der Vogel, wagte er zu denken, hatte ihn zwar gestreift, doch nicht gepackt. Heute, am Vorabend seines Geburtstages, ließ ihn die Schwermut in Ruhe. Der Herr Ober steifte den Rücken, drehte sich um und sah herüber. Er schien etwas sagen zu wollen. Keller duckte sich. Aus dem Himmel schwand das letzte Licht. Kein Stern, kein Mond. Irgendwo wurde ein Fenster geschlossen, ein Vorhang gezogen, und das Bimmeln der Herden tönte dumpf und fern.

Da, plötzlich, geschieht's –

Das nachtdunkle Land erwacht, die Seedörfer und Seitentäler beginnen zu läuten, nah ein Knistern, ein Geprassel, ein Feuer lodert auf, ein Höhenfeuer, und schon stehen alle Flanken, alle Gipfel in Flammen – das große Naturtheater der Innerschweiz hat sich mit einem Schlag illuminiert.

Sofort war es mit Kellers Frohlaune vorbei. »Was händ äch die Tuble wider z fyre!«, knurrte er.

Der Ober kam näher. »Ein Dichtergeburtstag!«

»Wie bitte?« Keller verschluckte sich.

Ja, fuhr der Ober leise fort, kaum zu glauben, doch leider die Wahrheit, mit diesem Aufwand an Holz, Feuer und Geläute werde ein gewisser Keller, Gottfried, Dichter aus Zürich, zum Siebzigsten geehrt und gefeiert – reichlich übertrieben, wie er, der Herr Wendelin, finde.

»So, so«, machte Keller.

Und Herr Wendelin, mit hämischem Unterton: »TRINKT, O AUGEN, WAS DIE WIMPER HÄLT, VON DEM GOLDNEN ÜBERFLUSS DER WELT!«

Keller riss die Brille ab, drückte Daumen und Zeigefinger gegen die Augen, aber er wusste, er sah es: Das war kein Traum, kein Suffgebilde, dieser Herr Ober, der ihn so frech und abschätzig zitiert hatte, stand lang und ein wenig nach Schweiß riechend neben seinem Stuhl. In dieser Tonart, erklärte er nun, pflege der Jubilar zu dichten, der zitierte Vers habe heute morgen in allen Zeitungen gestanden. Trinkende Augen! Haltende Wimpern! Also ihm, dem Herrn Wendelin, sei das zu verstiegen und zu altmodisch, lyrisches Geflitter von gestern.

Der Dichter, für den das Land die Glocken erschallen und die Gipfel wie Fackeln leuchten ließ, griff mit alterszittriger Hand nach dem Glas. Sollte er lachen oder heulen? Der Ober nahm die leere Flasche vom Tisch und sah ihn fragend an.

»Ja«, sagte Keller, »bringed no e Guttere!«

Er krallte seine Finger in die korbige Lehne. Ihm schwindelte. Jetzt war er da – der Vogel war da. »Habt Ihr nicht verstanden?«, rief Keller mit verzweifelter Kraft, »no e Guttere, noch eine Flasche, und zwar rasch!«

Auf seinen dünnen Beinen stakste der Ober davon. Ein

kalter Luftzug, der vom See herauf und über die Terrasse stieg, ließ seine Frackschöße flattern. Keller schnaufte. Was tun? Fliehen!

Zu spät. Schon stand der Ober wieder bei ihm, zog nah an Kellers Ohr den Korken aus der Flasche und meinte keck, das sei kein schlechter Tropfen, dieser Gumpoldskirchner.

»Drum suuf en«, sagte Keller.

Zweiter Akt

Wendelin Lymbacher, von der vornehmen Welt »Herr Wendelin« gerufen, war stolz, im Grand-Hotel »Sonnenberg« (»Europas größte derartige Anlage«) dienen zu dürfen. Hier lernte man die Crème de la crème kennen, Grafen, Barone, Geheime Oberjustizräte und sogar einen Selfmademan aus dem fernen Amerika, den Reverend Douglas Forrest mit Gattin aus Clifton, Cincinnati. Ja, die seltsamsten Gäste logierten hier oben. Eine Madame Schilizizi mit Familie und Bedienung aus Petersburg saß während des ganzen Tages in einer lauschigen Naturnische; ein Baron von Steffens hielt sich ausschließlich zwischen den Spiegelwänden des Konversationszimmers auf und sah sich gelangweilt beim Gähnen zu; und Campell, ein Colonel aus London, schien es offensichtlich zu genießen, in der Tiefe der Felsenkeller tagtäglich eine Molkenkur zu absolvieren. Sonderlinge, gewiss, aber alle, mochten sie erstklassiger Adel sein, wie Conte Cesare del Mayo aus Milano, oder als Künstlerin weltberühmt, wie das Fräulein von Brausewetter (mit Bedienung) aus Königsberg, alle strebten sie nach dem

Five o'clock auf ihre Zimmer, um sich für das Abendessen umzuziehen. Nur dieser eine nicht, der Zwerg im Korbstuhl. Der war hocken geblieben. Herr Wendelin räusperte sich – der Korbstuhl tat keinen Wank.

Er war nämlich hier, wie man soeben erfahren hatte, hier im Hotel, er selbst, Gottfried Keller, der jubilierende Nationaldichter. Angeblich unter falschem Namen abgestiegen, eine typische Künstlerlaune und natürlich darauf berechnet, dass man den hohen Gast früher oder später erkennen würde. Dann, so der Plan der Direktion, wollte man den angenehm Überraschten auf die Terrasse führen, damit er das Läuten vernehme und die Feuer schaue, die die Heimat zu seinen Ehren entzündet hatte.

Herr Wendelin räusperte sich erneut, lauter jetzt, der Alte jedoch – er schien nichts zu merken, nichts zu hören. Er hockte ganz und gar am falschen Platz. Ein veritables Hindernis, wie Sous-Chef Müller gesagt hatte. Bevor man den Dichter auf die Terrasse bitten konnte, musste der Knurrhahn im Korbstuhl entfernt werden.

Noch einmal sich räuspern? Es war unter seiner Würde. Zudem hatte er Arbeit genug. Er, der Herr Wendelin, war der Längste der ganzen Brigade und gelangte als Einziger, ohne eine Leiter ersteigen zu müssen, zum Draht hinauf, der über der Terrassenbrüstung gespannt war. Jetzt zündete er einen ersten Lampion an, klappte ihn zur Kugel auf und hakte die, sich reckend, an den Draht. Dann warf er einen Viertelblick über seine Schulter. Der Alte war ein Landsmann. Das erklärte, warum er die Ordnung des Hauses so dreist missachtete – Schweizer kamen nur selten auf den Seelisberg, sie fühlten sich unter den Großen der Welt nicht wohl. Könnte, schätzte Herr Wendelin, ein alter 48er sein; bärtig, das Gesicht zerknittert, und den Wein soff er wie das Braunvieh Wasser. Herr Wendelin schüttelte sich. Gott sei Dank, diese Typen traten allmählich ab. Sie hatten zwar den neuen Bundesstaat gegründet und eine freiheitliche Verfassung in Kraft gesetzt, aber den Geist, der ihrer Schöpfung entsprungen war, verstanden sie nicht. Gerade sie, die für die Liberalität auf die Barrikaden gestiegen waren, warnten nun griesgrämig und besserwisserisch vor dem Verganten der Freiheit; sie polterten gegen die Eisenbahn, die die Landschaft verschandele, und in den erhabenen Grand-Hotels – man soll es nicht für möglich halten! – sahen sie Gesslerische Trutzburgen, die die Schweizer zu Lakaien verkrümmten, zu Lohn- und Trinkgeldempfängern der internationalen Adels-, Fabrik- und Kapitalherren.

Nein, entschied Herr Wendelin, mit so kurzen Beinen ersteigt man keine Barrikaden, ein alter Revolutionsheld war das nicht. Eher sah er einem Künstler ähnlich, vielleicht einem Landschaftsmaler.

Nun, er musste den Brummli von der Terrasse schaffen, und zwar so diskret als möglich. Die Keller'sche Verszeile hatte ihm missfallen. Daran, dachte Herr Wendelin, ließe sich anknüpfen. Er trat neben den Korbstuhl und fragte, ob der Herr den allseits Gefeierten kenne, vielleicht sogar gelesen habe. Eine Weile blieb es still. Dann ein böses Geknurr, unverständliche Flüche, und wieder: Stille.

Ein sonderbarer Patron, dachte Herr Wendelin, höchste Zeit, dass er ihn loswurde.

Dritter Akt

Verkehrte Welt! Keller kochte. Er hatte allen Feierlichkeiten, den Reden und Gesängen entfliehen wollen, und jetzt thronte er wie ein Buddha inmitten des großartigsten Ehrenspektakels, ließ sich von den Höhenfeuern beglänzen, von den Kirchtürmen beschallen, und zu allem Überfluss schien sich auch noch das Hotel an dem Affenzirkus beteiligen zu wollen. Unten im Garten Schritte, Getuschel, und der Ober, diese unsägliche Jammergestalt, hatte eine Lampiongirlande in den Nachthimmel eingezogen.

Immer lief alles verkehrt. Er, der Zwerg, war zeit seines Lebens wie ein Köter um die längsten Weiber herumgestrichen. Er, der Lyriker, hatte einen vielhundertseitigen Roman geschrieben, und zwar – das war das Allerschlimmste! – in zwei verschiedenen Fassungen. Dabei war er tatsächlich zum Epiker geworden, aber die literarische Welt – o Verkehrtheit ohne Ende! – hatte sich natürlich entschlossen, ihn nur als Novellenheini ernst zu nehmen. Die Leute von Seldwyla, Schöpfungen seiner Jugend, liefen ihm nach wie gestutzte Pudel.

Der Ober rührte sich nicht. Keller blinzelte zu ihm hoch. Das Peinliche war: Der Mann hatte recht. AUGEN, MEINE LIEBEN FENSTERLEIN, GEBT MIR SCHON SO LANGE HOLDEN SCHEIN, LASSET FREUND-LICH BILD UM BILD HEREIN. Den Herrn Ober ließen sie herein und diese verfluchte Innerschweizer Nachtwelt, die ihn, den Nationaldichter, feierte. Keller verkroch sich in den Korb. Wie hatte sein Freund Storm über das *Abendlied* geschrieben? Das sei »reinstes Gold der Lyrik, die schönste Frucht Ihres Alters, mein lieber Keller«. Lüge war's, Kitsch, Gouvernantenpoesie.

In den Tälern verklang das Geläute. Im nahen Feuerstoß fraßen sich die Flammen knisternd durch dürres Geäst, Funken spritzten ab und versprühten wie kleine Milchstraßen. Keller blickte ihnen nach. Die Schwester, die er lange gepflegt hatte, war tot. Die Mutter war schon lange tot. Auch seine Verlobte: tot und begraben – sie hatte sich umgebracht, kurz vor der Heirat. Er war ein alter, einsamer Tropf. GOLDNER ÜBERFLUSS? Keller seufzte. Nein, grau war die Welt, grau das Leben, und das Alter eine einzige Plage. Er hatte keine Familie, keine Freunde … und plötzlich, von einer Sekunde zur andern, war Keller wach, hellwach, nüchtern: Niemand konnte wissen, dass er hier oben steckte. Wie, zum Teufel, war er aufgeflogen? Etwa durch den Ober? Hatte der Lange ihn erkannt?

Keller wollte ihn ansprechen, aber der Ober, einem Rasiermesser ähnlich, klappte in einen Winkel von 90 Grad. Er verbeugte sich vor einer Gästeschar, die, »Ah!« und »Oh!« rufend, aus dem Innern hervorrauschte.

»Was sagen Sie zu diesem Panorama?«

»Schlichtweg imposant!«

»Glücklich die Republik«, näselte ein Herr, »die ihren Sänger so feurig zu ehren versteht. Haben Sie ihn gelesen, Baronin?«

»Seine Lyrik.«

»Gewagt!«

»Aber poetisch. Wo ist Graf Rantzau? Er wollte uns begleiten.«

»Fürchte«, sagte eine britische Zunge, »der Graf haben noch an der Bar zu tun.«

Und alle verschwanden sie in den unteren Garten hinab, die Herren mit Zigarren, die Damen in seidene Schals gewickelt, und zwei rotgewandete Pagen trugen wie Ministranten einen Stoß Notenblätter hinter ihnen her.

Keller zog am Frackschoß des Langen. »He«, sagte er, »von wem habt ihr eigentlich erfahren, dass er hier ist, dieser Keller?«

Der Ober verharrte noch immer in seiner Verbeugung.

Vierter Akt

Herr Wendelin verharrte noch immer in seiner Verbeugung und sog den Parfümduft ein, der den Damen wie eine Schleppe nachflog. Wie hatte Colonel Campell eben bemerkt? »Fürchte, der Graf haben noch an der Bar zu tun.« Es durchschauerte ihn. Graf Rantzau war ein Säufer, der um diese Zeit kaum noch stehen konnte, und Colonel Campell bemerkte leichthin, »der Graf haben an der Bar zu tun«. That's it, dachte Herr Wendelin, das war die Sprache der großen Welt: Man säuft nicht, man hat an der Bar zu tun. Er nahm sich vor, die Redeweise par occasion anzuwenden, und löste die Verbeugung langsam auf. Da erst bemerkte er, dass an seinem Frack gezogen wurde, heftig jetzt, was fiel ihm ein, dem Zwerg? Wollte er ihn rupfen?

»Wie händ iher gmerkt, dass er da obe isch, de Chäller?«

»Vom Berner Bundesrat«, sagte Herr Wendelin.

Dann bückte er sich zum Ohr des Alten und fuhr leise

fort, fast flüsternd: Vom Berner Bundesrat, der hohen Landesregierung, sei ein Telegramm eingetroffen, an Keller adressiert, den allseits gefeierten Federhelden. Daraus schließe man, dass der Genannte hier sei, unter falschem Namen natürlich, inzwischen jedoch – er warf einen Blick in die hell erleuchtete Halle hinein – inzwischen stünde man kurz davor, dem Dichter auf der Terrasse einen festlichen Empfang zu bereiten. Herr Wendelin räusperte sich. Der Empfang, wiederholte er, finde hier statt. Hier draußen. Auf der Terrasse. Keine Reaktion. Da tippte er dem Alten auf die Schulter. »Uussuufe!« sagte Herr Wendelin.

Endlich schien der Brummli zu kapieren. Er nahm die Brille ab und blickte mit großen, nassen Augen zu ihm auf.

Ein Zwerg, gewiss, aber das Haupt, dachte Herr Wendelin, war imposant, schlichtweg imposant. Der da – ein Künstler? Nein, weder ein Revolutionsheld noch ein Landschafter. So, dachte er, sieht der eidgenössische Beamte aus. Mißtrauisch die Äuglein, die Brust schmal, die Beine kurz, aber im Sitzen, hinter Pulten verschanzt, wuchs diese Sorte zu einer gewissen Würde auf, die sogar ihn, den Herrn Wendelin, beeindrucken konnte. Es tat ihm jetzt leid, dass er den Gast so hart bedrängt hatte. Er nahm die Flasche und goss das Glas noch einmal voll. Dabei deutete er mit dem Kopf zur Halle hin. Die hatte sich inzwischen gefüllt, alles war bereit – Gäste, Direktion, Personal –, dem Dichter zu huldigen. Einer nur, ein Einziger, schien sich um die Aufregung nicht zu scheren. Mitten auf der Terrasse hatte er sich in den Korbstuhl gebettet, süffelte den Wein, brummelte vor sich hin. Es war kühl geworden. Trotzdem brach Herrn Wendelin der Schweiß aus, der Kragen wurde ihm eng –

Huerestärnesiech, was soll ich denn tun? Den Korbstuhl zur Brüstung tragen und auskippen? Die Lampions gaukelten und schaukelten. Auf den Höhen loderten die Feuer, und eintönig läutete nah und fern das weidende Vieh.

Beamter hin oder her, er musste jetzt weg, der verfluchte Sesselhocker! So einer gehörte auf ein Schützenfest, verzipfeltes Nastuch auf den Grind, Bierhumpen in die Hand, das war Volk, dachte er, Plebs, auf einem Dichterempfang, Monsieur, haben wir nichts verloren! Herr Wendelin wollte den Mann gerade am Kragen packen, da war jene Dame, die sich vorhin nach dem Grafen Rantzau erkundigt hatte, aus dem Garten zurückgekehrt, auf Zehenspitzen und offenbar kurzsichtig, denn sie näherte sich, unentwegt auf den Brummli starrend, dem Korbsessel, schlug plötzlich die Hände zusammen und blieb stehen, wie angewurzelt: »Nein!«, entfuhr es der Dame. Dann rauschte sie davon, in die Halle hinein. Herr Wendelin glotzte ihr nach; zum Denken kam er nicht. Sous-Chef Müller, von der Dame aufgescheucht, schoß heraus, mit den Armen fuchtelnd und die Augen verdrehend, und auch Müller schien mit all seinen Zuckungen den Brummli zu meinen, den Knurrhahn im Korbsessel.

Der da –?

Der Dichter war das nicht, nein, aber der Dichter, sagte sich Herr Wendelin, war inzwischen erkannt worden, stand in der Hotelhalle bereit und konnte nur mit Mühe daran gehindert werden, hier draußen die Ovation des Hauses und der Heimat entgegenzunehmen. Ja, so war's. Der Jubilar wollte kommen und musste warten. Deshalb, klare Sache, der entsetzte Blick der Dame, deshalb Sous-Chef

Müllers Verzweiflung: Der Korbstuhl stand dem großen Auftritt im Weg. Fort mit ihm! Aber wie? Herr Wendelin schickte einen Fluch zum Himmel. Dann sah er zur Halle. Tatsächlich, schon wurden Fackeln verteilt, schon stimmten die jüdischen Geiger ihre Instrumente. Er musste handeln, koste es, was es wolle. Die Glocken waren bereits verklungen, mehr und mehr verloren die Feuer ihre Kraft, und der da, der verfluchte Knurrhahn, lag noch immer in seinem Korb und machte alles kaputt. Auf einmal hatte Herr Wendelin die rettende Idee. Er stellte Flasche und Glas auf sein Silbertablett und stemmte dieses auf drei Fingern in die Höhe. »Chumm scho«, zischte er, »chasch dinne wytersuufe!«

Der Trick bewährte sich immer (sogar beim Grafen Rantzau), jeder Säufer folgt der Flasche. Nach wenigen Schritten hielt er inne, blickte zurück. Der Alte war ihm nicht gefolgt. Seine Hände hielten sich an den Lehnen fest, das Plaid war zu Boden gerutscht, und sein Haupt stand groß und reglos über der Rückenlehne des Korbsessels.

Herr Wendelin wusste es, ganz plötzlich. Der da saß und in die Nacht sah, auf die Flanken und Gipfel, die ihre letzten Flammen in die Bläue stießen, war der Dichter Gottfried Keller. Da begann auf dem Tablett die Flasche zu zittern, kam ins Tanzen, ins Kippen – sie zerbarst in tausend Scherben. Was für eine schreckliche Peinlichkeit, was für ein Fauxpas! Herr Wendelin ließ seine Arme hängen, in der Rechten das Tablett, in der Linken die Serviette. Er, der doch stets und ständig um Noblesse bemüht war, um den guten Ton, um klassischen Stil, ausgerechnet er hatte dem berühmten Nationaldichter ins Gesicht hinein gesagt, was er von seiner Lyrik halte, nämlich nichts. Er atmete tief durch. Ich muss mein dummes Wort aus der Welt schaffen, sagte er sich, drehte auf der Stelle um, die Verrenkungen des Sous-Chefs, der auf die Veranda getreten war, nicht weiter beachtend, und so, in seine tiefste Verbeugung sinkend, mit scherbenknirschenden Schritten, ging Herr Wendelin zum Dichter zurück.

Fünfter Akt

Eine verkehrte Welt, und er, Gottfried Keller, war der verdrehte Mann. Wie gierig hatte er jahrelang um Anerkennung gebuhlt, nun bekam er sie und wäre am liebsten ins Dunkel verschwunden. Er, der Einsame, wurde ringsum von den Höhen gegrüßt, in den Tälern gefeiert, und in seinem Rücken hatte sich ein ganzes Grand-Hotel versammelt, um mit dummen Lobsprüchen und einer Grußbotschaft des Bundesrates über ihn herzufallen.

Ja, verflucht sei dieses Telegramm!

Als er gestern Abend angekommen war, hatte ihn niemand beachtet. Weder der Concierge noch die Messieurs von der hohen Direktion waren auf den Gedanken gekommen, hinter dem Privatier, der unter falschem Namen abgestiegen war, könnte sich der Schöpfer des *Grünen Heinrich* verbergen. Aber dann, es musste im Verlauf des heutigen Abends passiert sein, war das Telegramm eingetroffen und hatte seine Anwesenheit verraten. Keller ballte die Faust. Dieser Staat, er war noch keine fünfzig Jahre alt, und bereits funktionierte sein Spitzelsystem so perfekt wie beim

Zaren. Man war ihm nachgeschlichen, man hatte ihn nach Bern gemeldet. Er griff nach dem Glas, ins Leere, es war abserviert. Trottel, wollte er dem Ober zuzischen, aber halt, der gute Mann hatte keinen Tadel, vielmehr ein Trinkgeld verdient – sein literarisches Empfinden war gut, sehr gut. Wie hatte er sein Abendlied taxiert? Als »lyrisches Geflitter von gestern«. Es stimmte. Das wollte Keller jetzt bekennen. Aber gerade im Moment, da er Luft holte, um zu reden, begann der andere zu reden, der Lange. Er hatte sich aufgerichtet, schnalzte genüsslich mit der Zunge, als schmecke er einen Wein ab, und jetzt, o Verkehrtheit, o Verdrehtheit! – jetzt nahm er das zuvor Gesagte zurück und erdreistete sich sogar, die verlogenen Zeilen in den höchsten Falschtönen zu loben. Trinkende Augen! Haltende Wimpern! Er, der Herr Wendelin, sei zwar ein ungebildeter Revier- und Stationskellner, aber dennoch vermöge er mit ganzer Seele zu ermessen, wie kühn das gedacht sei, wie edel gefasst, »mit einem Wort, verehrter Meister, da ist wahre Schönheit Form, schöne Wahrheit Wort geworden. Superb!«

»Bockmist«, brummte Keller. GOLDNER ÜBERFLUSS DER WELT! Nein, mein lieber langer Freund, grau ist alles, grau und trüb. Das weiß ich, und ich weiß es nur allzu gut. Trotzdem habe ich das Graue ins Goldene, das Traurige ins Heitere verdreht. Warum? Es geschah ganz von selbst. Je mieser mein Leben war, desto schöner wurden die Worte. Und je schöner die Worte, desto mieser war mein Leben. Leben? Es war kein Leben. Die Frauen, die ich begehrte, lachten mich aus. Meine Liebsten sind tot, die Freunde fern. Wird es Nacht, pickt der schwarze Vogel an meiner Seele, jeder Schnabelhieb ein Vorwurf, eine

Beschuldigung, eine böse, niemals zu beantwortende Frage: Warum bist du, wie du bist? In meinen Büchern jedoch, in meinen Gestalten habe ich gelebt, habe ich geliebt. Ja, Herr Ober, das ist das Geheimnis meiner Poesie. In meinen Gestalten, in meinen Versen war jenes Leben, zu dem ich selber nicht fähig war. – So oder ähnlich hätte Gottfried Keller zum Herrn Ober gern gesprochen. Er kam nicht dazu. Von allen Seiten wurden sie nun umringt, überall drängten Menschen hervor, in die Fenster, auf die Balkone, auf die Veranda, und innert Sekunden war die Terrasse voller Menschen.

»Hurra!«, schrie einer, ein Zweiter fiel ein, aus dem untern Garten zischten Raketen ab, »hurra!«, und die Geburtstagsrosen der Damen, die Champagnerkelche der Herren, die Fackeln der Pagen – »hurra! hurra! hurra!« – stiegen im Takt über ihre Köpfe. Keller lächelte müde. Er würde sich bedanken müssen. Aber wie, wie mit seiner weinschweren Zunge eine Rede halten? Er hatte einiges intus, er würde torkeln und lallen. O du verdrehte, verkehrte Welt: Aus dem feierlichsten Moment seines Lebens würde der peinlichste werden.

Da, mit mächtigem Gebraus, hob alles, was Stimme hatte, zu singen an: Köche und Gäste, Zimmermädchen und Feuerwehrleute, jüdische Geiger, Innerschweizer Handörgeler, die Hoteldirektion, ein Pfarrer, Ministranten, Studenten, Trachten, Turner, und, mit ihrem gewaltigen Organ sämtliche Instrumente und den ganzen Chor übertönend, ein wahres Gebirge aus Zöpfen, Mund und Busen –

»Das Fräulein von Brausewetter, Wagner-Sängerin aus Königsberg«, schrie der Sous-Chef stolz.

78

Keller nickte. Neben ihm hing eine lange Hand, er griff nach ihr, und so flogen sie gemeinsam von der Terrasse in die Nacht, der Dichter und Herr Wendelin, der jetzt ein Vogel war, der große Vogel Schwermut. Sie zogen hoch, über die Alpen und sogar über die Sterne hinaus – die funkelten, tief unter ihnen, wie die Scherben einer zerplatzten Flasche. Keller lachte, und mit der freien Hand winkte er der Terrasse, die in der Allnacht wegstrudelte, lange nach. Dort unten sangen sie sein Abendlied, und sie sangen es mit Inbrunst und Andacht.

> Augen, meine lieben Fensterlein,
> Gebt mir schon so lange holden Schein,
> Lasset freundlich Bild um Bild herein:
> Einmal werdet ihr verdunkelt sein!
>
> Doch noch wandl ich auf dem Abendfeld,
> Nur dem sinkenden Gestirn gesellt;
> Trinkt, o Augen, was die Wimper hält,
> Von dem goldnen Überfluss der Welt!

Anderntags, am 19. Juli 1889, trafen auf dem Seelisberg zahllose Glückwünsche ein. Burschenschaften aus der Schweiz und aus Deutschland, Vereine, Regierungen, Verehrerinnen und Verehrer schickten Depeschen und Telegramme. Man habe ihn, schrieb Gottfried Keller wenig später, »mit dem schrecklichen Geburtstag bedroht«.

Ein knappes Jahr danach, vier Tage vor dem nächsten Geburtstag, ist er in seiner Wohnung in Zürich gestorben.

Gottfried Keller war im Herbst 1848 nach Heidelberg gezogen, in die Hauptstadt der Romantiker, denn wie vor ihm viele andere, Clemens Brentano, Achim von Arnim, Görres, Eichendorff, Friedrich Schlegel, wollte auch er, der verhinderte Landschaftsmaler, das Gewöhnliche in die Poesie erhöhen, das Gemeine ins Märchen verklären, die Welt romantisieren. Es war eine Welt, die den Bildersturm der Reformation und den Kahlschlag der Aufklärung, das Siècle des Lumières, hinter sich hatte – und das Aufbäumen der Romantik erfolgte wohl zu spät. Aber es ist ihr zumindest gelungen, ein Stück Wald wieder aufzuforsten, und in diesem Wald wimmelt es von Katern und Katzen.

Ein Gestiefelter ist von Ludwig Tieck, ein anderer von den Brüdern Grimm. Eine Katze verschlägt es mit den Bremer Stadtmusikanten in die Waldhütte der Räuber, und was auf dem Buckel der Hexe liegt, wenn sie im Lebkuchenhaus die Tür öffnet, weiß jedes Kind. Der kleine Muck von Wilhelm Hauff hat einer Schar von Katzen »alle Morgen den Pelz zu kämmen und auf schönem Geschirr den Brei zu servieren«. Kater Murr von E. T. A. Hoffmann stellt sich selbst als »homme de lettres très renommé« vor, darf seine »Lebensansichten« ausbreiten und gespreizt über die »Gefühle des Daseins« schwadronieren, und Kater Spiegel, der beim Stadthexenmeister Pineiß unterkommt, gehört zu Kellers Seldwylern. Alexander Puschkins Zauberkater kreist an einer goldenen Kette um einen Eichbaum – »geht's rechts, hört man ein Lied ihn surren, geht's links herum, ein Märchen schnurren«, mit anderen Worten: Alle Dichtung, ob lyrisch oder erzählend, entsteht aus dem kreisenden Kater. Charles Baudelaire könnte in seinem berühmten Gedicht »Les Chats« etwas Ähnliches gemeint haben. Seine Katzen, »geheimnisvoll wie Sphinxe«, lieben das Dunkel, das Wissen und jene Stille, worin der elegante Gang der Samtpfoten hörbar wird und den Strophen den Rhythmus gibt.

In *Der Meister und Margarita*, dem Jahrhundertroman von Michail Bulgakow, schleicht sich dieses Tier, das aus beiden Testamenten verbannt wurde, doch noch in ein biblisches Geschehen hinein – ausgerechnet im nach-revolutionären Moskau. »Kommunismus«, hat Lenin verkündet, »ist Sowjetmacht plus Elektrifizierung.« Kein Dunkel mehr, nirgendwo. Neuzeit. Neonzeit. In dieser Helle taucht der Satan auf, ein Magier namens Voland, und mit ihm ein »rußig schwarzes Katzenvieh«. Damit ist die platte Gegenwart gesprengt, über Golgotha verfinstert sich der Himmel, das alte metaphysische Dunkel kehrt zurück, und das Programm der Romantiker feiert eine komödiantische Auferstehung – natürlich auf einem Mitternachtsball, für den sich Behemoth, wie der Kater heißt, die an Nietzsche erinnernde Schnauzbürste mit Goldstaub pudert und eine Frackschleife umbindet. Auf Hosen und Stiefel verzichtet er; »einen gestiefelten Kater«, lässt er Voland wissen, »gibt's nur im Märchen.« Jetzt aber her mit der magischen Salbe, hopp auf den Hexenbesen und im Hui zurück durch die Zeit nach Heidelberg (das Voland wohlbekannt ist), zu Gottfried Keller!

Statt in der Romantik, deren Messen bei seiner Ankunft längst gelesen sind, landet Gottfried Keller beim Dozenten Feuerbach und fällt aus allen metaphysischen Wolken. Tabula rasa. Tote Tage, leere Jahre. Sie führen Keller nach Berlin und immer tiefer hinein in sein Romanbergwerk – *Der Grüne Heinrich* entsteht. Darin erzählt er, wie einer wurde, was er ist – und wie er dies durch die Liebe wurde, die, laut Feuerbach, Illusion sei. Die Zeitläufte geben dem Religionsphilosophen recht, laut und lauter rattern die Züge, pfeifen die

Maschinen, heulen die Sirenen – der Märchenwald der sprechenden Tiere und der Verliebten ist abgeholzt, endgültig.

Im achten Jahr seines Aufenthalts im illuminierten Metropolis Berlin kann Keller dem alten Ruf der Romantiker – »nach Hause!« – nicht mehr widerstehen. Ein Satz im Roman verrät, dass mit dem Haus nicht nur die diesseitige, sondern auch die jenseitige Heimat gemeint ist: »Es würde mich nicht wundern, wenn der dünne Feldweg dieser Geschichte doch noch in eine frömmelnde Kapelle hineinführt.«

Ist das der Fall? Ja und nein. Der Weg, könnte man sagen, gabelt sich. In den Kapiteln »Heimatträume« und »Weiterträumen« (der zweiten Fassung) gerät Heinrich auf eine Brücke, die bei seiner Ausfahrt aus Holz und ein normaler Flussübergang war und jetzt, bei der Rückkehr, eine »ausgemalte Heimathalle« ist, worin ein Pferd à la Hegel über die Identität philosophiert. So führt der Weg zugleich hinauf in die Metaphysik und über Marmorstufen hinab in die Realität, nach Zürich, in die Politik. Keller war eine Art K. avant la lettre. Sein Zürich, das er im letzten Roman, dem *Martin Salander* geschildert hat, heißt dort Münsterburg und nimmt Kafkas Schloss vorweg. Es ist die Heimat, unheimlich geworden.

III
SCHWEIZ

Der Tunnel

Im Januar 1991 wurden in Bellinzona die Feiern zum siebenhundertjährigen Bestehen der Schweizerischen Eidgenossenschaft eröffnet. Also fuhren die Ehrengäste aus allen Landesteilen Richtung Süden, letzter Halt in Arth-Goldau, nun war man komplett – der Extrazug, aus lauter Speisewagen bestehend, brauste los. Die Berner waren bereits in Stimmung, man lachte, spielte Karten, der Festwein floss in Strömen. Neben den meisten Räten saß eine Gattin, und erhob sie sich, um auszutreten, kam sie nach erstaunlich kurzer Zeit zurück. Sie wirkte leicht verstört und flüsterte ihrem Stände-, National- oder Regierungsrat eine Botschaft ins Ohr, die diesen erbleichen ließ. Was war los? Der Zug raste durch den verwinterten Talkessel von Schwyz, dann durch Brunnen, durch Flüelen, durch Erstfeld, und es muss in den letzten Kehren vor dem Gotthard gewesen sein, als ein bekannter Nationalrat das Wort ergriff. Er trinke zwar nur Mineralwasser, polterte er los, aber auch ein Mineralwassertrinker müsse hin und wieder, manchmal sogar dringend, und er frage sich, was für ein Schafskopf diesen Zug zusammengestellt habe. Da setzte fraktionsübergreifend ein Klagen und Fluchen ein, und allen, auch den Biertrinkern, deren Blase robuster ist, wurde allmählich bewusst, dass die Festlogistiker etwas Wichtiges übersehen hatten: Der

Extrazug bestand aus Speisewagen, und Speisewagen, wer wüsste es nicht, haben keine Toilette.

Eine Katastrophe bahnte sich an. Die Christliche Volkspartei schlug Sofortmaßnahmen vor, und ein Ständerat, der kräftig gebechert hatte, stürzte Hals über Kopf in die Kombüse, wo er ultimativ eine Suppenschüssel verlangte. Die Köche wandten diskret den Blick ab. Göschenen, der Gotthard, Geratter, Gedonner, der Tunnel, dem Dürrenmatt'schen ähnlich, drohte sich ins Endlose auszudehnen – Gejammer, Gewinsel, »Nothalt«, riefen die Sozis im Chor, und ein Freisinniger (nicht gerade feinsinnig): »Schiffhalt!«

Endlich kam man überein, die Standes- und Bundesweibel nach vorn zu schicken, zu den Lokführern. »Airolo!«, schrien die Weibel, »Nothalt in Airolo!«, sie wanden und krümmten sich, wankten mit verknäulten Beinen im Führerstand herum, drohten, jaulten, hüpften, aber die Lokführer, stramme Gewerkschaftler, blickten stur geradeaus in die Finsternis, die ihrer Maschine entgegenschoss.

Irgendjemand muss dann doch gehandelt haben. In Rodi-Fiesso quietschten die Bremsen. Alle Türen flappten auf, und die Herren und Damen des Landes purzelten in Festgarderoben aus den Waggons. Eine Primarlehrerin, die mit ihrer Klasse dem vorbeifahrenden Extrazug hatte zujubeln wollen, glaubte ihren Augen nicht zu trauen. Die Damen strebten im Galopp den Toiletten zu, indes sämtliche Männer durchs Geschotter die Böschung hinunterstolperten. Die Primarlehrerin kniff sich in die Wange. Dann wies sie die Kinder an, die Nationalhymne zu singen – aber mit geschlossenen Augen.

Geborene Verteidiger

Napoleons »Grande Armée« schleppte sich geschlagen durch den russischen Winter. Die Füsiliere hatten ihre Füße mit Lappen umwickelt, im Tiefschnee versanken die Wagen, am Hunger krepierten die Pferde. Als aus der weißen Unendlichkeit Russlands mit ihren jaulenden Eis-Winden auch noch die Kosaken kamen, wurde der Rückzug zur zähen, immer langsamer werdenden Flucht.

Am 26. November 1812 erreichte Napoleon die Beresina. Er stellte ein Schweizer Regiment als »Arrière-Garde« in seinen Rücken und versuchte, die Reste seiner Truppe über den Fluss zu setzen. Die Schweizer formierten sich im Karree, wie auf dem Exerzierplatz, und blieben zwei Tage und zwei Nächte vor den anstürmenden Russen stehen. Am Abend des 28. November war Napoleon der Übergang gelungen. »Messieurs«, sagte er zu seinen Marschällen, »greifen Sie mit Schweizern niemals an – sie sind geborene Verteidiger.«

Die geborenen Verteidiger lagen tot vor der Brücke oder erfroren im Fluss. Ein Lied erinnert an sie, eine traurig schöne Melodie: »Unser Leben gleicht der Reise / Eines Wandrers in der Nacht«.

Nationen, sagt Elias Canetti, haben sogenannte »Massensymbole«. Sie ergeben sich aus der Geographie und der

Geschichte des Landes – bei den Deutschen, zum Beispiel, sei das Massensymbol der Wald. Canetti schrieb dies in den vierziger Jahren. Er deutete das Heer als den »marschierenden Wald« und behauptete, in keinem andern Land der Welt sei das »Waldgefühl« so lebendig geblieben wie in Deutschland. Wo wurde das »Waldsterben« zum Thema? Welche Nation schlug Alarm? Gewiss, auch wir machen uns Sorgen, der große Aufschrei jedoch ist in Deutschland erfolgt, in jener Nation, die den Wald, wie der große Elias Canetti meint, in ihren Liedern und Mythen besingt und beschwört.

Hat auch die Schweiz ein Massensymbol?

»Die Vielzahl der Sprachen, die Vielfalt der Kantone, der Gegensatz der Religionen – nichts vermag dem nationalen Selbstbewußtsein der Schweizer ernsthaft Abbruch zu tun«, schreibt Canetti. Allerdings haben sie ein Massensymbol gemein, das ihnen allen jederzeit vor Augen steht und unerschütterlich ist wie das keines anderen Volkes: die Berge. Ihre Schwerzugänglichkeit wie ihre Härte flößen dem Schweizer Sicherheit ein.«

Wie genau der Dichter ins Schwarze unserer Seele trifft, beweist die jüngste Geschichte. General Guisan gab das gesamte Mittelland preis und zog die Armee ins Innere des Massensymbols zurück, ins Réduit. Ähnlich arbeiten die Bankiers in der Zürcher Bahnhofstraße. Sie haben den Berg in sein Gegenteil verkehrt – unter den Banken führen Lifte zu tiefliegenden Gipfeln hinab, zu Festungen und Tresoren. Dort, in der lichtlosen Tiefe, hat das Kapital sein Réduit. Und in jedem Städtchen ist das Parkhaus nicht nur ein Parkhaus, sondern ein Schutzraum, und meine paar Flaschen Wein sind in einem Keller gelagert, dessen Luke sich kriegsmäßig verriegeln lässt. Ja, weiß Gott oder der Teufel!, Bergler sind wir, Bewohner von Höhlen, geborene Verteidiger. Das ist unsere Größe und unsere Beschränktheit. Das ist unser Leben und manchmal, wie an der Beresina, unser Tod.

Ein Massensymbol lässt sich nicht wegradieren, die Geschichte können wir nicht umschreiben – wir sind, was wir geworden sind. Aber unser Land täte gut daran, seine Bergler- und Höhlenmentalität nicht nur als Erlaubnis zum Einschlafen, sondern genauso als Verpflichtung zum Träumen zu begreifen. Wer nein sagt zum Blauhelm, der hätte beispielsweise ja sagen können zu einer Rotkreuz-Schweiz, die sich im internationalen Konfliktfall als landesgroßes Spital zur Verfügung stellt.

Mit anderen Worten: Behalten wir unsere Marotten.

Stehen wir zu unserem Tresorismus. Bleiben wir Bergler, die das Verbergen lieben und das Horten, aber vergessen wir nicht: Im Globalismus sind die Grenzen gefallen. Radioaktive Wolken oder die Blitzströme des Internets dringen in den hintersten Winkel vor. Auch das Leid geht um die Welt. Niemand kann sich den grausamen Bildern verschließen – davor kann uns die eigene Wohlstandshöhle nicht schützen.

Als am 8. Mai 1945 der Krieg zu Ende war, sah sich die Schweizer Regierung genötigt, stundenlang zu debattieren, ob man sich zu den Verlierern rechnen müsse oder zu den Siegern zählen dürfe. Eine heikle Frage! Die Botschafter der Alliierten waren abgetaucht, und mit einem mulmigen Gefühl entschied man sich schließlich, die Glocken läuten zu lassen, die Fahnen herauszuhängen und den »Frieden in unserer Weise« zu feiern. Der komplizierte Vorgang zeigt: Die Zeit, da man im Karree widerstehen konnte, war schon damals vorbei.

Demokratie jenseits der Mehrzahl

Ist Demokratie eine Diktatur des Mittelmaßes? Nein, die funktionierende Demokratie ereignet sich jenseits der Mehrzahl. Sie lebt vom mündigen Bürger, so wie das Theater vom Protagonisten lebt.

Es war im Jahr 1941. Die Schweiz, von den Achsenmächten umschlossen, möchte in schwieriger Zeit mit einem großen Freilichtspiel ihre Gründung feiern, in Schwyz, am Fuß der Mythen. Der damals bekannteste Dramatiker des Landes, Cäsar von Arx, bekam den Auftrag, das Stück zu schreiben, und er hatte, wie er glaubte, einen hervorragenden Einfall. Auf der Naturbühne vor den beiden steilrecht aufragenden Felsen wird eine Landsgemeinde abgehalten, um über ein einziges Traktandum zu beraten und abzustimmen: Nehmen wir weitere Flüchtlinge auf, oder weisen wir sie ab?

Da von Arx ein genuiner Dramatiker war, versah er beide Parteien, die auf der Landsgemeinde in Streit gerieten, mit Argumenten. Die einen riefen: »Das Boot ist voll!«, die andern: »Nehmen wir die Schutzsuchenden trotzdem an Bord.« Am Schluss der Auseinandersetzung sollte das Publikum an der Abstimmung teilnehmen, es hätte über den Ausgang und die Aussage des Stücks entschieden.

Dazu kam es nicht. Als der Innenminister, Bundesrat

Philipp Etter, erfuhr, was von Arx plante, befürchtete er, dass das Dritte Reich in einem eidgenössischen Festspiel, das die Flucht vor Hitlers Terrorregime zum Thema hatte, eine gezielte Provokation sehen würde. Etter, ein Konservativer, Bauernsohn aus dem Kanton Zug, Vater vieler Kinder, hochgebildet, streng religiös, ursprünglich Journalist, also ein Mann des Worts, eilte zu Cäsar von Arx, um ihm die Landsgemeinde auszureden. Es heißt, die beiden Männer hätten einen Tag und eine Nacht miteinander gerungen, ohne Unterbruch, bis zur völligen Erschöpfung.

Was der Dramatiker im Stück beschrieb, nun erfuhr er es an sich selbst. Mit dem berühmten Begriffspaar von Max Weber gesagt: Gesinnungsethik stand gegen Verantwortungsethik – die hat am Ende gesiegt. Von Arx, ein zur Schwermut neigender Charakter, hat sich später umgebracht, aber hüten wir uns, den Politiker vorschnell zu verurteilen. Er handelte in ehrlicher Überzeugung und im Interesse der Nation. Er war zudem bereit zu einer harten persönlichen Auseinandersetzung. Und vor allem: Ihm war die Bedeutung des Theaters für eine demokratische Gesellschaft bewusst. Die Verbindung besteht seit jener Urzeit, da beide Formen entstanden sind. Theater und Demokratie gehören zusammen.

In der Mittelmeerantike vollzog sich der Übergang vom Stamm zur Polis. Königtum und Priestertum wurden entmachtet und der adligen Oberschicht eingeordnet, die die Macht übernommen hatte. Parallel zu diesem Vorgang entstand das Theater. Unter der Herrschaft der Priester waren die Dionysien gefeiert worden, ein Kult zu Ehren des bocksfüßigen Dionysos, dem Gott der Verwandlung.

Aus diesem Kult heraus erhob sich nun, es war im sechsten Jahrhundert vor Christus, zum ersten Mal jene Stimme, die dann zum Theater führte. »Aus dem als Böcke verkleideten Sängerchor«, schreibt Georg Hensel, »trat ein Einzelner« und forderte dem Chor eine Wechselrede ab. »Er verlangte Auskunft und Rechenschaft – über sich, die Götter und das Schicksal.« Dieser Einzelne, der Protagonist, wollte fortan mitreden, und so begann sich zugleich mit dem Drama, das er durch seine Intervention auslöste, jene gesellschaftliche Organisation zu entwickeln, die man später Demokratie nennen sollte.

Halten wir fest: Die Demokratie, die gemeinhin als eine Herrschaft der Mehrheit verstanden wird, hat ihren Ursprung im Einzelnen, im Individuum, im »mündigen Bürger«. Auf ihn kommt es an. Er war's, der sich der berauschten Masse der tanzenden Böcke gegenüberstellte und das Wort ergriff. Teils mit dem Chor, teils gegen den Chor ging es um seine Sache, um die Götter, um Gesetze, um die Wahrheit, und stets ging es antagonistisch zu, das heißt, unversöhnliche Gegensätze wurden zur Sprache gebracht.

Ein berühmtes Beispiel ist die »Antigone« des Sophokles. Kreon, der neue König, ordnet aus Gründen der Staatsräson an, dass die Leiche von Antigones Bruder den Tieren vorgeworfen werde. Antigone widersetzt sich Kreon. Sie verschafft ihrem Bruder ein Begräbnis, erfüllt so die Gebote der Götter, bricht jedoch die irdischen Gesetze. Hegel feiert diese Tragödie als eines »der vortrefflichsten Kunstwerke aller Zeiten«. Warum? Weil beide, Antigone und Kreon, auf ihre Weise im Recht sind. An ihnen werde das immanent, sagt Hegel, »wogegen sie sich wechselseitig erheben, und sie werden an dem selber ergriffen und gebrochen, was zum Kreise ihres eigenen Daseins gehört«.

Nicht das Drama entscheidet über seine Aussage. Das Drama führt in erschütternden Szenen vor, wie Sittlichkeit, die sich aus dem Göttlichen ableitet, mit dem staatlichen Gesetz kollidiert. Gesinnungsethik und Verantwortungsethik lassen sich nicht vereinbaren, zeigt dieses Stück; mündiger Zuschauer, entscheide du!

Ist die Herrschaft des Demos eine Herrschaft der Mehrheit? In ihrer frühen Phase war es gerade umgekehrt. Abgesehen davon, dass die Polis von einer Oberschicht gelenkt und verwaltet wurde, standen im Zentrum des neuen Mediums, worin sich die neue Macht ausdrückte, stets die Protagonisten. So klug der Chor bei Sophokles räsoniert, die Tragödie bezieht ihre Wucht aus Antigone und Kreon.

Das Theater von Epidauros hat zwar 14 000 Plätze, aber das Amphitheater ist so gebaut, dass der Einzelne in der obersten Reihe das angstvolle Flüstergespräch von Antigone und ihrer Schwester Ismene Wort für Wort versteht. Denn nicht die Masse ist angesprochen, sondern der mündige Zuschauer, der sich aus dem Antagonismus des Dramas eine eigene Meinung bilden soll. Demokratie ist nur in ihrer Zerfallsform eine Diktatur des Mittelmaßes und der Mehrheit, wie Nietzsche gehöhnt hat; in ihren Anfängen und in ihren besten Momenten ist sie eine politische Organisationsform, die von klugen, auf eine selbständige Haltung bedachten Einzelnen getragen wird.

Mein Freund Ivo, ein Kroate, wollte sich mit seiner Frau und den in der Schweiz aufgewachsenen Kindern einbürgern lassen. Damals flimmerten die Bilder des Jugoslawien-

Kriegs durch die »Tagesschau«, und das Gesuch der jugoslawischen Familie hatte keine Chance. Dennoch bot die direkte Demokratie Möglichkeiten, Ivo und die Seinen gegen den herrschenden Trend zu Schweizern zu machen. Ich studierte mit einem Mathematiker die Abstimmungen der letzten Jahre, wobei wir herausfanden, dass Einbürgerungsgesuche bei hoher Stimmbeteiligung meistens abgelehnt wurden, aber oft erfolgreich waren, wenn nur der harte Kern, etwa zwanzig Prozent, an die Urne ging. Also wurde der Bezirksrat gebeten, Ivos Antrag bei einem eher unbedeutenden Urnengang vorzulegen, und so haben die wahren Helden der Demokratie, die klugen Einzelnen, die sich nicht von Fernsehbildern manipulieren ließen, meinen Freund Ivo samt Familie im Bezirk Einsiedeln, Kanton Schwyz, eingebürgert.

Demokratie, wenn sie wirklich funktioniert, ereignet sich jenseits der Mehrzahl. Sie lebt vom mündigen Bürger, wie die Bühne vom Protagonisten lebt, und damit berühre ich wieder die eingangs aufgestellte These, dass Theater und Demokratie ursächlich miteinander verbunden sind. Denn der Einzelne muss sich seine Meinung ja bilden können, und wo wäre das besser möglich als im Theater, das ihn nicht beeinflussen, sondern durch die Darstellung unversöhnlicher Positionen zum Denken anregen möchte? Die Schaubühne ist tatsächlich eine moralische Anstalt – nicht nur, weil sie mich in einen Konflikt einführt, sondern weil sie durch die Art und Weise, wie sie das tut, exemplarisch durchspielt, was eine Demokratie ausmachen sollte.

Es geht, wie stets in der Kunst, weniger um Inhalte, es geht um die Form. Die klassische Dramaturgie ist antagonistisch: hie Gesinnungsethik, hie Verantwortungsethik – aber das Wichtigste ist nicht die fixe Antwort, das Wichtigste ist: dass die möglichen Antworten diskutiert werden, und zwar alle, ohne jeden Ausschluss. In einer Demokratie, heißt es so schön, zählt jede Stimme. Richtig. Deshalb muss sie sich auch äußern können.

1981 hat Vladimir Nabokov geschrieben, Shakespeares *Hamlet* sei ein hochmodernes Stück, denn »wie in allen dekadenten Demokratien kranken sie im Dänemark des Stücks an Schwatzsucht«. Alle sind betroffen, alle schwätzen, am Schluss sind alle tot. Dänemark ist heute überall. Talkshows und Zeitungskommentare wenden sich nur selten an den mündigen Bürger, und wer da allein vor seinem PC hockt, klinkt sich am liebsten im Shitstorm ein, der stets in eine Richtung wütet. So nähern wir uns weltweit jenem Staat, den Nabokov in seinem Roman *Das Bastardzeichen* geschildert hat. Er wird von der »Partei des Durchschnittsmenschen« beherrscht. Ein Einziger, Professor Krug, ein etwas vertrottelter Philosoph, verweigert sich der Partei. Man lässt ihn leben, doch schreibt man ihm Satz für Satz vor, was er an der Uni sagen darf.

Die Krugs werden zahlreicher – gerade auch in den westlichen Demokratien, die auf ihr freies Wort und ihre Toleranz so stolz sind. Das wäre die Stunde des Theaters. Es müsste uns die Form der dialektischen Auseinandersetzung, die wir zu verlieren drohen, mit wuchtigen Inszenierungen und begnadeten Protagonisten in Erinnerung rufen. Leider geschieht das kaum. Daraus ersehen Sie, dass die beiden Formen immer noch miteinander verbunden sind. Die Krise der Demokratie ist auch die Krise des Theaters. Dass sich die Bühne gern als Mitfühlstation gibt und mit sozialen Projekten einen Beitrag zur Volksverbesserung leisten möchte, mag ja gut gemeint sein, aber Gutgemeintes, sagt Benn, ist das Gegenteil von Kunst.

Mein Vater nahm mich als Knabe oft zu den Altdorfer Tell-Festspielen mit. Nach dem Fallen des Vorhangs sprang das Publikum auf und sang unter Tränen die Nationalhymne. Ob den Ergriffenen bewusst war, dass bei Schiller ein Einzelner, erst noch ein Außenseiter, im Zentrum der Handlung steht? Tell ist ein früher Krug. Einer, der vor dem leeren Hut nicht abnickt. Das in frühen Jahren erlebte Stück hat mich später dazu verpflichtet, bei diversen Abstimmungen gegen die EU zu votieren. Dass ich jeweils zur knappen Mehrheit gehörte, die fremde Vögte ablehnt – es gab mir zu denken. Aber in Ausnahmefällen, habe ich mir zum Trost gesagt, in Ausnahmefällen kann selbst in einer Demokratie die Mehrzahl recht haben.

L'Heure fédérale auf der Titanic

Die schöne Lo war Serviertochter und im ganzen Urner-
land bekannt und beliebt. Sie tanzte gern, sie lachte oft,
folgte jeder Musik und jedem Maskenzug, leben wollte sie,
lieben und lustig sein. Eines Tages hörte Lo, ein Arnold aus
Attinghausen wolle mit Frau und Kind auswandern in die
Neue Welt. Sie lud Arnold zu einem Bier ein, ihre Rechnung ging auf, der Mann war bereit, die Serviertochter, die
gesund, ledig und fleißig war, mitzunehmen auf die große
Reise. Nun geschah etwas Seltsames. Der schweizerische
Hauptvertreter der White Star Company, die Auswande-
rungsagentur Imobersteg, bot den Urnern eine Passage auf
dem modernsten Dampfer der Welt an, auf der Titanic. Lo
jauchzte vor Freude. Das Schiff war Weltgespräch, seine
Jungfernfahrt ein gesellschaftliches Ereignis.

Da schickte Gott, wie man später sagen wird, eine War-
nung. Das Kind der Arnolds wurde krank, es hatte Fieber,
und das Fieber stieg. »Wir lassen es hier«, entschied der
Vater.

Es war kein Zufall, dass die Arnolds und die schöne Lo
ein Ticket erhalten hatten. G. B. Ismay, der Reeder des Rie-
senschiffs, verstand von der Seefahrt nichts, aber alles von
Public Relations. Er dachte – der Schiffsname zeigt es – in
mythischen Kategorien und hatte seine Agenturen ange-

wiesen, bei der Auswahl der Passagiere landestypische Personen und Berufe zu bevorzugen. So wollte er aus Wien einen k. u. k.-Hofzuckerbäcker an Bord haben und aus Frankreich einen Schlosser, der am Eiffelturm geschweißt hatte. Auch Imobersteg kam diesem Auftrag nach, brachte eine Reisegruppe aus »Tells Kanton« an Bord, die drei Urner, und Erster Klasse reisten die Herren Oberst Simonius, Präsident des Schweizer Bankvereins, und Dr. Max Stähelin, Direktor der Treuhandgesellschaft Basel, mit Gattinnen.

*

Die Fahrt verlief nach Programm, die See war ruhig, das Wetter gut. Zwar wurde in den Salons gemunkelt, unten in den Kohlenkellern würden böse Feuer wüten, schon seit Southampton, aber Dr. Stähelin, der Treuhänder, hatte durch einen Dritten Offizier erfahren, man habe das Feuer unter Kontrolle.

Am Sonntagabend, dem 14. April, nahmen die beiden Schweizer Ehepaare an einem Bankett teil, das G. B. Ismay, der Reeder, veranstaltet hatte. Sie saßen in zierlichen Louis-Quinze-Möbeln und versuchten zu überhören, dass die Musik einen Ragtime nach dem andern schmetterte.

»E weneli ibertriibe«, hatte Frau Direktor Stähelin (Treuhand) der Präsidentin Simonius (Bankverein) zugeflüstert, »ein bisschen übertrieben.«

Um zehn Uhr abends erteilte G. B. Ismay seinem Kapitän die Erlaubnis, sich auf die Brücke zurückzuziehen; ein Radiogramm hatte Treibeis gemeldet. Kurz danach stand auch die Stähelin auf. An Bord, meinte sie, würden die gleichen

Regeln gelten wie in Bern. Nach dem Abgang der obersten Behörde – in Bern der Bundesrat, hier der Kapitän – dürften auch die Gäste das Fest verlassen.

»L'Heure fédérale auf der Titanic«, meinte Stähelin, und Präsident Simonius stimmte ein sattes Gelächter an. Die beiden Männer waren noch verabredet. Mit einem Landsmann, einem Herrn Dr. Fröhlicher, wollten sie sich im Gentlemen's-Club, wie sie ihren Frauen sagten, einer geschäftlichen Unterhaltung hingeben. Dort brannte im Kamin ein echtes Feuer, Gemälde zeigten antike Sagengestalten, und die Holztäfelung war so alt und vornehm wie der englische Diener, der die Herren umsorgte. Simonius fiel auf, dass man zusätzlich zum Kaminfeuer die elektrische Heizung eingeschaltet hatte, die Fenster hatten sich beschlagen, die Temperatur schien zu fallen. Die drei Herren trennten sich punkt halb zwölf, und jeder ging in seine Kabine.

Die Titanic war ein Atlantik-Liner des Luxus und der Moden, ein Musée nouveau-riche, das Stile und Epochen protzig aneinanderklatschte. Es gab Salons à la Versailles und den Stil englischer Landschlösser aus dem 17. Jahrhundert; es gab maurische Säulengänge, preußische Turnhallen, türkische Bäder – und eine gewaltige, über sieben Etagen führende Treppe machte im Speisesaal Auftritte möglich, wie sie später weder Hollywood noch der Broadway zustande brachten. So hat die Postmoderne, lange bevor sie zum Begriff wurde, ihren Gipfel in einem Riesenschiff erreicht. Die Titanic war ein abendländisches Happening, nach amerikanischem Geschmack arrangiert. Unten rasten die Feuer, oben rauschten die Feste – so dampfte man dem Eisberg entgegen, dem Untergang.

Als die Wachen Alarm läuteten, war ein Abdrehen oder Haltemanöver nicht mehr möglich. 14. April 1912, 23 Uhr 40, 41° nördlicher Breite, 30° westlicher Länge, »das Schiff«, teilte Kapitän Smith durch das Sprachrohr mit, »hat einen Eisberg angerannt«.

*

Dr. Stähelin hatte einen Stoß, dann ein dumpfes, etwa zehn Sekunden währendes Rollen registriert. Er schlüpfte in den Morgenmantel und stieg, obwohl ihm ein Steward versicherte, alles sei in Ordnung, an Deck. Dort traf er einen Simonius, der sich vollständig verwandelt hatte. Aus dem Präsidenten des Bankvereins war der Kommandant der Artillerie-Brigade 3 geworden. Er hatte sich mit Kartentasche und einem Marineglas bewaffnet und sah besorgt über die tiefer gelegenen Decks. Eis. Und dann, plötzlich, ein Zischen, die Titanic ließ Dampf ab, die Maschinen setzten aus. Panik? Nicht im mindesten! Die Gesellschaft, die aus den Bankettsälen strömte, reagierte auf den unerwarteten Stopp mit amüsierter Neugier. Zudem wurde das Orchester auf Deck befohlen, wo es flotte Weisen und Walzer spielte, und ein Teil der Festgesellschaft begann am Ort, unterm eiskalten Sternenhimmel, zu tanzen. Andere drängten in die Säle und Kabinen zurück. Simonius jedoch, den das Aussetzen der Maschinen unruhig machte, fiel auf, dass immer mehr Männer mit schwarz verrußten Gesichtern aus dem Bauch des Schiffes heraufkamen, verschwitzt, keuchend: die Heizer. Sie stürzten an die Bars, dann zu den Rettungsbooten, ihr Englisch war nicht zu verstehen –

Simonius schwante Schlimmes. Zwar wurde erklärt, der Kollisions-Schaden sei gering, das Schiff unsinkbar, aber die Mannschaft, von den Heizern angefeuert, begann nun doch, da und dort ein Rettungsboot klarzumachen. Simonius beriet sich mit Stähelin, und die beiden Schweizer Financiers kamen überein, ihrer Neigung zu Vorsicht und Risikobegrenzung nachzugeben. Sie weckten ihre Gattinnen, zogen warme Kleider an, nahmen die wichtigsten Schriftstücke an sich, sowie Rasierzeug und Ersatzunterwäsche, und gingen mit den Ersten – in einem Rettungsboot, das zu zwei Dritteln gefüllt war – von Bord. Sie verließen die Titanic, wie man sich aus maroden Firmen zurückzieht. So vermeidet man Konkurse, so überlebt man Untergänge. Hasenfüße? Nun, sie hatten den Mut zur Feigheit und nutzten eine Chance, die nur der Ersten Klasse, nicht der Zweiten und schon gar nicht dem Zwischendeck, gegeben war.

*

Zwanzig Minuten nach dem Zusammenstoß von Berg und Schiff, um Mitternacht, erschien Kapitän Smith im Betriebszimmer der Telegraphisten: »Trefft die Arrangements, um Hilfe zu zitieren!«

Zehn Minuten später kam er zum zweiten Mal, das C. Q. D. anordnend, eine internationale Bitte um Hilfe, und schon Augenblicke danach zum dritten und letzten Mal, bleich wie der Tod: »Funkt S. O. S.!«

*

Plötzlich war alles anders. Arnolds Frau, die Tag und Nacht gejammert, um ihr Kind gebarmt und sich erbrochen hatte, hockte lächelnd auf der Pritsche. Ihr Kind war daheim geblieben – Gott hatte es durch das Fieber gerettet. Im Menschenpferch des Zwischendecks kein Laut mehr, alles lauschte nach unten – ein Tosen war zu hören, ein Knirschen, ein Bersten, als würden ganze Lawinen, dachte Lo, in die Maschinen- und Kohlenkeller einfahren. Nein, sie hatte keine Lust, hier unten, im Gestank und Gejammer der Masse, wie eine Katze zu versaufen. Sie zog rasch ihre Tracht an, nahm Abschied von den Arnolds und machte sich an den Aufstieg. Eiserne Türen, bisher von Matrosen bewacht, standen sperrangelweit offen, die Flure waren leer, lang, aber beleuchtet, so dass Lo, von fliehenden Schritten und Stimmen gelockt, in eine Halle kam, die größer war als daheim die Kirche.

»Dü haitere Chaip!«

Es war eine Sporthalle; eben jetzt erfolgte ein Kommando, und ein gutes Dutzend Reiter, einige im Sportdress, andere im Frack, schwangen sich auf ihre Pferde, die, aus Leder und Stahl gebaut, die Gentlemen im Sattel tüchtig hin- und herschaukelten.

*

Ob Lo diese Untergangs-Schwadron tatsächlich gesehen hat, weiß ich nicht, der Ritt jedoch ist verbürgt: In der Sporthalle der sinkenden Titanic galoppierten Herrenreiter auf mechanischen Pferderücken in den Tod.

Vom Oberdeck zischten erste Raketen auf, Notsignale,

aber noch immer stand die Titanic wie ein Palasthotel in der Nacht, mit Licht aus tausend Luken, Walzerklängen und Positionslampen das schwarze Meer überglänzend.

Ein Heizer, der mit den Ehepaaren Simonius und Stähelin im Rettungsboot saß, ließ einen Champagnerkorken knallen, trank die Flasche in einem Zug leer, dann erbrach er sich ins Meer. Die Baronessen und Millionärinnen sahen diskret zur Seite. Einige von ihnen trugen Abendtoilette, andere Nachthemden, nur die Damen Stähelin und Simonius waren comme il faut gekleidet.

Jetzt erteilte der Oberst den Befehl, vom Schiffsleib wegzurudern. Im richtigen Augenblick – auf der Titanic versagten die Dynamos, Dunkel, Stille, und dann, aus tausend Kehlen: ein Schrei. Ächzend begann der finstere Stahlkoloss sich zu neigen, der Bug tauchte ein.

*

27 Minuten nach Mitternacht konnte der Funker der Titanic draußen auf dem Atlantik zum letzten Mal empfangen werden: »Help, help! Hurry, hurry!« Dann wurde die Elektrizität zu schwach, die Maschinen fielen aus, im Turnsaal kamen die Lederpferde knarzend zum Stehen, und unten, in der Wasser- und Feuerhölle, ließ der Obermaschinist die noch lebenden Männer niederknien zum Gebet. Im Augenblick des Zusammenstoßes waren elf Maschinisten im Dienst gewesen, zweiundzwanzig hatten geschlafen. Sie waren geweckt worden und sind ihren Kameraden sofort zu Hilfe geeilt. Kein Maschinist hat überlebt, auch kein Musiker, und wiewohl man dem Tod mit Zahlen nicht bei-

kommt, sei doch gesagt, dass 81 Prozent der männlichen Passagiere und Besatzungsmitglieder mit der Titanic untergegangen sind. »Be British, boys!« – mit diesem Wort hat sich Kapitän Smith von seiner Mannschaft verabschiedet.

*

Lo war am Fuß des Bristen aufgewachsen und hatte natürlich keine Mühe mit den Treppen, den Böden, die steiler wurden, abschüssig, so dass sie leichtfüßig bergan kletterte, von Stock zu Stock, von Salon zu Salon, und schließlich jene ganz aus Glas gebaute Veranda erreichte, die noch vor gut zwei Stunden die Crème de la crème zu Spaziergängen mit Meer- und Fernblick eingeladen hatte. Um nicht abzurutschen, rettete sie sich in eine Nische, die mit Palmen und anderen Tessiner-Gewächsen bis unters gläserne Dach gefüllt war. Ein angeketteter Papagei flatterte, kreischte um sein Leben. Die letzten Feuerwerksgarben platzten herab, erloschen, und steiler, immer steiler stieg das Heck in die Höhe. Lo erschrak – von weiter oben kam jetzt ein ganzes Meublement angerutscht, ein Tisch mit vier Kartenspielern. Jeder hielt sein Blatt in der Hand, so fuhren sie an der Nische vorbei lochab, im Gebrodel der Nacht und der See verschwindend.

Zum Schluss saß Lo in ihrem Urner Trachtenrock auf dem Palmenstamm, der fast waagrecht aus dem Deck herausstand, an ihrer Seite der Papagei, und tief unter ihnen, von Sternen beschienen, lag *wyyd* und *feer*, weit und breit, das Meer.

»Eppis dergattigs han i nu niä gsee!«, sagte die schöne Lo

zum Papagei, so etwas habe sie noch nie gesehen. Aus der Tiefe hörte sie das Rufen und Beten der Ertrinkenden, und dann, wer weiß, glaubte sie im fahlen Schein der Sterne die Ränder der Welt zu erblicken. Das Schiff stak nun fast senkrecht in der See. Das Wort, das Lo zum Schluss gesagt haben wird, lässt sich nicht übersetzen. Es ist ein Gipfelwort, nur den Urnern bekannt. Was ich sehe, ist so schön, dass ich bereit bin, darauf einen Meineid zu schwören.

»Meineidscheen, das Lüägi.«

*

Als die Carpathia, die die meisten Überlebenden und Hunderte von Leichen des gesunkenen Schiffes an Bord hatte, im Hafen von New York unter Trauerflagge einlief, fuhren ihr die Reporter der US-amerikanischen Zeitungen und Magazine entgegen. Der Zutritt zum Totenschiff wurde ihnen verweigert, damit hatten sie gerechnet, griffen zum Megaphon und brüllten zu den stumm an der Reling stehenden Überlebenden Dollarangebote für tolle Untergangs-Storys hinauf.

Dr. Max Stähelin (Treuhand, Basel) telegraphierte von New York aus einen Bericht an die Frankfurter Zeitung. Er tat dies nicht für Geld – er versuchte, sein frühes Aussteigen zu rechtfertigen.

Die schöne Lo ist in der Neuen Welt nicht angekommen. In den abgelegten Akten des Eidgenössischen Auswanderungsamtes wird sie als »ausgereist« geführt, und auf einer vergilbten Trauerkarte, die mir ein uraltes Männchen im leeren Speisesaal eines Altersheimes mit zittrigen Fin-

gern zuschob, steht geschrieben: »Die kirchliche Gedächt-
nisfeier für das bei der Schiffskatastrophe der Titanic um-
gekommene Frl. Aloisia Haas findet statt: Sonntag, den
15. Mai 1912, morgens halb acht Uhr in der Pfarrkirche zu
Seedorf.«

Um die Zeit ist es auch in den Schattentälern des Urner-
landes Frühling geworden.

Höhenfeuer

I

2. Dezember 1991, Thornwood im Staat New York. Es regnet seit Tagen, es regnet in Strömen. O., das Au-pair-Mädchen aus der Schweiz, steht am Fenster und glotzt in die
nasse Welt hinaus. Kristie, das Baby, schreit immer noch.
O. soll es hüten, aber nichts kann den Schreihals beruhigen, draußen pladdert der Regen, und Baby Kristie kräht,
so geht es seit Tagen, seit ihrer Ankunft in Thornwood.
Hie und da ein Straßenkreuzer, nur selten ein Mensch,
fast immer mit Hund. O. hasst diese Straße, die Allee, die
Einfamilienhäuser, alle weiß, alle aus Holz, nicht ganz un-
gefährlich, würde ihr Vati sagen, zu viel brennbares Mate-
rial. Vati kennt sich in solchen Dingen aus – zu Hause, in
Wettingen, steht sein Feuerwehrhelm griffbereit auf der
Hutablage, und in der Garderobe, gleich neben der Tür,
hängt stets die schwarze, einen brandigen Geruch ausströ-
mende Uniform. O. verbietet es sich, schon wieder auf die
Uhr zu schauen, nichts scheint hier aufhören zu wollen,
alles zieht sich in die Länge: der Regen, der Nachmittag,
die Reihe der weißen Häuser, das Weinen von Baby Kristie
und unten im Keller die Wäscheleine mit den tropfenden
Windeln. Fishers, die Eltern von Baby Kristie, würden erst

gegen Abend nach Hause kommen, beide mit braunen Papiertüten im Arm, Lebensmittel darin, Fertiggerichte, O. wird pummeliger von Tag zu Tag. Wie ein Zugvogel hat sie sich weit von ihrem Nest entfernt. Es prasselt jetzt. Und das fremde Baby schreit, schreit lauter als je, schreit wie am Spieß. Im Spiegel der Fensterscheibe lächelt ein pausbäckiges Gesicht. Riecht es nicht nach Feuer? O ja, aber sie liebt diesen Geruch. Manchmal hing er am Morgen, wenn die kleine O. aufgestanden war, im Flur und im Badezimmer. Dann wusste sie: Es hatte in der Nacht gebrannt, und ihr Vati, der Feuerwehrmann, war in seiner Uniform ausgerückt, um das Feuer zu löschen. Das Prasseln wird zum Knistern, aus dem Kinderbettchen quillt Rauch, jetzt ein Knall, ein Krosen, doch nach wie vor lächelt die in der Scheibe gespiegelte O. ihr pausbäckiges Lächeln. Baby Kristie hat sich endlich beruhigt.

2

In Heidelberg erscheint 1907 die Schrift eines jungen Psychiaters: *Heimweh und Verbrechen*. Darin stellt der Autor, Karl Jaspers, aufgrund von Fallbeispielen die These auf, dass Mägde und Knechte, die sich an fremden Orten verdingen mussten, auffällig oft zu Brandstiftern wurden. In allen Fällen, schreibt Jaspers, hatten sie vom ersten Tag an heftiges Heimweh und begingen die Tat, wie einige von ihnen aussagten, um »heimgehen zu können«. Indem sie das ihnen anvertraute Kind, das Haus, den Hof oder das Vieh verbrannten, glaubten sie den Grund für ihre Anwesenheit in der fremden Welt eliminiert zu haben. Vermutlich hatte dieser Wahn in alten Söldnerzeiten seinen Ursprung; mit jedem Hof und jedem Dorf, das man mordbrennend und brandschatzend zerstört hatte, war die Heimkehr näher gerückt. Doch dürfen wir im Verbrennen der Fremde nicht nur einen Akt der Vernichtung sehen – für den Schweizer ist der Feuerstoß das heiligste Heimatzeichen. Auf den Altären des Vaterlandes, wie Gottfried Keller die Berge nannte, wird seit Urväterzeiten das Höhenfeuer entfacht, weshalb die Mägde und Knechte, die die Stätte ihres Exils anzündeten, zugleich ein Stück Heimat schufen. Sie wollten das Höhenfeuer ins Flachland herabholen. Indem sie Brände legten, haben sie Heimat gestiftet.

3

White Plains, ein New Yorker Vorort, am 7. Juli 1992. Der Prozess dauert nun schon sechseinhalb lange, schrecklich heiße Wochen, und Tag für Tag, Stunde für Stunde wird von Baby Kristie gesprochen, von Thornwood, von den Menschen, die sie, O., draußen auf der Straße vorbeigehen sah, meist mit Hund. Was hat sie an jenem Nachmittag gemacht, fragt jetzt zum hundertsten Mal der Staatsanwalt. In den Regen geschaut, antwortet Laura Brevetti, ihre Anwältin, zu den Geschworenen hinüber. Nur in den Regen geschaut, bohrt der Staatsanwalt weiter. Nein, meint Misses Brevetti, wiederum an die Jury gewandt, als es zu brennen anfing, rief O. die Feuerwehr. Hört die Jury überhaupt zu? Trotz der surrenden Klimaanlagen und Tischpropeller ist es drückend heiß, Fernsehlampen strahlen, die Polizistin, die O. bewacht, hat Flecken unter den Achseln, und dem Richter, Mister Silverman, glitzert der Schweiß auf Stirn und Nasenrücken. Manchmal lächelt er O. zu. Vor ihm liegt eine verrußte Dose: Farbverdünner. Damit wären Baby Kristies Windeln besprüht worden. Irgendjemand, vermutlich O., muss das arme Kindchen vorsätzlich angezündet haben. Seine Eltern, die Fishers, sitzen im Publikum, aber wenn O. versucht, nach hinten zu schauen und ihnen zuzunicken – das hat ihr die Anwältin aufgetragen –, blickt Misses Fisher sofort weg. Sie ist toll gekleidet. Schwarz, findet O., steht der schlanken Dame besonders gut. Auch O.s Eltern sitzen im Saal. Sie haben reservierte Plätze, werden immer wieder gefilmt, jede Reaktion, hat ihnen die Anwältin erklärt, kann Folgen haben, gute oder schlechte. Jetzt legt Misses Brevetti ihre schlanke, sonnengebräunte Hand auf O.s Unterarm. Im Gefängnis hat sie eine ungesunde, fleischkäsige Haut bekommen, wer weiß, ob man sie in Wettingen noch erkennt. Aber wird sie es jemals wiedersehen, ihr Zuhause? Guilty, hat der Staatsanwalt soeben gesagt, schuldig. Er will sie für mindestens 25 Jahre ins Gefängnis stecken. 25 Jahre, mein Gott, dann wäre sie 46, wenn sie herauskäme, eine alte, verbrauchte Frau!

In ihren Augen steckt ein klebriges Weinen und zwischen den runden, viel zu fetten Wangen ein schmerzendes Lächeln. 25 Jahre. Sie würde nie ein Baby bekommen. Was nicht aufhört, heißt Amerika. Regnet es, regnet es ewig, die schwüle Hitze bleibt hocken, und Babys, die einmal zu plärren angefangen haben, plärren den ganzen Tag. Aber auch Misses Brevetti, die Anwältin, zieht ihre Rede in eine unerträgliche Länge, kaut alles noch einmal durch, die Windeln und Kristies Schreie, die im Qualm ersticken. Irgendwann erheben sich alle, auch O., auch ihre Eltern, und der nette Mister Silverman erklärt der Jury, nun habe sie über den Rest des Lebens einer noch sehr jungen Frau zu entscheiden. O. begreift: Diese Frau bin ich. Aber hat man ihr Mister Silvermans Schlusssatz richtig übersetzt? Hat er tatsächlich vom Rest gesprochen? Ein rascher Blick über die linke Achsel, wieder schaut die schöne Misses Fisher weg, und ihre Eltern, als würden sie in Wettingen in der Kirche sitzen, schauen starr nach vorn, zum Pult des Richters. Stunden später kehrt die Jury zurück. Das Urteil ist gefallen. Muss sie für den Rest ihres Lebens hierbleiben, im Gefängnis, in der Fremde?

4

In der deutschsprachigen Schweizer Literatur wird ein Werk nur dann berühmt, wenn es von Heimat und Feuer redet. Zum ersten Mal geschieht dies in der wildschönen Urfassung des *Grünen Heinrich*, dessen Weg in einer einzigen Kreisbewegung durch die Welt in die Vaterstadt zurückführt. Dabei stolpert der Heimgeher unversehens in eine Feuerwehrübung hinein, so dass er, zumindest in der Erstfassung, »durchnässt« und »abgelöscht« aus ihr hervorgeht. Anders Stiller und die alte Dame – sie vermögen einen Rest von Feuer in die Heimat zurückzutragen. Stiller, der nicht mehr Stiller sein will, brennt seinem Land eine Art Erkennungsmarke ins gemütliche Fell, und Claire Zachanassian, übrigens eine geborene Kläri Wäscher, löscht die eigene Vergangenheit und den ehemaligen Liebhaber aus, indem sie Güllen in eine lodernde Leuchte des Reichtums verwandelt. »Nacht bleibe fern«, betet zum Schluss der Chor, »verdunkele nimmermehr unsere Stadt.« Noch feuriger endet Frischs *Biedermann und die Brandstifter*. Alles fliegt in die Luft, verzehrt sich in Flammen – und so, zeigen Entwürfe, wollte ursprünglich auch Gottfried Keller seinen letzten Roman beschließen, *Martin Salander*. Sämtliche Spekulanten und ihre »Raubgeschäfte« sollten in einer Feuersbrunst untergehen, auf dass von der Fremde, die das Diesseits ja immer ist, nur ein Höhenfeuer bleibe, die heilige, reine Flamme. Auch die Dichter, wie früher die Landsknechte und wie sehr viel später O., das Au-pair-Mädchen, suchten ihre Heimat. Um sie zu stiften, legten sie Brände.

5

Park Avenue, New York, am 9. Juli 1992. Was nicht aufhört, heißt Amerika, scheint die Sonne, scheint sie ewig, die Straßenschluchten mit ihren Lichtfäden verlieren sich im Dunst, der Abendverkehr rauscht und tost. Misses Brevetti, die Anwältin, und O.s Eltern strahlen vor Freude: not guilty. Die Jury hat sie in allen Anklagepunkten freigesprochen. Wieder rast eine Sirene vorüber, ein Feuerwehrwagen, hier in der Nähe, erklärt die Brevetti, befinde sich ein großes Depot. Aha, macht O.s Vati, die weltberühmte New Yorker Feuerwehr! Brandbekämpfung im Hochhaus! Sie fahren jetzt die Park Avenue hinauf, der Schweizer General-konsul hat O. eingeladen, um ihr persönlich zu gratulieren. Das Feuerwehrhorn entfernt sich downtown. Gott sei Dank, ihr Wagen hat getönte Scheiben, sie liegen in einer Leder-garnitur, und der Nacken des Chauffeurs, der durch eine Scheibe von ihnen getrennt ist, glänzt vor satter Kraft. Er könnte O. beschützen. Sie hat es sich verboten, doch ist es wie ein Zwang, wieder muss sie nach hinten blicken, über die Schulter – das gelbe Taxi folgt ihnen immer noch. Was will man von ihr? Warum lässt man sie nicht in Ruhe? Not guilty. Nicht schuldig. Sie hat schließlich die Feuerwehr alarmiert. Und vor allem: Sie hat kein Motiv gehabt. Des-halb wurde sie freigesprochen. Der Wagen hält, O. steigt aus, staunt zu den Türmen hinauf, sieht den Doorman kommen, einen Herrn im grauen Frack mit grauem Zylinder, kann aber trotzdem erkennen, dass auch das Taxi gehalten hat. Im Fond sitzt eine schlanke Frau. Misses Fisher? O. lächelt. Morgen, denkt sie, morgen wird alles vorbei sein. Morgen fliegt sie in die Schweiz zurück. Morgen kehrt sie heim.

6

O., die nach Amerika flatterte, um sich in eine weltge-wandte junge Dame zu verwandeln, liegt im Wettinger Wohnzimmer vor dem Fernseher und knabbert Nüsschen und Chips. Ist es so? Ich weiß es nicht. Ich habe keine Ah-nung, wie sie mit ihrem Ausflug in die große weite Welt fertigwurde und ob sie das Buch, das Joyce Egginton über sie schrieb, jemals gelesen hat.

Joyce Egginton nahm seinerzeit am Prozess teil und hörte den Freudenjauchzer von O.s Mutter, als die Sprecherin der Jury den Freispruch verkündete: kein Motiv. Ein Fehlurteil, dachte Joyce Egginton, folgte O. nach New York, später in die Schweiz, von Kloten nach Wettingen, und dort geschah's. Die freiwillige Feuerwehr holte O., die freigesprochene Tochter ihres Kameraden, vom Bahnhof ab, um sie im Triumphzug nach Hause zu führen. Da hatte die Egginton, wie sie schreibt, den sichtbaren Beweis, dass zwischen O. und dem Feuer eine geheime Beziehung bestand. Kein Motiv? Die Journalistin blieb im Land, sah am ersten August die Höhenfeuer lodern und stieß schließlich auf Karl Jaspers' *Heimat und Verbrechen*.

Beide Bücher, das von Jaspers und das von Joyce Egginton, die Jaspers These übernimmt, sprechen die Freigesprochene schuldig. Es ist eine schuldlose Schuld, denn was kann O., die Nanny aus dem Schweizer Mittelland, dafür, dass ausgerechnet in ihr ein uralter Mythos noch einmal, vielleicht zum letzten Mal, mordbrennend aufgeflammt ist?

Wie gesagt: Ich weiß nichts von dieser Frau, aber ich stelle mir vor, wie sie auf der Couch der Wettinger Mietwohnung liegt, wie sie auf den Bildschirm glotzt, wie sie, noch immer knabbernd, eine neue Tüte Chips aufreißt. Draußen regnet es in Strömen, wie damals in Thornwood, in der Gegend vom Mount Pleasant, wo sie das Baby der Fishers gehütet hat. Ihre Eltern würden erst gegen sieben nach Hause kommen, beide mit Einkaufstüten, Lebensmittel darin, Fertiggerichte, ihre Tochter hat Hunger, das Vögelchen muss gefüttert werden. Ob es in der Nacht wieder gebrannt hat? Jedenfalls riecht Vatis Uniform, die wie stets in der Garderobe hängt, gleich neben der Tür, brandig nach Rauch. Der Regen pladdert auf die blechbeschlagenen Simse, und wäre sie nicht zu müde und ein bisschen zu schwer, könnte O. ans Fenster treten und hinunterblicken auf die graue Straße. Hie und da ein Auto, nur selten ein Mensch, fast immer mit Hund. Irgendwo kräht ein Baby. O. zerpickt ihre Nüsschen. Der Fernsehschirm flackert. Was nicht aufhört, glost weiter.

Es war im späten August. Die Blumen rochen stärker, die Wespen surrten lauter, betrunken gaukelten Schmetterlinge durch die Luft, und an den Abenden, wenn der Kater und ich unseren Spaziergang machten, lag mit einer müden Sonne schon der Herbst in der Luft. Hie und da unternahm ich kleine Reisen, und kaum hatte ich meinen Pass parat gelegt oder die Tasche hervorgeholt, wurde der Kater schwermütig. Wir gehörten doch zusammen, signalisierte er mir, du gibst mir meine Portion Brekkies Turkey & Chicken, ich bringe dir Mäuse aus dem Wald. Am Tag vor meiner Abreise schnitt er mich, und es nutzte nichts, dass ich meine Reisevorbereitungen tarnte – lag ein Abschied in der Luft, verkroch er sich im Wald. Bei meiner Rückkehr schnitt er mich dann erst recht, nun zur Strafe. Statt mich zu begrüßen, drehte er ab, mit gerecktem Schweif: Leck mich! Ich schüttelte die Schachtel mit den Brekkies, der Schweif verlor die stolze Haltung, der Kater drehte in Zeitlupe den Kopf und sah mich über seinen langen Rücken mit den starr glühenden

Augen an. Ich, als wäre ich der kleine Muck, servierte ihm das Mahl. Er, mich erneut ignorierend, begann mit seiner Waschung. Irgendwann in der Nacht hörte ich es knacken – der Kater war alt geworden, und es fiel ihm schwer, mit den paar letzten Zähnen das begehrte Futter zu kauen. Lag ein Abschied für immer in der Luft?

Den Abendspaziergang machten wir stets gemeinsam, aber oft war er allein unterwegs, und kam er zurück, sprang er auf meinen Schreibtisch, unter meine Nase, um mir mitzuteilen, wo er sich herumgetrieben hatte. Roch sein Fell nach Erde und Harz, war er durch den Wald getigert; stank's nach Jauche oder Kuhstall, hatte er die Katzen auf dem benachbarten Bauernhof besucht; war der Pelz kühl und etwas feucht, kam er vom Forellenfischen am Bergbach.

Es war ein Nachmittag Ende September. Meine Frau, eine Schauspielerin, war früh aus der Stadt gekommen und hatte vor, am freien Abend ihr Pferd zu bewegen. Sie zog sich um, dann hörte ich sie in ihren Reitstiefeln die Treppe hinuntereilen und im Range Rover über Land davonbrausen.

Plötzlich hatte ich den Kater auf dem Pult, unter der Nase – und stutzte. Parfüm? Ja, Parfüm! Als sie sich schön gemacht hatte, war der Kater um ihre Beine gestrichen und musste einen silbrigen Sprühregen abbekommen haben. Im Augenblick

war mir alles klar. Pferde mögen kein Parfüm –
deshalb geht eine Reiterin niemals gepudert, geschminkt und mit Chanel besprayt in den Stall …
Später saß ich, ein Glas Whisky in der Hand,
im Ohrensessel; der Kater lag in seiner gesamten
Länge auf der Armlehne, die Vorderpfoten ins
Polster gekrallt, sanft den Schweif hin und her
schwingend. »Liebling«, fragte ich lächelnd, »be-
trügst du mich?«

Wir waren seit bald zwanzig Jahren zusammen.
Es war Liebe auf den ersten Blick gewesen. Die,
hatte ich damals gedacht, keine andere, sie ist es.
Jetzt sank sie im Reitdress auf einen Stuhl. »Du
bist mir nachgeschlichen!«

»Nein. Wir waren die ganze Zeit hier. Man hat
mich informiert.«

»Dieses Miststück!«, rief sie.

»Wen meinst du?«

»Claire! Die soll mich kennenlernen.«

Meine Frau griff zum Handy, um ihre beste Freundin des Verrats zu bezichtigen, und wir, mein In-
formant und ich, verließen das Haus. Der Dunst,
der über den tiefer gelegenen Wiesen schwamm,
sah im Vollmond aus wie Puderstaub. »Sei un-
besorgt«, flüsterte ich dem Kater zu, »ich werde
meine Quelle schützen.«

Am nächsten Abend gingen wir wieder unseren
Weg, vorbei am Fuchsbau, am Baumstrunk, am

Ameisenhügel und weiter oben zum steilrechten Felsen, an dessen Fuß ein schwarzmodriger Laubteppich lag. Hier hatte der Kater vor Jahr und Tag im auslaufenden Winter eine allererste, winzige, hellgrüne Knospe und darin den Frühling entdeckt, den Frühling und die Wiederkehr des Ewiggleichen. Jetzt wurde es Herbst, bald würde es schneien. Wie konnte ich es dem Kater sagen? Ich würde verreisen, diesmal für immer, und da er hier alt geworden war, konnte ich ihn nicht mitnehmen.

Als ich drei große Koffer packte, reagierte er zu meinem Erstaunen kaum, alles war wie immer, sogar am letzten Abend – er stupfte mich mit seiner Schnauze an, ich riss das leere Blatt aus der Walze der Schreibmaschine und deckte sie mit der schwarzen Gummihülle zu. Auch sie würde ich hierlassen, wie den Kater. Als es einnachtete, kehrten wir zurück, beide müde und hungrig. Brekkies? Natürlich, alter Knabe!

Er zog sich zurück, um sich ausgiebig zu putzen. Ich legte mich hin, hielt das Ohr an die Stille und wartete darauf, dass er knackend zu fressen begann. Ich wartete vergeblich. Am nächsten Morgen ersparte er mir den Abschied – ich sah ihn nicht mehr, nie mehr.

Viele Jahre später traf ich zufällig den Förster und erfuhr von ihm, dass er im Frühling nach meinem

Wegzug oben im Bergwald ein Häufchen abge-
nagter Knochen entdeckt habe. Vielleicht, ein
schönes Vielleicht, war der Kater zum Sterben an
den Fuß des Felsens gekrochen, wo er seinerzeit,
auf einem unserer frühen Gänge, die allererste,
winzige, hellgrüne Knospe entdeckt hatte.

IV
KRANKHEIT

Meine Reise ins eigene Innere

Es gibt Gourmet- und Weinführer, Buchrezensionen und Theaterkritiken, aber bei einer Reise durch die Spitäler müssen Sie ohne Baedeker auskommen. Gewiss, im Internet melden sich auch Patienten, doch fehlt ihren Urteilen das Entscheidende: die Möglichkeit des Vergleichs. Man ist erst dann ein Weinkenner, wenn die Zunge ganze Jahrgänge abgeschmeckt hat; der Restauranttester frisst sich unentwegt durch sein Schlaraffenland; kein Rezensent wüsste zu sagen, wie viele Romane er verrissen hat.

Sie alle brennen für ihr Fach, und es ist die Flamme der reichen Erfahrung, die auf ihre Bewertungen den Schein der Objektivität wirft. Deshalb wurde die Spitalkritik nie zu einer anerkannten Disziplin. Einzig ihr Erfinder, der französische Dichter Paul Verlaine, lag in so vielen Hospitälern, dass er seine Erlebnisse in einem Bändchen mit dem schönen Titel *Meine Spitäler* zusammenfassen konnte. Verlaine, der als Poet und Clochard ein bewegtes Leben führte und einmal sogar auf seinen Freund Rimbaud schoss, ließ dem Spital- einen Knastführer folgen, *Meine Gefängnisse*, woraus zu entnehmen ist, dass es im Frankreich jener Zeit, am Ende des 19. Jahrhunderts, keinen großen Unterschied machte, ob einer in einer Zelle oder in einem Krankensaal eingesperrt war.

Heute ist das anders, zumindest in der Schweiz. Hiesige Spitäler spielen sich gern als Hotels auf, deren Küche beim *Michelin* mit einem Stern rechnen könnte, aber am eigenen Leib erfuhr ich: Eine Garantie für gute Pflege ist das nicht. Wo sie stolz den Kochlöffel schwingen, wird bei einer Blutabnahme hilflos nach der Vene gestochert. Ich will daraus keine Regel ableiten, und seien Sie versichert: Anspruch auf Objektivität erhebe ich sowieso nicht. Kann ich nicht erheben. Denn wie der Gastrokritiker nicht nur die Lammkeule, sondern auch den Koch seziert, soll der Spitalkritiker nicht nur die Matratzenqualität, sondern auch die Ärzteschaft bewerten, und nehmen Sie es mir bitte nicht übel: Da werde ich mich so zurückhaltend äußern wie Verlaine – der Patient muss ja stets darauf gefasst sein, wieder unter das Messer des kritisierten Chirurgen zu geraten …

Universitätsspital Zürich, Urologie

Die Da-Vinci-Methode wurde ursprünglich für die Raumfahrt entwickelt. Entzündet sich draußen im All ein Blinddarm, schlitzt sich der einsame Astronaut die Bauchdecke auf und schiebt einen kleinen Roboter darunter. Dessen Kameraauge sendet die Aufnahmen der inneren Organe zur Erde, nach Houston, und ein Chirurg, der dort am Bildschirm sitzt, überträgt seine Handgriffe durch einen Steuerknüppel auf die Mikrogriffe des Roboters – der Astronaut wird zugleich im Weltraum und auf der Erde operiert. Das technische Wunder, entwickelt für den Krieg der Sterne, wurde bald auch in den OP-Sälen angewandt, zum Beispiel an meiner verkrebsten Prostata. Beim Vorgespräch wurde ich über den Vorgang genau informiert, und PD Dr. Schmid versicherte mir, dass ein leichter Tremor, ausgelöst durch seinen Morgenkaffee, vom System ausgeglichen werde. Alles funktionierte perfekt, und das war deshalb bemerkenswert, weil der Tumor weit über die Kapsel hinausgewuchert und auf der Skala 1 (harmlos) bis 10 (aggressiv) eine Nummer 9 war – noch vor wenigen Jahren wäre ich daran gestorben. PD Dr. Schmid hat mein Leben gerettet. Ich halte mich an das Drei-Sterne-Prinzip des *Guide Michelin* und gebe ihm für die Prostataresektion das Maximum: ***.

Universitätsspital Zürich, Kardiologie

Jene ersten Erfahrungen als Patient liegen sieben Jahre zurück, und eine präzise Erinnerung habe ich nur an das Gefühl einer totalen Verwandlung. Nach der Entfernung meiner inneren Geschlechtsorgane wurde ich das Gefühl nicht los, eine Riesenkaulquappe geworden zu sein, die in ein neues Leben hineinschwimmen sollte. Ein Kastrationstrauma? Oder lag es daran, dass ich während des Eingriffs stundenlang in der Schräge gelegen hatte, Kopf nach unten? Panik. Künstliche Beatmung, Spritze, Dunkel … und dann fragte mich ein Arzt im offenen Weißkittel: »Möchten Sie einen Espresso?«

Das war Professor Dr. Lüscher, damals der Chef der Kardiologie, und wenn er mir zutraute, ein Tässchen zu halten, konnte die Verkaulquappung nicht total sein, ich musste noch Hände haben. Tatsächlich gelang es mir, durch die vom Beatmungsschlauch aufgeraute Speiseröhre einen Schluck Kaffee rinnen zu lassen. Ein Ostererlebnis. Von der Kaulquappe zum Menschen. Für die nette Auferweckung verdient Professor Dr. Lüscher ebenfalls das Maximum meiner Bewertung: ***.

Universitätsspital Zürich, Nordtrakt II,
achte Etage, Urologie

Elena Jauch, eine wunderbare Pflegefachfrau (was für ein grässliches Wort!), und ihre Kolleginnen unterstützten mich bei den ersten Schritten; Pfleger Meier, ehemals Velorennfahrer, gab mir gute Tipps; PD Dr. Schmid visitierte mich sogar am Wochenende und nahm sich jeweils ein wenig Zeit, um mit dem Patienten zu plaudern. Dr. Schmid spielt Klarinette und liest Latein wie unsereiner Deutsch. Unangenehm war nur eine Psychologin. Sie befahl mir kumpelhaft, Wörter wie »Windel« oder »Gummihose« auszusprechen.

Das USZ besteht aus mehreren Kliniken, die durch ein Kanalsystem in den Kellern miteinander verbunden sind. Hier war ich täglich unterwegs – mal hatte ich einen Untersuchungstermin in der Kardiologie, mal einen in der Radioonkologie. Früher soll das Pflegepersonal die Patienten transportiert haben, die Spitalpolitiker jedoch, stets auf Kostensenkung aus, haben das funktionierende System zerstört und einer externen Firma übertragen. Auf meiner ersten Tour wurde ich im Rollstuhl in einem zugigen

Korridor vergessen und erst nach Stunden gerettet. Frau Müller (von der Kardiologie) hatte sich als Einzige meiner angenommen und telefonierte geduldig im Riesengehäuse herum, bis mich ein Rollstuhlschieber namens Abdullahi in den Nordtrakt II zurückbrachte.

Frau Müller ist Deutsche, und Ihr Rezensent möchte mit aller Deutlichkeit festhalten: Ohne die Deutschen wäre man in den Schweizer Spitälern verloren. Zugegeben, manchmal sind sie etwas herrisch. Nu pullern Se mal! Aber: niemals griesgrämig. Die Nachtschwester, die auf Ihr Klingeln hin mürrisch ins Zimmer schlurft, ist mit hoher Wahrscheinlichkeit eine Einheimische, keine Ausländerin. Deutsche sind in der Spitalmedizin meistens kompetenter, fast immer aufmerksamer als Schweizer – meine Rettung durch Frau Müller war kein Zufall.

Tipp Ihres Spitalrezensenten: Nehmen Sie auf Ihren Touren durch die Unterwelt des USZ stets die Telefonnummer Ihrer Station, das Handy und genügend Trinkgeld mit. Stecken Sie Ihrem Rollstuhlschieber einen Zehner zu – damit erhöhen Sie die Chance, Ihr Ziel zu erreichen.

In meiner Erinnerung an das Zürcher Unispital überwiegt das Positive. Die Ärzte erstklassig, das Personal freundlich, das Essen mäßig, das outgesourcte Transportsystem eine Zumutung, die Aussicht hinreißend. Es war ein Samstagabend im späten August, als ich es schaffte, mich auf den Balkon des Betonhochhauses zu schleppen. Als Riesenkaulquappe stand ich hoch über der Stadt und konnte plötzlich atmen, durchatmen. Ich sah im Licht der sinkenden Sonne die Gleise des fernen Hauptbahnhofs glänzen, sah tief unter mir den Verkehr fließen, die Tramschienen und Oberleitungen glitzern und hatte auf einmal das Gefühl, wieder verwoben zu sein ins Nervengeflecht der sommerlichen Stadt. Ich war nicht mehr der Alte. Der Alte würde ich nie mehr sein, aber ich hatte wieder ein pumpendes Herz und gute Lungen und konnte mich, an den Infusionsständer geklammert, aufrecht halten, bis die Sterne erschienen. USZ, Urologie: **.

USZ, Radioonkologie

Ein halbes Jahr nach der OP, im Winter 2013, unterzog ich mich einer ambulanten Strahlentherapie. Als Prostatakrebs hatte man mit gefüllter Blase anzutreten, und da es nicht ganz einfach war, dem wachsenden Druck standzuhalten, fand ich mich jeweils eine Stunde vor dem Termin im Wartesaal ein und tankte einen Liter Flüssigkeit. Zur selben Zeit erschien auch Mr. Sprogg, ein Gesundheitstourist aus London. Er hätte im britischen Gesundheitssystem nicht überlebt, erklärte er mir, deshalb sei er für einige Monate nach Zürich gezogen, um sich hier operieren und bestrahlen zu lassen. Wir verstanden uns bestens, denn beide hatten wir schon Besseres gesoffen als das destillierte Wasser, das wir nun jeden Nachmittag in uns hineinschütteten, insgesamt dreiunddreißigmal.

So international die Klientel, so international war auch die Besatzung der Station (Stand vor sechs Jahren): Dr. Nadjafi, der Oberarzt, war ein gebürtiger Iraner, die Ärztin eine Deutsche, die Oberschwester eine Britin, die Strahlentherapeutinnen kamen von den Philippinen und aus Holland (Frédérique!). Was hatten sie für sanfte, liebe Hände! – und das asiatische Lächeln, das einen empfing, wenn man aus dem Ofen wieder heraussurrte, war das schönste von Zürich. Klar, die Sprache im fensterlosen Untergrund war hauptsächlich Englisch, und nie werde ich den Innerschweizer Älpler vergessen, der weder seine Einweisungspapiere noch die Strahlenleute verstehen konnte. »Das isch d Hell«, flüsterte er mir zu. »Hilf mer.«

Jeweils am Mittwoch erhielt der Patient einen Termin bei Dr. Nadjafi. Dann saßen wir Seite an Seite und starrten auf den Bildschirm. Dr. Nadjafi beschwor wie ein Zauberer meine Eingeweide, stets verließ ich ihn gestärkt, und die Kritik Ihres Rezensenten richtet sich keineswegs gegen diesen vorzüglichen Arzt, sondern gegen eine Spital- und Versicherungsbürokratie, die dauernd mit Daten gefüttert werden will. Denn der Oberarzt war gezwungen, das mit dem Patienten geführte Gespräch zu protokollieren, und so blickte er entweder konzentriert auf den Schirm oder kurz auf die Tastatur, jedoch nie zur Seite. Wie zwei Wanderer richteten wir den Blick geradeaus: ins Innere des dunklen Unterleibs. Erst nach der letzten Konsultation, bei der Verabschiedung, erlaubte ich mir, Dr. Nadjafi zu bitten, mich kurz anzusehen. Er sah müd und melancholisch in meine Augen und bedankte sich, dass ich ihn auf seine PC-Fixierung aufmerksam gemacht hatte. Radioonkologie USZ: ***.

Vier Jahre ging alles gut, dann erwies die vierteljährliche Routinekontrolle, dass der Tumor wieder aktiv wurde. Bisher war ich bei den Untersuchungen vertrauten Gesichtern begegnet, man kannte und respektierte sich. Nun jedoch war Gefahr im Verzug, und die Bilder aus dem Computertomographen gingen an eine übergeordnete Instanz, an das sogenannte Tumorboard.

Tipp des Rezensenten: Bedenken Sie, dass in einer mythenvergessenen Gesellschaft die Götter weiterleben und dass in Ihnen, so aufgeklärt Sie sein mögen, der Gläubige weiterlebt. Machen Sie es nicht wie ich! Statt aufzubegehren oder wenigstens nachzufragen, wie das Board zu seinem Befund gekommen war, nahm ich den Spruch aus der anonymen Überwelt demütig an und tauchte ein weiteres Mal ab in die Unterwelt, wieder bestens betreut und bestrahlt und ein bisschen verliebt (in Frédérique, die Holländerin).

Die Götter hatten erst einmal recht, zwei weitere Jahre ging alles gut, und noch vor vierzehn Monaten hätte ich auch dem Tumorboard drei Sterne verliehen. Aber ach, Gläubige und Rezensenten können sich täuschen …

Es begann an einem Abend im winterlichen Berlin. Mit Katja Oskamp, meiner Gefährtin, war ich unterwegs in die Philharmonie. Kalter Regen. Unter der S-Bahn-Brücke am Alex warteten wir auf den Bus. Plötzlich: Atembeschwerden. Die Brust ein Panzer. Noch in der Nacht Notruf an Professor Dr. Lüscher. Lüscher war dem Schweizer Pensionierungswahn zum Opfer gefallen und pünktlich zum 65. Geburtstag mitsamt seiner reichen Erfahrung, seiner Kunst, seinem Können verabschiedet worden (für die Amerikaner wäre es Verschleuderung von Humankapital). Lüscher leitete inzwischen eine Londoner Klinik, doch kümmerte er sich über die Wochenenden weiter um seine Zürcher Patienten.

Inselspital Bern

Lüscher setzte mir hier zwei Stents ein, und während wir bei der Kardioskopie auf dem Bildschirm der Schlange zusahen, die an meinem Herzbaum hochkroch und die verstopften Äste und Zweige wieder durchlässig machte, unterhielten wir uns über die moderne Medizin. Früher hatte der Arzt seine Autorität aus einem Jenseits bezogen, das dem Patienten verschlossen war: aus dem Inneren des Körpers. Inzwischen hat die Aufklärung auch die Eingeweide erreicht. Arzt und Patient können gemeinsam in das illuminierte Innere sehen, ein Jenseits gibt es nicht mehr (wie in der heutigen Theologie). Wirklich? Die Schlange, die sich um meinen Herzbaum wand, entsprach einem Urbild, und vielleicht, wer weiß, werden wir eines Tages aus unserem Gesundheitsparadies vertrieben.

Im Berner Inselspital (Stand Februar 2018, damals im Umbau) befanden sich Maternité und Kardiologie im selben Trakt. Dort das Erblühen, hie das Welken. Dort das Morgen-, hie das Abendland. Dort ein lärmiger Basar, eine fröhliche Lebensfeier, dunkle Schleier, rote Babys, schwarze Schnurrbärte, und hie wir Schweizer, die, an Atemmaschinen angeschlossen, mit kleinen Schritten, nassen Augen und hängenden Unterlippen durch die Stille der Gänge tippelten. Mein Zimmer war eine Betonkammer, dafür gibt's einen Stern Abzug, die Pflege hingegen war ausgezeichnet. Mütterliche Frauen – in meiner Vorstellung waren sie direkt der Käserei in der Vehfreude entsprungen – haben uns aussterbende Schweizer Knaben liebevoll betreut. Kardiologie Inselspital Bern: **.

Notaufnahme Zuger Kantonsspital

Am Pfingstmontag, nach einer Wanderung, versuchte ich vergeblich, eine volle Blase zu entleeren. Harnverhalt. Das Problem kannte ich. Hatte auch ein Mittel dagegen: Pfeffer inhalieren und mit einem Niesanfall den Uroflow wieder auslösen. Nieste mir die Seele aus dem Leib. Kein Tropfen. Alles dicht. Ab nach Baar.

Hier musste ich erst einmal warten, bis sie völlig harmlose Fälle (Verstauchung nach Velounfall, Insektenstich, Sonnenbrand, verdorbener Magen) abgearbeitet hatten. Dann erschien zum Glück eine deutsche Ärztin, begriff sofort, was mit mir los war, und erlöste mich mit einem Blasenkatheter von meinen Schmerzen. Das Spital ist relativ neu und steht mitten auf einer Wiese, aber die Kojen der Notaufnahme sind fensterlos und derart eng, dass man in der künstlichen Bunkerluft kaum atmen kann. Verdammt nochmal, leidet dieses Land immer noch an seiner Réduit- und Luftschutzkeller-Neurose? Zwei Sterne Abzug für die zu lange Wartezeit und die Architektur. Notaufnahme Zuger Kantonsspital: *.

Urologie, USZ (zweite Beurteilung)

Die Ärztin in Baar gab mir den Rat, möglichst bald das USZ aufzusuchen, wo man mich vor zwei Jahren zum zweiten Mal bestrahlt hatte. Der Assistenzarzt, an den ich verwiesen wurde, zeigte sich an meiner Krankengeschichte desinteressiert, und um die Geschichte abzukürzen: Nach der

Entfernung des Blasenkatheters erfolgte bald der nächste Harnverhalt, wieder Baar, wieder Zürich, wieder Baar, wieder Zürich. Nach der dritten oder vierten Verstopfung hätte ich darauf bestehen müssen, dass sich das Tumorboard meiner annimmt, aber eben, die alten Muster gelten immer noch. Auch in einer aufgeklärten Gesellschaft leben die Götter weiter, nun als extraterrestrische, für uns Sterbliche unerreichbare Tumorboard-Besatzung. Urologie USZ und Tumorboard: null Sterne.

In dieser Zeit musste mein Buch *Heimkehr* fertig werden, und aus Frankfurt reiste Jürgen Hosemann an. Während ich im Stehen die letzten Seiten schrieb (Sitzen ging nicht mehr), unterzog er den Roman einem strengen Lektorat. In fünf Tagen brachten wir alles in die richtige Form, dann reiste Hosemann ab, das Manuskript in der Tasche, aber in der Nacht fielen mir noch ein paar Änderungen ein, und aufgeregt reiste ich Hosemann hinterher. Nach einem weiteren Lektoratstag in Frankfurt hätte ich unverzüglich heimkehren und mich im USZ einliefern sollen, meine Sehnsucht jedoch trieb mich weiter, nach Berlin, zu Katja.

Rettungsstelle Vivantes-Klinikum, Berlin-Friedrichshain

Harnverhalt. Rasch wachsende Schmerzen. Bei der aufgesuchten Rettungsstelle großer Andrang. Terzo Mondo. Hinter dem Schalter ein picknickender Sanitäter, der weder auf die Klingel noch auf das Klopfen schwarzer Fäuste an seine Scheibe reagierte. Tipp des Rezensenten: Rettungsstelle Friedrichshain unbedingt meiden!

Katja, die sich im Berliner Osten auskennt, hatte zum Glück den rettenden Einfall:

Unfallkrankenhaus Berlin-Marzahn

Der türkische Taxifahrer gab sein Bestes, ebenso die Aufnahme in Marzahn, wo mich Dr. Meyering, eine junge Ärztin, von den Qualen erlöste. Dr. Meyering hat zwei Kinder, die sie drei Stunden später zur Schule bringen musste, und war trotz Nachtstunde, Schlafmangel und Patientenandrang heiter und freundlich. Sie gab uns eine Pumpe mit, um die Blase im Notfall anzuspülen. Drei Tage kamen wir durch, dann war Schluss. Notruf. Die sofort (nach sieben Minuten) eingetroffene Rettungsärztin brachte zwar etwas Wasser durch die Röhre, konnte es aber nicht mehr absaugen, jetzt war die Blase bis zum Zerplatzen voll mit Flüssigkeit. Elf Minuten nach dem Anruf polterte die Feuerwehr das Treppenhaus hoch, sechs Mann, einer muskulöser als der andere. Katja: »Da hab ick eenmal richtige Kerls inne Bude, und ihr haut gleich wieder ab!« »Schade, wa«, meinte der Chef, »so 'ne saubere Wohnung sehn wa selten.«

Eigentlich hätten sie mich ins nahe Klinikum Friedrichshain bringen sollen, aber Katja überredete die Truppe, mich nach Marzahn zu fahren. Das ging gegen den Einsatzbefehl, und im raketenartig durch die Straßen heulenden Krankenwagen bekam ich mit, wie der Fahrer von der Zentrale über Funk beschimpft wurde. Da schnappte sich die Notärztin das Mikro und empfahl dem Einsatzleiter, die Schnauze zu halten, »sonst beiß ick dir die Eier ab«.

Bei unserem Eintreffen in Marzahn warteten vor uns mehr als siebzig Bahren mit Verletzten auf die Abfertigung. Die Notärztin versorgte mich weiter mit Morphium, ohne Wirkung, mein Blasenbalg wollte geboren werden. Als ich Winseln und Stöhnen nicht mehr unterdrücken konnte, setzte meine Truppe zum Sturmlauf an und brach erfolgreich durch nach vorn, wo drei junge Ärztinnen die Triage vornahmen: »OP 7! OP 3! Bluttransfusion!«

»Hür« heißt türkisch »frei«, »liman« »Hafen«. Hürlimann: Freihafen. Also sprachen sie mich türkisch an, und ich, am Rand der Ohnmacht, verzweifelt: »Nänei, ich by us de Schwyz. Wie's Heidi! Wie de Emil!« »Wat, keen Türke?« »Nee«, schrie Katja, »ein Schweizer Harnverhalt!«

Berlin ist eine miserabel regierte Stadt, ein Kiez nach dem andern verkommt, aber ihr Unfallkrankenhaus haben sie im Griff. Lazarett-Erfahrung aus zwei Weltkriegen, Übersicht im größten Getümmel, die brachten es sogar fertig, dass meine Ärztin herbeistürzte, Frau Dr. Meyering. Sie begrüßte uns wie alte Bekannte und führte dann einen neuen Katheter in die Blase ein, worauf in einem Schwall aus Blut Pisse Wasser der Balg hervorbrach. Dr. Meyering: ***; Notärztin: ***; Berliner Feuerwehr: ***; Rettungsstelle UKB: ***; Katja: *** – nie schlief ich seliger als unter so vielen Sternen.

Drei Tage blieb ich auf der Station, doch leider konnten sie die weitere Behandlung nicht übernehmen, sie sind ein Unfallkrankenhaus, alle paar Minuten landete auf dem Dach ein Helikopter mit neuer Fracht, und wie es unten in der Rettungsstelle aussah, hatte ich ja gesehen. Die morgendliche Visite entschied, dass ich per Krankentransport in die Schweiz überführt werden sollte, und lieferte der Zentrale der Schweizer Auslandsversicherung geduldig die verlangten Unterlagen. Nur: Was immer gesandt wurde, es genügte den Schweizern nicht. In Marzahn schüttelten sie die Köpfe. Meine Wut ging telefonisch ins Leere. Mehrmals wurde ich mit einer Sachbearbeiterin verbunden, die erst einmal bemerkte, mein Antrag hätte spätestens 24 Stunden nach dem »Unfall« gemeldet werden müssen. Lauter Schikanen. Statt dass Ihnen geholfen wird, werden Sie abgewimmelt – Auslandszentrale der Schweizer Krankenkassen: null Sterne. Tipp des Rezensenten: Bleiben Sie zu Hause!

In meiner Not erging ein Hilferuf an PD Dr. Schmid, und der Kenner der Antike meinte mit bedauerndem Unterton: »Sie sind zwischen Scylla und Charybdis geraten.« Scylla: Wegen der frisch gesetzten Stents musste ich blutverdünnende Mittel nehmen. Charybdis: Diese Mittel lösten im zweimal bestrahlten Gewebe Blutungen aus, die sich dann zu sogenannten Koageln verdickten und die Harnröhre verstopften.

Meine Lage in Berlin wurde unhaltbar. Einen weiteren Notruf sandte ich an Freunde, Marann und Dr. Zeno Schneider, er frisch pensionierter Onkologe, sie ursprünglich OP-Schwester und lange Jahre seine Praxisgehilfin. Marann flog unverzüglich in den Stadtkessel ein und begleitete mich nach Hause. Wäre unterwegs ein Harnverhalt eingetreten, hätte sie in der Maschine eine Spülung vorgenommen und meinen Katheter ersetzt – was Passagieren und Besatzung zum Glück erspart blieb. Wir schafften es bis Baar. Erneute Hospitalisierung. Die Zystographie ergab eine

Nekrosenhöhle zwischen Urethra und Blasenhals. Zudem entdeckte Dr. Zurkirchen, der Zuger Urologe, einen Clip, mit dem bei der Prostataresektion Blutgefäße abgeklemmt worden waren. Infolge der zweiten Bestrahlung hatte sich der Clip selbständig gemacht und wirkte nun, quer in der Harnröhre steckend, als Sperre. Er wurde operativ entfernt … und um Sie nicht zu langweilen, liefert Ihnen der Rezensent die folgenden Eingriffe in einer Zusammenfassung.

Zuger Kantonsspital, Baar

Dr. Zurkirchen verreiste unmittelbar nach der OP in die Ferien (deshalb keine Bewertung), worauf ihn Dr. Gretener von der Hirslanden-Klinik Cham vertrat. Gretener ist ein sympathischer, erfahrener Arzt und sprach bei einer abendlichen Visite offen aus, was ich bereits ahnte. Mein Unterleib war durch die zwei Bestrahlungen unheilbar beschädigt, und dass ich Charybdis eliminierte, das heißt, die blutverdünnenden Mittel absetzte, veränderte nichts: Die Nekrosenhöhle war die Quelle dauernder Blutungen. Was konnte man dagegen tun? Trinken trinken trinken. Sonst nichts? »Wir Urologen haben in unseren Praxen ab und zu einen Fall wie Sie«, sprach Dr. Gretener nach längerem Schweigen. »Man hat Ihren Tumor erfolgreich behandelt, allerdings zu einem sehr hohen Preis.« Am selben Abend mailte er an Marann und Zeno Schneider: »Ich danke Ihnen, dass Sie dem bemitleidenswerten Patienten unterstützend zur Seite stehen.«

Draußen glühte der August. Die Klimaanlage ließ mich frösteln. Blutbefleckte Laken wurden nicht ersetzt. Als die am Bett hängende Kathetertüte ausrann, bat ich höflich um Abhilfe. Ob eine Tüte lecke, könne man erst beurteilen, wenn sie voll sei, blaffte mich Oberschwester Martha Boll an (Name von Dürrenmatt, aus den *Physikern*). Ich: »Werte Oberschwester, wie soll die Tüte jemals voll werden, wenn sie leckt?« Tipp des Rezensenten: Seien Sie kein Klugscheißer!

Jeweils nach drei oder vier Tagen schickten sie mich nach Hause, mal mit, mal ohne Blasenkatheter – ein paar Stunden später alarmierte ich die Schneiders, die mich mitten in der Nacht via Notaufnahme wieder einlieferten. Rein und raus. Rien ne va plus. Einzig die Pflegefachfrau Head, eine Amerikanerin, verstand ihr Handwerk und wechselte ab und zu ein paar Worte mit mir. Ihre Kolleginnen hielten sich lieber in den Bildchen der iPads auf – was ich verstehen konnte: Ihr Stationszimmer war ein Schlauch mit Ausblick in den Hofschacht. Wenn ich mich jeweils verabschiedete (stets im Bewusstsein, bald wiederkommen zu müssen), saßen sie wie Hühner auf der Stange, und keine von ihnen sah vom Bildschirm auf. Ist dieses Spital ein Abbild meiner Heimat? Hat die Zuger Politik nur noch Bitcoins, Kryptowährungen, Blockchain-Technologien auf dem Schirm?

Eines Nachmittags schaffte ich es, mich am Infusionsständer bis in den »Raum der Stille« zu schleppen. Bunkerarchitektur, wie unten in der Notaufnahme. Eine Deko, die nicht religiös, aber irgendwie sakral sein wollte. Da stutzte ich – auf einem Altarimitat war ein Gästebuch aufgeschlagen. »Lieber Allah, bitte Mamma gesund machen«, hatte eine ungelenke Kinderhand geschrieben. Die Bitte rührte mich zu Tränen, und für einen Moment war ich in meiner Heimat wieder daheim. Zuger Kantonsspital: Das Essen ist erst-, die Pflege drittklassig: *.

Katja und ihre zwanzigjährige Tochter Klara planten seit längerem, in diesem Sommer auf den Jakobsweg zu gehen. Beide ertrugen seit Jahren meine Krankheit und einen verzweifelt mit seinem Stoff ringenden Autor; sie hatten mir mit Rat und Tat geholfen, den Roman gegen Widerstände fertigzuschreiben, und es wäre mir äußerst unangenehm gewesen, wenn ich ihre Wanderung verhindert hätte. Aber allein konnte ich nicht mehr existieren, dafür war ich bereits zu schwach, und so holten mich meine Schwester Gabrielle und mein Schwager Christoph Haering in ihr Haus in Bottmingen bei Basel. Es sollte sich als Glücksfall erweisen.

Allerdings ging es vor der Rettung nochmals in die Finsternis. Kaum in Bottmingen, wurde ich wieder schwanger, wieder mit einem bösartigen Balg, weshalb mich Schwester und Schwager an einem schwülen Sonntagabend hospitalisieren mussten.

Notaufnahme Merian-Iselin-Klinik, Basel

Bei dem Versuch, zum x-ten Mal einen Katheterschlauch in meine Harnröhre zu stoßen, wurde sie zerfetzt. Diese Klinik ist ein Belegspital, und ich musste mit der Polizei drohen, bis man nachts einen Urologen herbeirief: Dr. Müller von der Basler Alta-Uro-Praxis. Als er die Bauchdecke durchstieß, um einen suprapubischen Katheter zu setzen, entstieg mir ein Blutstrahl, und Gott sei Dank, der Balg gab erst einmal Ruhe. Notaufnahme Merian-Iselin-Klinik: null Sterne.

Merian-Iselin-Klinik, Urologie

Nach der falschen Katheterisierung begann die dunkelste Phase meiner abenteuerlichen Reise, es verschlug mich in Dantes »città dolente« (*Inferno*, achter Gesang). Tipp des Rezensenten: Mit starken Schmerzen liegen Sie in einem Belegspital falsch.

Gewiss, die Ärzte der Alta-Uro-Praxis kamen jeden Morgen und jeden Abend vorbei. Sie kümmerten sich rührend um mich, und ihre Eingriffe (etwa der Versuch, das Blasengewebe zu verätzen) brachten vorübergehend Linderung. Als eine Niere kollabierte, waren sie innert kürzester Zeit an meinem Bett und bremsten das Abrutschen in den Orkus. Dr. Müller, PD Dr. Rieken und PD Dr. Bonkat sind Beispiele für die Effizienz und Kompetenz deutscher Ärzte. Aber tagsüber und nachts sind sie abwesend, über Stunden ist man allein und spürt, dass dem Haus der Kopf fehlt, der Ehrgeiz einer medizinischen Leitung. Eines Abends wurde meiner Harnröhre eine weitere Verletzung zugefügt. Meine Schwester, gerade zu Besuch, kann es bezeugen: Niemand hielt es für nötig, sich zu entschuldigen oder wenigstens zu versprechen, künftig etwas achtsamer mit mir umzugehen. Merian-Iselin-Klinik: ein Hotel der Spitzenklasse, vorzügliches Essen, angenehme Zimmer, aber die Pflege ist zweitklassig: **.

Indes hatte man bei mir einen weiteren Eingriff vorgenommen, wieder einmal lag ich auf der Aufwachstation, als sich auf einmal ein schwarz gewandeter Herr über mich beugte. Seinem Deutsch hörte ich an, dass er aus Sachsen stammen musste, wie Katja, und als er sich als Alexander Bachmann vorstellte, kam mein von der Anästhesie beduseltes Gehirn auf den abstrusen Einfall, einen Satz von Joseph Roth zu erwähnen: Wenn einer Cäsar heiße, sei er entweder ein Heerführer oder ein Hund – beim Namen Alexander gelte wohl etwas Ähnliches. »Bitte seien Sie mein Heerführer, Herr Professor, holen Sie mich hier heraus!« »Sobald Stans bereit ist, legen wir los.« Wie bitte? Wo wollte mich dieser Bachmann operieren, in Stans?!

Kantonsspital Nidwalden, Stans

Der Bürgenstock über dem Vierwaldstättersee ist das Schweizer Domizil der Scheichs aus Katar. Der Berg bietet ihnen Schutz und allen Luxus; auf dem Flugplatz der Pilatus-Werke können sie einfliegen, und so fehlte den Herren aus dem Morgenland nur noch ein Krankenhaus mit Intensivstation. Die Einheimischen, bauernschlau, wie sie sind, witterten ihre Chance. Sie legten die Spitäler der beiden Halbkantone zusammen und holten für die Entwicklung des neuen Hauses einen Manager vom Fach, Urs Baumberger. Baumberger, geboren und aufgewachsen in Meiringen, war Helikopterpilot und Flugzeugmechaniker, dann studierte er Maschinenbau, bildete sich in Unternehmensführung weiter und leitete dreizehn Jahre lang die Schaffhauser Klinik

Belair der Hirslanden-Gruppe. Das ist der richtige Mann, sagten sich die Nidwaldner, um ein Spital zu planen, das sowohl die einheimische Bevölkerung als auch die Herren aus dem Morgenland zufriedenstellen würde. Der Coup gelang. Mit den Millionen aus Katar konnte Baumberger seine Vision einer idealen Klinik realisieren: »das öffentliche Privatspital«, wie er es nannte. Glückliche Ob- und Nidwaldner! Werden sie krank, haben sie die besten Ärzte, die beste Pflege, das angenehmste Spital, und nun sollte auch ein hoffnungsloser Fall wie ich von diesem Wunderwerk profitieren – Katja, von ihrer Wanderung auf dem Jakobsweg zurückgekehrt, begleitete mich im Krankenwagen von Basel nach Stans.

Abends machten wir einen kleinen Spaziergang, und zum ersten Mal erlebte ich, dass der Infusionsständer auf einem glatten Parkett aus Tannenholz wunderbar leicht dahinglitt, weder von Teppichborsten (wie in der Merian-Iselin-Klinik) noch von Schwellen oder Schneisen (wie in anderen Krankenhäusern) behindert. Das Detail bezeugt: In Stans mussten sich die Architekten der patientenorientierten Konzeption von Spitaldirektor Baumberger und Stationsvorsteherin Christen unterordnen. Dazu gehörten auch helle Räume für das Pflege-, Service- und Putzpersonal. Hier schwebten sie in durchsonnten Kanzeln hoch über dem Land, die Stimmung im Haus war dementsprechend heiter, und zum ersten Mal gewann Ihr Rezensent den Eindruck, nicht im Kloster, nicht im Knast, nicht im Bunker, nicht in einer Fabrik, aber auch nicht in einem Pseudohotel, sondern in einem Krankenhaus zu sein. Kantonsspital Nidwalden: ***.

Tipp für Mr. Sprogg: Sollten Sie eine weitere Behandlung nötig haben, machen Sie es wie die Scheichs – kommen Sie nach Stans!

Ob ich Katja jemals wiedersehen würde? Oder nahmen wir auf dem Balkon des Nidwaldner Kantonsspitals Abschied für immer? Vom Stanserhorn wehte durch die Bannwälder eine würzige Herbstluft herab. Im Engelbergertal erloschen die bereits verschneiten Firne. Es war eine Szene wie am Schluss von *Casablanca*. Ich als Humphrey Bogart sagte zu Ingrid Bergman: »Liebling, es hat keinen Sinn, wenn du noch länger in diesem Kaff herumhängst.« (Sie hatte zwei trostlose Abende in der Kuba-Bar hinter sich.) »Kehr zurück nach Berlin, in dein Leben, zu deiner Arbeit.« Dann sah ich sie von oben Richtung Bahnhof gehen – sie drehte sich nicht mehr um.

Nach der *Casablanca*-Szene kam um 21 Uhr Professor Dr. Bachmann in mein Zimmer. Der Chirurg, sagt C. G. Jung, muss »außer Fachkenntnis eine geschickte Hand, Mut, Geistesgegenwart und Entschlusskraft haben«, das heißt, er muss ein bisschen wahnsinnig und ein bisschen Gott sein. Bachmann war in Leipzig geboren und aufgewachsen. Er stammte aus bürgerlichem Haus, deshalb musste er sich der Armee verpflichten, um studieren zu können, in Greifswald, in den letzten Jahren der DDR. Nach der Wende tingelte er eine Zeitlang als Jazzpianist durch das Rheinland, stieß irgendwann auf ein Inserat des Spitals Rorschach und erhielt den Job. Von dort holte Dr. Badstuber, der St. Galler Urologie-Doyen, den jungen Arzt aus der DDR in sein Team, es folgte ein Zwischenspiel am USZ, und schon berief man ihn, er war gerade 37 geworden, als

Chef der Urologie an die Uniklinik Basel. Aber auch hier blieb Bachmann nicht lang, ihn zog es hinaus in die Welt, nach Wien, nach Moskau, nach China. Als Gabrielle, meine Schwester, der Bachmanns Ruf zu Ohren gekommen war, nach ihm fahndete, operierte er gerade in Schanghai.

Die Staats- und Krankenkassen-Bürokratie schätzt Therapien, die sich aus statistischen Berechnungen ergeben, und verkennt, dass noch kein einziger Fall dem statistischen Mittelwert entsprochen hat. Jeder Kranke ist die Ausnahme davon. Leider hält man hierzulande das Mittelmaß für das Optimum. Die Versicherung hätte mich liebend gern bis ans Ende meiner Tage als Schmerzpatienten hospitalisiert, und ich verdanke es Gabrielle sowie den Doktoren Bachmann und Rieken, dass sie den Aufwand nicht scheuten, der Bürokratie nachzuweisen, dass es sich bei der Endabrechnung auszahlen würde, wenn ich mich einer riskanten OP unterziehe. Da ich zweimal mit der Höchstdosis von Strahlen beschossen worden war, meinte die Statistik (und das USZ und die Krankenkasse), dass mein Gewebe bei einem massiven Eingriff, der Entfernung der Blase, zerreißen könnte. Geh nur ja kein Risiko ein, Vers. Nr. 95012210084, bleib brav liegen und leide und dulde und verschlinge bis zum Gehtnichtmehr den Zaster der Allgemeinheit. Nein! Nicht mit mir. Ich zog dem Dahinsiechen eine Roulette-Partie vor. Komme ich um, entfallen weitere Kosten; komme ich durch, kann ich das Spital nach drei Wochen verlassen.

Die Wirklichkeit, die sonst eher unbeachtet vorüberglitt, hatte sich in der Nacht vor der OP bis zum Glühen aufgeladen und ließ alles, sei es die Balkon-Szene mit Katja, das

Gespräch mit dem Chirurgen oder das Schlagen der fernen Turmuhr, groß und bedeutend werden. Der sächselnde Professor, der schwarz am Fußende des Spitalbetts stand (in einem Gucci-Maßanzug für zehntausend Franken, wie mir eine Pflegerin zuflüsterte), strahlte die Aura eines Mephisto aus, und ich, die übliche Patientenuntertänigkeit abwerfend, bemerkte keck: »General Alexander, Ihr Schlachtfeld wünscht Ihnen für morgen alles Gute.«

Intensivstation Kantonsspital Nidwalden, Stans

Als mir Dr. Meier, die Anästhesieärztin, um sieben Uhr früh das Tor zur Nacht öffnete, erblickte ich ein Kreuz, und es war auf meiner langen Reise durch die Spitäler das erste Mal, dass mir dieses Zeichen begegnete. Es steht für Leiden und Tod, aber auch für die Auferstehung, und kaum zu glauben: Auf einmal offenbarte sich mir die Innerschweizer Bergwelt im goldenen Abendschein. Nein, ich war nicht drüben, auch nicht hinüber, in Stans liegt man auf der Intensivstation vor einem Panoramafenster. Darin sah ich es nun Nacht werden und Morgen, über den Herbstwäldern blaute der Himmel, irgendwann fiel der erste Schnee, und vielleicht wurde mir in diesen Tagen, da mich drei Frauen namens Odermatt einer Intensivpflege unterzogen, mein intensivstes Naturerlebnis zuteil. Und ein Heimaterlebnis. Als sie erfuhren, dass ich Schriftsteller sei, fragten sie, ob ich Peter von Matt kenne, und erzählten mir dann voller Stolz die Geschichte der berühmten Stanser Familie.

Unser Land verändert sich, ob es uns passt oder nicht. Der Kanton Zug versucht sich der Globalisierung anzupassen. Das Baarer Spitalgebäude könnte ebenso gut ein Bürogebäude in Cincinnati sein – die lokale Kultur und der Inhalt der klimatisierten Box werden von den Fassaden glatt geleugnet. Anders in Stans. Da wahren beide ihr Gesicht, die Fremden und die Eingeborenen, die Herren aus dem Morgenland mit ihren dunklen Sonnenbrillen und die fröhlichen Odermattinnen, die aus dem Bewusstsein ihrer Herkunft eine unermüdliche Schaffenskraft bezogen. Die ließen sich das Kreuz nicht von den Wänden nehmen. Die führten ihren Gesundheitstouristen, aber auch den einheimischen Patienten das großartigste Landschaftstheater vor, und hatten sie uns gewaschen und verbunden und massiert und bewegt, eilten sie zu den Englisch- und Arabischkursen, zu denen Spitaldirektor Baumberger sein Personal verpflichtet hat. Hier gab man nicht, wie in Zug, die Identität auf, hier schärfte man sie und bemühte sich sogar, mit fremder Zunge zu sagen, wer man ist. Wir. Hier. Die von Matts. Und die Odermatts. Und Dr. Zaugg, die heilende Hände hat. Und Dr. Ristic, der Oberarzt, der ohne Schlaf auskam. Und Dr. Sykura, der chirurgische Chefarzt, der neidlos bereit war, mit seinem gut eingespielten Ensemble die Stargäste Bachmann, Müller und Rieken in ihren Hauptrollen zu unterstützen.

Als die Darmtätigkeit aussetzte und die Stanser Chirurgie bereits Vorbereitungen für eine Not-OP traf, befahl General Alexander den Odermattinnen, mir zwei Multivitamin-Brausetabletten in den Mund zu stecken. Ich würgte, ich schluckte, und siehe da, das Schäumen und Brodeln in meinen Eingeweiden hatte den erhofften Effekt. Die Odermattinnen, einen Jodler jauchzend, konnten mich gerade noch rechtzeitig auf den Topf setzen. Kampf. Krieg. Tag und Nacht. Und dann, an einem Sonntagmorgen, da sich der Oktobernebel vor dem Panoramafenster mit Licht vollsog, meinte die wunderbare Frau Dr. Zaugg: »So, jetzt nehmen wir ein paar Schläuche ab. Morgen dürfen Sie in Ihr Zimmer zurückkehren.«

Intensivstation Nidwaldner Kantonsspital: ***. Und ein Tipp des Rezensenten an Uropatienten: Sollte man Sie je zum hoffnungslosen Fall erklären, der Fünf-Sterne-General Alexander Bachmann haut Sie heraus!

Ich war jetzt schmerzfrei und über den Berg, aber noch lag ein weiter Weg vor mir, erst im Nidwaldner Kantonsspital, unter der Obhut von Frau Christen und ihren perfekten Pflegerinnen, dann in der Familien-Reha bei Schwester Gabrielle und Schwager Christoph. Barmherzig nahmen sie mich wieder auf und sorgten dafür, dass ich nach zwei Monaten in meinen Alltag zurückkehren konnte. Die Sterne des Himmels mögen es ihnen lohnen – ihnen und Marann und Zeno Schneider und PD Dr. Rieken, der mich weiterhin ambulant betreut. Zu einer kleinen Nach-OP war ich wieder in der Merian-Iselin-Klinik, und nach einem klärenden Gespräch mit Dr. Graf, dem Anästhesiearzt, war die Pflege auf der Höhe der Hotelküche. Deshalb korrigiert Ihr Rezensent die erste Bewertung und erteilt der Basler Klinik den dritten Stern. Drei Sterne verdient auch Frau Arpagaus von der Stomaberatung der Uniklinik – sie brachte mir auf kluge und lockere Weise bei, mit meiner Versehrung umzugehen.

Professor Dr. Bachmann war das Kunststück gelungen, auch ein paar Metastasen zu entfernen, zum ersten Mal seit Jahren ist mein PSA-Wert am Sinken, es geht mir gut, sehr gut sogar. Die »diabolische Schwangerschaft«, wie Susan Sontag den Krebs definiert hat, wird mich trotzdem nicht loslassen – der von früher werde ich nie mehr sein. Aber schon beginnt die Kaulquappe eine Figur von gestern zu werden, Vergangenheit, Erinnerung, und nur noch selten irre ich in meinen Träumen durch die labyrinthische Unterwelt der Spitäler. Im Übrigen tröste ich mich damit, wenigstens an einer zeittypischen Krankheit zu leiden – die Wiesen werden vom Bauland weggefressen, die elektronischen Datenmassen metastasieren. Verlaine, der Erfinder der Spitalkritik, sah es ähnlich. Wie er, der Absinth-Säufer, taumelte auch die Gründerzeit in den Untergang. Nach seinem Tod sammelten seine Kollegen und die Wirte, Nutten und Clochards vom Montmartre für ein Denkmal. Leider hat es die Stadt Paris nicht bewilligt – zu geschmacklos. Der Bildhauer hatte den Poeten als Patienten auf den Sockel stellen wollen: im Spitalhemd, mit Zipfelmütze, in der einen Hand die Feder, in der anderen die Urinflasche.

Lazarus

Als ich auf der Intensivstation erwachte, bin ich furchtbar erschrocken. Ich war sehr viel dicker als am frühen Morgen, da sie mich in den Operationssaal geschoben hatten, so dick, dass ich nicht über den Horizont meiner Wampe sah. Wie mochten meine Füße aussehen? Hing vielleicht ein Zettel am großen Zeh?

Ich lag, umstellt von Apparaten, in einem weißen Zelt, und so ganz allmählich begann ich zu erfassen, dass man mir nach Art der Schlüsselloch-Chirurgie die verkrebste Prostata herausgeschnitten hatte. Aber warum war ich so dick geworden? Hatten sie mich mit Gas oder Luft vollgepumpt, um dem Roboter genügend Platz zu verschaffen? Das Herz, als fürchtete es weitere Angriffe, hämmerte, raste, toste, und so wurde ich von flatternden Weißkitteln in die nächste Intensivstation gekarrt, in jene der Kardiologie. Was für ein Trip, was für ein Flug! Ich landete auf dem Untersuchungstisch, hörte das Schrillen von Alarmglocken, sah Lampen aufblinken und Bildschirme flackern, der Raum wurde groß, immer größer, ich schwebte hoch, immer höher, und nahm mit Erstaunen wahr, wie in der Tiefe unter mir eine Schar von Ärzten einen Notfall behandelte.

Ein Gesicht beugte sich über mich. »Wir haben Sie unmittelbar vor einem Herzinfarkt abgefangen. Lüscher ist mein Name. Möchten Sie einen Espresso?«

Als ich mit meinem Köfferchen vor das Unispital trat, koste mich eine lieblich frische Luft. Freu dich, sagte ich mir, sie haben dir das Leben gerettet. Aber so richtig wollte sich das Glücksgefühl nicht einstellen – ein Teil von mir war irgendwo im Innern des Spitals verlorengegangen. An der Tram-Haltestelle löste ich ein Billet und empfand die studentische Jugend, die telefonierend und lachend einstieg, als laut und schrecklich.

*

Lazarus lebte in Bethanien, hatte zwei Schwestern, wurde krank und starb. Dann, nach vier Tagen im Grab, wurde er von Jesus zum Leben erweckt, und seither ist er berühmt und präsent, etwa im Wort Lazarett. Ohne dass er je einen Finger gerührt hätte, erhob ihn die Kirche zur Ehre der Altäre. Lazarus ist der Heilige ohne Eigenschaften, ohne Verdienste, und so erstaunt es nicht, dass er dem protestantischen Kulturraum suspekt blieb. Noch in meiner Jugend nannte man katholische Südländer, die dem Herrgott den Tag stahlen, Lazzaroni. Liebenswürdige Faulpelze. Saßen am Bahnhof und sahen den Zügen nach, die Richtung Gotthard fuhren, in die Sonne, in die Heimat. So sitzen sie am Mittelmeer noch heute, träumen den auslaufenden Schiffen nach und hoffen, dass ihre Wirtschaft von selbst oder mit Hilfe der EU zum Leben erwacht.

Aktiv in Lazarus' Familie waren die Schwestern, Maria und Martha. Maria bat Jesus, den erkrankten Bruder zu heilen. Aber Jesus verspätete sich, und nun war es Martha, die ihm mit der Trauerbotschaft entgegeneilte: »Unser Bruder ist tot.« Jesus weinte. Dann, so steht es beim Evangelisten Johannes geschrieben, ließ er sich zum Grab führen und sagte: »Hebt den Stein!«

»Herr«, widersprach Martha, »er riecht schon.« Jesus hob die Augen zum Himmel. Bisher hatte er Heilungen bewirkt, die auch anderen Rabbis nachgesagt wurden – jetzt würde er die Grenze überschreiten. Wer über den Tod gebot, war der Messias. Sie hoben den Stein, und Jesus »schrie mit lauter Stimme: ›Lazarus, hierher, heraus!‹ «

*

Wie bei Maria, die in den Evangelien nur wenige Sätze hat, blieb zwischen den Zeilen der Lazarus-Geschichte vieles offen, und natürlich eignete sich ein Heiliger ohne Eigenschaften hervorragend dazu, von Theologen, Dichtern und Malern mit Eigenschaften versehen zu werden. Lazarus ist weniger eine Gestalt der Bibel, vielmehr eine Legende der abendländischen Kultur.

Im Mittelalter hatte der verdienst- und gesichtslose Heilige ein eigenes Genre: die Lazarus-Spiele. Am Beginn saßen die Hinterbliebenen weinend zusammen, da kehrte der Verstorbene ins Leben zurück, und – Musik! – aus dem Trauermahl wurde ein Freudenfest. Nun sollte er berichten, was er im Jenseits geschaut hatte, aber Lazarus schwieg. Kein Wort, kein Lächeln, nichts. Die Zentralfigur war, wie es im Theater heißt, »eine stumme Jule«, das Zentrum des Stücks ein Loch. Darum herum ein komödiantischer Tanz, lustig und obszön, denn der neugierigen, von der Trauer in die Freude gekippten Gesellschaft war jedes Mittel recht, um den Verstummten zum Reden zu bringen. Sie kitzelten und küssten und schlugen ihn – umsonst. Sein Schock war zu groß. Der Heilige ohne Eigenschaften war ein Heimkehrer ohne Worte.

Die russische Literatur hat die Lazarus-Figur der mittelalterlichen Mysterienspiele übernommen, und es war vor allem der zu seiner Zeit hochberühmte Leonid N. Andrejev, der in seiner Erzählung *Lazarus*, geschrieben 1906, dem Wiedergekehrten ein Gesicht gab, ein grässlich entstelltes Gesicht. »An den Schläfen und unter seinen Augen schattete dichte, erdige Bläue; am Leib und an den Lippen war die im Grabe aufgequollene Haut zerplatzt und an diesen Stellen blieben kleine rötliche Risse, die glänzten wie durchsichtiger Glimmer. Und dick war er geworden.«

Bei Andrejev entsteigt ein mit gasigen Verwesungsgerüchen gefüllter Ballon dem Grab, und so wie das griechischorthodoxe Christentum im Heiligen ohne Verdienste die mediterrane Beschaulichkeit feiert, beklagen die Russisch-Orthodoxen im Toten, der wider seinen Willen reanimiert wird, die grausame Rückkehr in die Bitternis der Existenz. Lazarus, meint Andrejev, wäre lieber drübengeblieben. Und tatsächlich, nach der Lektüre dieser Novelle versteht man, weshalb Jesus »mit lauter Stimme schrie: ›Lazarus, hierher, heraus!‹« So geht man mit einem Hund um. Aber der Hund will nicht. Er hat Angst, Angst vor dem Herrn und vor dem Leben, denn er ahnt, dass er in ein ungeheures Geschehen verwickelt wird. An seinem ins Licht taumelnden Leichnam enttarnt sich ein Gott. Von jetzt an – es ist der Samstag vor dem Palmsonntag; Bethanien liegt vor Jerusalem – weiß die Welt, dass Jesus mehr ist als ein Rabbi, der Blinde sehend, Lahme gehend machen kann. Ein Jubelruf rast durch die Lande und verkündet immer mächtiger anschwellend die Ankunft des Messias. Doch die alte Ordnung wittert die Gefahr und versteht es, ihren Einsturz zu verhindern. So endet die Verletzung der Naturgesetze für beide, für den Wundertäter und dessen Opfer, fatal. Indem Lazarus vom Tod ins Leben zurückkehrt, beginnt für Jesus das Sterben. Aber der Schrei in die Grabhöhle, meint das fromme Russland, ist nicht nur der Anfang der Passion des Herrn, er ist auch der Anfang der Passion des Lazarus. Man stirbt nur einmal. Lazarus ist der Hund, der ewig leben muss.

*

Nein, diese Menschen! Sie sind verrückt. Lärmverrückt. Alles, was sie tun, hat den einzigen Zweck, den Geräuschpegel in die Höhe zu jagen; Früchte verkaufen sie, um Preise ausrufen zu können; Auto fahren sie, weil sich die Hupe mit der Faust bearbeiten lässt; am Bartresen stehen sie, um die unablässig quäkenden TV-Apparate zu überschreien, und sollte mich je einer fragen, weshalb ich IHN dafür hasse, dass er mich zurückgeschrien hat ins Leben, würde ich ihm antworten: weil es drüben, in der andern Welt, so schön still war. Diesen Lärm halte ich nicht aus, und das Schlimme ist: Er nimmt zu von Jahrhundert zu Jahrhundert. Irgendein Esel brüllt immer, irgendein Radio plärrt in jedem Winkel, und wo, außer in einem Grab, könnte ich, der unfreiwillig Auferstandene, Ruhe finden? Ah, wie ich die Fische beneide! Auf improvisierten Tischen sterben dicht gedrängt ihre silbern glänzenden, blau schimmernden Leiber, schutzlos ausgesetzt dem Anschwärmen der Fliegen, den Griffen der Käufer, dem Messer des Händlers, der laut lachend einen blutroten Querschnitt aufklaffen lässt, »nimm die Hälfte«, schreit er, »zum halben Preis!«, und klatscht den mit roten Augen glotzenden Fischkopf auf ein Fettpapier in seiner gewaltigen Pranke. Ich drücke mich gern in der Gasse der Fischhändler herum, denn hier fällt der Gestank meiner Geschwüre kaum auf, hier kann ich in einem Hauseingang hocken, der mich an mein Grab erinnert, und hochblicken zum Himmel, der zwischen den Dächern nur ein Rinnsal ist, stechend grell zur Mittagszeit, nachts durchschwommen von Sternen, und so immer weiter, so immer fort, mittags das Licht, nachts die Sterne und unablässig das Jucken, das Brennen meiner Haut, von der eitrig der Schleim der Verwesung tropft. Was für ein Durst könnte mich verdorren lassen? Wo ist das Messer, das mich erlöst? Helft mir. Bitte. Habt Erbarmen mit dem ewigen Lazarus.

*

»Der Tod ist überlebbar«, sagte mir Professor Dr. Thomas F. Lüscher bei einer Routinekontrolle. Wie alle bedeutenden Ärzte ist Lüscher auch Philosoph und beobachtet besorgt, wie sich der Wunsch nach Unsterblichkeit mehr und mehr vom Religiösen ins Medizinische verlegt. In seinem Werk *GedankenMedizin* (Springer, Heidelberg, 2010), erläutert er, wie es der Medizin gelang, die tödliche Rhythmusstörung des Herzens durch einen geringen Stromstoß zu beenden. Dem Patienten wird ein Defibrillator implantiert, kaum größer als eine Zündholzschachtel, wodurch die Auferstehung zur klinischen Routine geworden ist. Lüscher: »Nicht nur lesen die Defibrillatoren das EKG wie ein Facharzt für Kardiologie, sie reagieren differenziert mit schnellem Pacing oder einem Elektroschock – entsprechend der Diagnose, die sie gestellt haben.«

Es ist höchste Zeit, dass auch die überalterten Nationen des Nordens Lazarus zum Top-Heiligen küren. Gerade in der Schweiz wimmelt es von Gerontopolen, worin moderne Lazzaroni mit implantierten Gebissen und implantierten Defibrillatoren durch gepflegte Parkanlagen joggen, um in den Reformhäusern die tägliche Saft- und Früchteportion zu erwerben. Kippen sie um, berechnet das Herzimplantat die Stärke des Stromstoßes und jagt sie wieder auf die Beine. Dann rennen oder radeln sie weiter, ohne den Kurztod bemerkt zu haben. Wir sind fit, sagen die blitzenden Zahnleisten der mehrfach gelifteten, sonnengebräunten Greisengesichter.

Ich bin kein Freund des Fortschritts. Dass die neue Welt schöner sei, halte ich für eine Lüge. Aber! Aber natürlich habe ich im Moment, da ich mit dem Krebsbefund konfrontiert worden war, alle Skepsis fahren lassen und mich ganz und gar der Hochtechnologie-Medizin anvertraut. O ja, da war es mir nur recht, dass es eine Operationsmethode gab, die nach dem ersten, von Leonardo da Vinci erdachten Roboter benannt ist – ursprünglich entwickelt, um Astronauten in ihren Raumstationen von Houston aus operieren zu können. Gut so, dachte ich. Helft mir. Rettet mich. Und musste dann doch merken, dass ich noch für längere Zeit im Innern der Kapsel blieb, sinnlos durchs finstere All kreisend, unfähig zur Rückkehr ins alte Leben. Inzwischen meine ich zu wissen, warum. Alles hat seine Zeit, auch der Mensch und sein Körper – nicht ungestraft greift man über sein Verfallsdatum hinaus.

Ja, Lazarus ist der Heilige der Stunde, nicht nur bei den schwermütigen, am Leben leidenden Russen; nicht nur bei den heißblütigen, auf Wirtschaftswunder setzenden Griechen: auch bei uns. In der Leere dieser Gestalt wird die Leere einer Zukunft sichtbar, die alle Grenzen verwischt, die Grenze zwischen Jugend und Alter, zwischen Leben und Tod.

Und er selbst, der ewige Lazarus? Wo mag er sein? Wie hält er seine Endlosigkeit aus? Man weiß es nicht. Man kann nur spekulieren. Vielleicht hockt er bei den Fischern am Meer, vielleicht döst er mit Onkel Wanja auf einem russischen Sofa, vielleicht zieht er mit seinem Infusionsständer durch Spitalkorridore. Thomas von Aquin gestand dem Eigenschaftslosen die Eigenschaft zu, die Auferstehung von den Toten vorweggenommen zu haben. Was uns am Ende aller Tage widerfahren wird, Lazarus hat es bereits hinter sich. Frohe Ostern!

Als würde der Kater in mir weiterleben, hielt ich mich weiterhin an unser Ritual: Eine Stunde vor der Dämmerung brach ich zu einem Spaziergang auf, selbst in den Fluren der Spitäler, wo mich der Infusionsständer begleitete wie früher der Kater. Ich ging immer die gleiche Strecke, berührte stets dieselben Punkte – das Stationszimmer, die Lifte, den Balkon über der Stadt –, und wie in einer Spirale drang ich von Tag zu Tag tiefer ein in die Wirklichkeit. Vielleicht sage ich besser: Die Wirklichkeit drang in mich ein. Indem ich meine Punkte regelmäßig ablief, teilten sie mir mit, was sich an ihnen veränderte, und so war die Liftkabine, wenn ich sie auf die Etage holte, nicht nur das, was sie heute war, an diesem Abend, auf diesem Gang, sie war auch ihre Vergangenheit – gestern war ein verlorener Lederhandschuh mitgefahren, vorgestern ein tiefrotes Blütenblatt einer Rose, letzte Woche ein plattgetretener Kaugummi. Die hellerleuchtete Kabine war mehr als sie schien, ähnlich einem Bild, das

mehr ist als seine Oberfläche – deshalb das Müde-
werden im Museum.

Aus den Bildern und Statuen überfällt uns ein
Übermaß an Wirklichkeit, und es kostet Kraft,
ihrem Andrang standzuhalten. Museum kommt
vom altgriechischen Museion, Musenort, und ich
werde dem Kater ewig dankbar sein, dass er mich
lehrte, die Welt – selbst die Spitalwelt – als Musenort zu verstehen. Man schleppt sich am Infusionsständer durch die Flure, und es ist nicht ein
elektronischer Sensor, sondern eine Muse, die vor
dir die Glastüren öffnet. Wichtig dabei: Sie ist die
Aktive, ich habe nur zu staunen, wie ein griechischer Philosoph, wie ein Heidelberger Romantiker, wie mein Freund, der längst verstorbene Kater. Man soll sie nicht anschauen, die Welt – das
war ihm zuwider: Weltanschauung! Umgekehrt,
die Welt soll uns anschauen, auch auf die Gefahr hin, dass sie uns mit ihren feurigen Blicken
verschlingt. In Ovids *Metamorphosen*, einem der
tiefsten und schönsten Bücher der Menschheit,
staunt Phaetons Schwester einen Baum an –
»da bindet ihr der Stamm die Schenkel, Rinde
schließt ihren Schoß ein, ihre Arme strecken sich
in grünende Äste, und als sie ihr Haar raufen will,
greift sie in Laub.«

Vom Haus am Waldrand war ich seinerzeit nach
Leipzig gezogen, wo ich drei Semester als Dozent

unterrichtete, am Deutschen Literaturinstitut, und mich in eine meiner besten Schülerinnen verliebte, Katja Oskamp. Liebe auf den ersten Blick. Verwandlung. Über Nacht bist du ein anderer in einer neuen Welt. Es ist November, aber alles grünt und blüht und glüht. Aus dem rostigen Wasser des Karl-Heine-Kanals winken die Musen, und die Schmetterlinge hast du nicht nur im Bauch, sie umgaukeln auch dein ungläubiges Haupt, auf dem die Blätter rauschen.

Wir verließen Leipzig und zogen nach Berlin. Katja war dort aufgewachsen, in der Hauptstadt der DDR – ich hatte im Westteil der Stadt, in ihren südöstlichen Quartieren, meine Lehr- und Wanderjahre verbracht. Früher hatten wir zu beiden Seiten der Mauer gelebt, sie im Osten, ich im Westen; nun wohnte sie mit ihrer Tochter Klara auf der einen Seite der Karl-Marx-Allee, ich auf der andern, und wie es meine feste Gewohnheit geworden war, brach ich fast jeden Abend zum Spaziergang auf, in den ersten Jahren allein, später oft mit Klara.

Es war das Berlin nach der Wende, und so zeigte sich auch an dieser Stadt die Wiederkehr des Gleichen. Man hatte den Fahrplan der kessen zwanziger Jahre hervorgeholt, und die S-Bahn-Züge, die eben noch leer und gemütlich durch die lethargischen Jahre des Kalten Kriegs gegondelt waren, rasten wieder brechend voll und in Minutenabständen durch das auferstandene Metropolis. Grelles Neon, schräge Typen, schrille Tunten. Die aus dem Dornröschenschlaf geküsste Stadt gefiel sich als Revue mit lauter ausgefallenen Nummern und flog der staunenden Klara und mir kreischend, tosend um die Ohren. Jeder Punkt an der täglich abgelaufenen Strecke machte das Stadttempo mit. Ein Lokal, ursprünglich eine Eckkneipe, war in rascher Folge griechisch, türkisch, libanesisch, dann wurde es ein argentinisches Steakhouse und schon kurz danach, da nicht rentabel genug, ein russischer Basar. Der Punkt durchsauste innerhalb weniger Monate die halbe Welt, von Athen über Beirut nach Moskau. »Rasender Stillstand« (Paul Virilio) – und je öfter wir diese Punkte passierten, desto mehr enthüllten sie von ihrer Raserei, von ihrer Geschichte.

Zum Beispiel die Briefkästen in den Stalin-Häusern. Auf unseren ersten Gängen hatten sie uns nichts gesagt, aber dann erfuhren wir von der Schriftstellerin Ricarda Junge, dass diese Kästen zwei Türen hatten, eine nach vorn, in den Eingangsflur, sowie eine zweite nach hinten, so dass der Hausmeister, zu DDR-Zeiten ein Stasi-Spitzel, von seiner Parterre-Wohnung aus heimlich die Kästen aufschließen und die Post der Bewohner kontrollieren konnte. In der Allee hatten damals ausschließlich regimetreue Funktionäre gewohnt, und so gaben uns die Kästen mit den doppelten Türen einen interessanten Einblick ins System. Die Überwacher hatten sich selbst überwacht.

Den Sommer verbrachten wir jeweils bei Bauern in der Innerschweiz, hoch über dem Vierwaldstättersee, am Fuß des Fronalpstocks. Kaspar, unser Gastgeber, blieb jahraus, jahrein auf seinem Land – wie früher, in ihren besseren Zeiten, die Päpste. Wer etwas von Kaspar wollte, musste ihn aufsuchen, und tatsächlich war die enge Stube, wo er thronte, mit einer Fliegenklatsche als Zepter, bis in die Nacht hinein voller Gäste. Den Berg, in dessen Schatten er lebte, nannte Kaspar Froni, und dieser Froni war für ihn lebendiger als Vreni, seine Frau. Froni sagte ihm, wie morgen das Wetter würde, wo im Bannwald das Wild wechselte, ob man im kommenden Winter mit einer Lawine zu rechnen habe und, falls ja, ob sie am Haus vorbeifahre. Froni und Kaspar täuschten sich nie, sie wurden sich ähnlicher von Sommer zu Sommer, und vielleicht, wer weiß, ist Kaspar längst zum Berg geworden, mit einem Haupt, auf dem schon im frühen September der erste Schnee fällt.

In einer der letzten Nächte vor der Rückreise nach Berlin wanderten Klara und ich über Kaspars Alp. Der Himmel war ein Sternenmeer, und indem sie in uns einströmten, offenbarte sich mit ihrem Fluss der »goldene Über-Fluss«, nämlich die Gewissheit, dass dieser Sternenstrom eine göttliche Quelle hat. Epiphanie. Offenbarung.

15.1. 23
08³⁰

V

HÖHERES

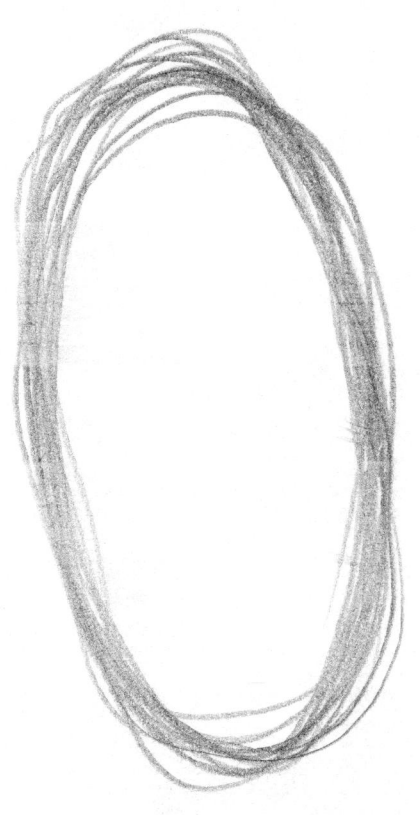

Wir vom Club der Atheisten

Am Altar brannten die Kerzen gelbe Kleckse ins Dunkel, dann flammte in der Apsis die Rosette auf und legte über den eisigen Chorboden einen rötlichen Schimmer. Die schwarz bemalten Bänke bekamen einen narbigen Glanz. Engelsflügel und Marmorbeine wurden lebendig, Gold leuchtete auf, Perlen blinkten, grünblaue und rotgelbe Lichtflüsse stürzten aus gotischen Fenstern ins Innere, und das Kirchenschiff, ein Schiff aus Stein, legte ab. Es war der schönste Raum der Welt, denn hier kniete der Knabe neben seiner Mutter, die ein weißes Hütchen trug, wie eine Pillenschachtel, und die betenden Lippen hinter einem Schleierchen verbarg.

Die Mutter lehrte den Knaben reden und beten. Er glaubte ihr aufs Wort. Wenn sie sagte, auch die Kirche sei eine Mutter, erst noch eine heilige Mutter, war das keine unverständliche Behauptung, sondern eine Verheißung voller Geheimnisse und heiliger Worte: Kyrie eleison, Christe eleison, et cum spiritu tuo. Das Parfüm der heiligen Mutter, die Mixtur aus Weihrauch, heißem Kerzenwachs und blühenden Blumen, roch der Knabe sogar lieber als das Chanel der richtigen Mutter. Und wer trug in diesem Raum, der auch an einem Wintermorgen einen Sommerzauber entfaltete, die prächtigsten Gewänder? Nicht sie, die ihre Kostüme in Luzern kaufte, bei einer berühmten Modistin, sondern der Priester am Altar.

Bald war der Knabe zu groß, um wie früher neben der Mutter zu knien. Betraten sie das Schiff, musste sie nach links gehen, auf die Frauenseite, er nach rechts, zu den Männern. Der Priester nahm am Altar die Mitte ein. Zwischen den beiden Bankreihen, zwischen den beiden Geschlechtern, war er ein Mann im Rock, Mann und Frau zugleich, also etwas Drittes, Schwebendes, von den Stufen Erhöhtes, der im Namen der versammelten Gemeinde zu Gott sprach: Hochwürden Stocklin, der Herr Pfarrhelfer.

Hochwürden Stocklin lehrte uns im Religionsunterricht, wie man zu beichten habe. Nachdem er das Verfahren und den Sündenkatalog erklärt hatte, sollte sich einer melden und vor der Klasse probehalber eine Beichte ablegen. Ich meldete mich, und da es ja nur eine Probe war, keineswegs der Ernstfall, fabulierte ich ein buntes Sündenregister zusammen. Als ich bekannte: Ich habe insgesamt dreimal die Frau Malermeister Bertschi begehrt, brannte Hochwürden Stocklin die Sicherung durch. Er zerrte mich an den Haaren, bis ich blutete. Heulend bin ich zu meiner Mutter gerannt, aber als tapferer Bub präsentierte man seine Wunden mit einem gewissen Stolz, und niemandem wäre es damals in den Sinn gekommen, Stocklins Jähzorn mit dem Zölibat oder sexuellen Frustrationen zu erklären. Vor fünfzig Jahren war es selbstverständlich, dass Hochwürden Stocklin am Altar ein anderer war, ein Herr der Wandlung, der aus Wein Blut, aus Brot den Leib machte. Als Wandler wandelte er über uns, auch über der eigenen Sündhaftigkeit, und es war der Wandler, nicht der Jähzornige, der am Altar die Hand zum Segen hob. Ite missa est. Deo gratias.

Mit elfeinhalb Jahren wurde ich Zögling der Stiftsschule Einsiedeln. Wir trugen bodenlange Kutten, die wir von Vorgängern übernahmen, und bildeten, nach Größe geordnet, ein namenloses Carré. Wir waren Glieder eines Massenkörpers und sollten in der Wiederholung des stets gleichen Tages einen Vorschein der Ewigkeit erfahren. Wir schliefen in Schlafsälen, Gitterbett an Gitterbett, und nachts nahm man teil an einem Traum, den der Massenkörper träumte: von Titten, von Autos, von Schokolade und Schnitzeln. Damals, in den sechziger Jahren des letzten Jahrhunderts, lebten zweihundert Mönche im Kloster, dreihundert Zöglinge und fünfzig Brüder. Jeweils nach der Vesper zogen wir vor die Schwarze Madonna, die im hinteren Teil der barocken Stiftskirche einen gotischen Tempel aus schwarzem Marmor bewohnte. Jeden Morgen wurde sie vom Vestiaribruder, ihrem Kammerdiener, eingekleidet, und ihre Gewänder hatten jene Glockenform, die im Escorial Philipps II. bei den ersten Damen Mode gewesen war. Das Carré verneigte sich in Ehrfurcht, von den Jüngsten, die noch Kinder waren, bis zu den Ältesten, greisen Mönchen, hinter denen, wie geflüstert wurde, der Tod lauerte mit Stundenglas und Sense. Das Carré bestand nur aus Männern, aber über den gebeugten Nacken schwebte die Madonna, die Heilige Mutter mit dem Kind, umkränzt von einem Gewitter aus Blattgold, das flache, aus Ebenholz geschnitzte Gesicht eine Maske des lächelnden Schweigens. Salve Regina, mater misericordiae, sei gegrüßt, Königin, Mutter der Barmherzigkeit.

Mit fünfzehn Jahren gehörte ich zu den Gründern eines Atheisten-Clubs. Wer Mitglied werden wollte, musste eine Prüfung ablegen. Während des sonntäglichen Pontifikalamtes hatte man in den Dachstuhl der Klosterkirche zu steigen und durch ein Loch in der Weihnachtskuppel einen Papierflieger hinuntersegeln zu lassen, mit einem atheistischen Satz beschriftet. Auf meinem Flieger stand: »Religion ist der Wille zum Winterschlaf, Nietzsche«, und Sie können sich vorstellen, wie dieser Satz in der frommen Wallfahrtskirche einschlug. Entsetzen machte sich breit, und natürlich hatte es der nächste Zögling, der, um in den Club aufgenommen zu werden, seinerseits einen Flieger mit Sprengsatz absenden musste, schwerer als der Präsident, der den Anfang gemacht hatte, oder ich, der Aktuar, dem diese Prüfung eingefallen war. Das Sonntags-Amt wurde spannend wie ein Krimi. Unter den Gläubigen waren lauter Sub-Präfekten postiert, die wie Flab-Schützen in die Höhe starrten, zum Gewölbe hinauf, aus dem früher oder später etwas Weißes herausflügelte. Der Heilige Geist war es nicht, aber wieder ein geistvoller Satz, denn unter der Anleitung unseres Präsidenten lasen wir fleißig Feuerbach und Sartre. Als ich diese Lektüre in den Sommerferien fortsetzte, verschlug es dem Vater die Sprache. Doch nicht genug damit. Die Satzung des Atheisten-Clubs verbot es mir, zu Hause die Messe zu besuchen, und natürlich hielt ich mich daran, schließlich hatte ich die Satzung gemeinsam mit dem Präsidenten entworfen. Die Mutter weinte bittere Tränen. Sie leide an einer großen Schuld, gestand sie mir, sie habe zwei tote Kinder geboren. Da ungetauft, seien sie von der Auferstehung der Toten ausgeschlossen und müssten ewig im Limbus verharren. Das Wort kannte ich. Der Limbus war nicht Himmel, nicht Hölle, nicht Fegefeuer, aber erst durch die schluchzende Mutter nahm der Nicht-Ort Form und Gestalt an. Nun war er auch für mich wie für die Mutter ein im Jenseits gelegenes Embryonen-KZ. »Als Freigeist kommst du in die Hölle«, schrie die Mutter, »das Fleisch von meinem Fleisch ist verdorben.« Um sie zu beruhigen, versprach ich, am Samstag zur Beichte zu gehen. Mein Vater, der das Unglück kommen sah, machte den Vorschlag, ich möge meine Beichte wie er und seine politischen Freunde bei Pater Othmar ablegen – Pater Othmar, ein uralter Kapuziner mit wallendem Bart, war vollkommen taub und der bevorzugte Beichtvater der oberen Funktionäre der Christlichen Volkspartei. Aber in meinem pubertären Stolz ging ich zu Hochwürden Stäuble, dem Dekan und Stadtpfarrer. Ich beichtete, ich hätte einen Atheisten-Club gegründet und würde für einen Gott, der schuldlose Embryonen bestrafe, nichts als Verachtung übrig haben. Hinter dem Gitter, das ich beflüsterte, hörte ich Laute der Entrüstung. Dann fragte mich Hochwürden Stäuble, ob ich mir ernsthaft einbilde, dass man für seinen Abfall von Gott von diesem absolviert werden könne. Ich antwortete, Atheisten-Club-geschult: »Wenn er tatsächlich allgütig und allmächtig ist, dann kann er das.« Hochwürden Stäuble warf mich raus, und nie werde ich den Kopf vergessen, aus dem Beichtstuhl hervorgereckt, eine violette Stola um den Hals, der mir mit großen, vom Entsetzen geweiteten Augen nachgestarrt hat.

1974 wurde ich Student an der Freien Universität Berlin. Religion existierte hier nur noch als vergleichende Religionswissenschaft, Philosophie nur noch als Gesellschaftswissenschaft – Gott, Metaphysik, Transzendenz: lauter alte Hüte. Ich rettete mich in eine Platon-Vorlesung von Professor Michael Landmann. Landmanns Mutter hatte zum George-Kreis gehört; er war jüdisch, Schweizer, ein vornehmer Herr, den seine Kollegen und die Studenten wie Dreck behandelten. Um mich für diesen Vortrag an ihn zu erinnern, habe ich einen Essay gelesen, den Landmann in der von Mircea Eliade und Ernst Jünger herausgegebenen Zeitschrift *Antaios* veröffentlicht hatte. In diesem Essay beschreibt Michael Landmann hellsichtig den Riss, der damals durch die Welt gefahren ist. In seiner Vorlesung und seinen Seminaren wird er sich ähnlich geäußert haben, aber ich war damals, vier- und fünfundzwanzig Jahre alt, weder willens noch fähig, ihn zu verstehen. Denn die Studentenrebellion, die Landmann als Satyrspiel einer großen Tragödie empfand, als Konsequenz aus der Vernichtung der griechisch-biblischen Welt, war für mich ein Aufbruch, eine sexuelle Befreiung, das Startsignal, wie ich in meiner studentischen Naivität meinte, in eine gerechtere Gesellschaft. Nur: Glücklich machte er mich nicht, dieser Aufbruch. Eher war das Gegenteil der Fall. Ich hatte Heimweh nach den verlorenen Ober- und Überwelten, meine metaphysischen Antennen zappelten ins Leere, deshalb saß ich ja als einer von drei oder vier Hörern bei Landmann und plagte mich mit Platon ab. Ich glaubte nach wie vor, es müsse ein Ewiges geben, und verliebte ich mich, war die Liebe, um es mit Jean Paul zu sagen, »angewandte Unendlichkeit«. Warum verliebe ich mich gerade in diese Frau? Und warum geschieht es auf den ersten Blick? Weil die Be-

gegnung, nach Platon, ein Wiedererkennen ist. Weil diese
Frau, gerade diese, meiner Anima entspricht – durch Ute
hindurch küsste ich das Absolute, mein Urbild der Frau.
In der Liebe, stellte ich damals fest, war ich immer noch
religiös. Ich betete die Frauen an, wie ich es an der Seite
der Mutter und später als Glied des Massenkörpers vor der
Schwarzen Madonna gelernt hatte. Ja, zum letzten Mal befand ich mich in einem heiligen Bezirk. Er war so groß wie
die Matratze meiner Kreuzberger Wohnung. Hier wurde der
Mutterglaube wieder wach. Hier war ich mit Platon und
Landmann überzeugt, dass unsere Seele vor der Geburt alles in seinem Wesen geschaut hat. Wird die Seele geboren,
vergisst sie das Geschaute. Aber das Vergessen, so hat es
Thomas von Aquin gelehrt, hat der Seele die *inquietudo
desiderii* eingepflanzt, die Unruhe des Verlangens. Jedes
Lebewesen, ob Mensch, Tier oder Pflanze, möchte sich ins
Unwandelbare zurückverwandeln, möchte heimkehren in
die Schau des Ganzen, ins Absolute, und da wir der Zeit
verhaftet sind – auch das steht beim Aquinaten –, richtet
sich das Begehren eben auf das Konkrete, auf Ute.

Das Begehren blieb, das Absolute verschwand.

Warum es geschah, weiß ich nicht, aber dass es geschah,
weiß ich, ich habe es miterlebt. Viele von uns haben es
miterlebt, und wie die meisten habe auch ich kaum ge-
merkt, dass überhaupt etwas geschah. Es war an der Zeit,
wie man sagt, und erst heute, als älterer Mann, vermag
ich zu ermessen, dass der Riss, den Landmann seinerzeit
diagnostiziert hat, nicht nur durch mein Leben ging, sondern durch die gesamte Welt. Landmann verweist in seinem *Antaios*-Essay auf eine Geschichte, die von Plutarch

stammt. Im 17. Kapitel seiner Schrift *Vom Untergang der Orakel* erzählt Plutarch eine sonderbare Begebenheit. Ein Schiff unter dem Kommando des ägyptischen Kapitäns Thamus fuhr eines Tages an der Insel Paxoi vorbei. Da riefen sie vom Ufer herüber: »Thamus, Thamus, wenn du gegenüber Palodes kommst, dann verkünde dorten: Der große Pan ist tot.« Alle erschraken und berieten, ob sie den Auftrag ausführen sollten. Thamus fasste den Entschluss, bei Wind an der Insel vorüberzufahren, bei Windstille jedoch zu melden, was er gehört habe. »Als man gegenüber Palodes ankam, war weder Wind noch Wellengang. Thamus stellte sich an die Reling, blickte zum Land hin und rief: ›Der große Pan ist tot.‹ Da erhob sich auf der Insel ein lautes Wehgeschrei, nicht eines Einzelnen, sondern vieler, vermischt mit Ausrufen des Entsetzens.« Laut Landmann hat man die Geschichte des Plutarch schon früh christlich gedeutet. In diesem Verständnis ist der Tod des Pan, der nicht zufällig in der Zeit des Kaisers Tiberius eintrat, also in der Zeit des Erscheinens Christi, das Symbol für den Untergang der heidnischen Antike. Aber die Geschichte, schließt Landmann den Essay, zeigt auch: Götter sind sterblich.

Vor einigen Jahren fuhr ich auf einem alten Auswandererkahn von Durban, Südafrika, nach Indien. Die Passage dauerte mehrere Tage, und die ganze Zeit schien das Schiff am Pol der uns umgebenden, anscheinend immer gleichen Meerwölbung zu kleben. Um festzustellen, dass wir Fahrt machten, musste man die aufgewühlte Hecksee betrachten oder an der Reling in die Tiefe blicken, wo die Wellen an der Bordwand entlangschossen. Und dann gab es da noch ein Zeichen, das zunehmend deutlicher zeigte, dass wir unterwegs waren: wenn die Moslems an Deck kamen, ihre Gebetsteppiche entrollten und sich gegen Mekka verneigten. Ein Schiffsoffizier mit gezücktem Kompass gab ihnen jeweils die Richtung vor, und da sich Mekka mit jeder Seemeile weiter nach Westen verschob, drehten sich die Betenden wie Kompassnadeln mit, von ihrem Heiligtum magnetisch angezogen. Meist stand ich mit einem Major Philips, übrig geblieben aus britischen Kolonialzeiten, an der Bar, leicht angesoffen, ein wenig fiebrig, und beide verstummten wir, wenn das ganze Schiff zum Gebetsraum wurde: Allah-il-Allah auf dem Oberdeck, auf den Unterdecks, in den Sälen, in den Korridoren.

Auf jenem Schiff wurde ich mit der Frage konfrontiert, wie ich es mit der Religion halte. Ich war nie aus der Kirche ausgetreten, aber war ich noch katholisch? Oder eine Karteileiche des Atheisten-Clubs? Mitten auf dem Indischen Ozean wurde mir klar, dass die Frage nach meiner Religionszugehörigkeit möglicherweise nicht mehr mir gehörte.

Vor einiger Zeit suchte ich wegen eines Bandscheibenvorfalls einige Male die Praxis eines türkischen Arztes in Berlin Kreuzberg auf. Der Arzt bot mir jeweils Tee an, wir kamen ins Gespräch, ich erfuhr, dass er seine beiden Kinder in die Heimat geschickt hatte, zur Großmutter. Sie sollten das Gymnasium in Istanbul besuchen – in Kreuzberg sei ihm das Klima zu fundamentalistisch, zu fanatisch. Dass ich den Namen des Arztes verschweigen muss, um ihn nicht zu gefährden, mag zeigen, wo wir angekommen sind. Viele Türken und Araber, vor allem jene, die im Westen aufgewachsen sind, haben Heimweh nach einer Heimat, in der sie noch niemals waren. Es ist eine metaphysische

Heimat, doch besitzt dieses überirdische Land ihrer Sehnsucht auch sehr irdische Fernsehsender, die via Satellit in die Kreuzberger Wohnungen und Teestuben hineinpredigen. Uns halten diese jungen Männer für gottlose, verdorbene Leute, und jeder Kiosk gibt ihnen recht, jede leere Kirche, jedes Grab, das auf vergessenen Friedhöfen verlottert. Es ist die alte Geschichte. Pan, jetzt auf unserer Seite, stirbt wieder.

Ich habe Ihnen meine religiöse Biographie erzählt, weil sie zeigt, was und wie viel sich in wenigen Jahren verändert hat. Die Kirche, in meinem Fall ist es die katholische, hat in unseren Breitengraden ihre Mütterlichkeit verloren. Mit dieser Mutter habe ich sehen, reden, glauben, beten, denken gelernt. Muttersprache, Mutterglaube, das war für mich dasselbe. In der Pubertät wehrte ich mich dagegen, ich wollte eine eigene Sprache sprechen und musste wenig später feststellen: Die Worte, die früher der Kirche gehört hatten, lagen jetzt frei herum, durften nach Belieben in den Mund genommen und auf alles Mögliche angewendet werden. Zum Beispiel das Wort Opfer. Während sich Theologen auf einmal scheuten, vom Messopfer zu reden, gab sich alle Welt als Opfer aus, als Opfer der Eltern, der Verhältnisse, des Kapitalismus et cetera. Andere Mutterwörter, die eben noch heilig gewesen waren, galten über Nacht als giftig. Das Wort Wandlung wurde durch Veränderung ersetzt, das Wort Auserwähltheit als rassistisch empfunden. Ich könnte die Liste beliebig fortsetzen. Epiphanie, so was gehört heutzutage in die Klinik. Der Satan, das Wunder, die Heiligen sind in die Literatur emigriert. Auch ich, muss an dieser Stelle gebeichtet werden, habe den allgemeinen

Missbrauch der Worte mitgemacht. In Calderóns *Welttheater* heißt eine Figur »Das Gesetz der Gnade«. Angestachelt von Voltaire, der vom »Gnadenterror« spricht, habe ich in meiner Bearbeitung des Dramas das Gnaden-Gesetz gestrichen.

Wie kam es zum Riss? Ich weiß es nicht. Ich konnte Ihnen nur erzählen, dass ich ihn am eigenen Leib erlebt habe. Und vielleicht darf ich Ihnen sagen, was er für uns bedeutet. Wieder fährt das Schiff des Kapitän Thamus an einer Insel vorüber – es ist die Insel, die Shakespeare in seinem letzten Stück, im *Sturm*, zur Bühne gemacht hat. Am Strand steht Prospero, ein alter Mann, und entledigt sich jener Gewänder, die el autor, der Schöpfer, zu Beginn von Calderóns *Welttheater* angezogen hat. Prospero spricht: »So brech ich meinen Stab, / Begrab ihn manche Klafter in der Erde, / Und tiefer als die Fische je geschwommen / Will ich mein Buch ertränken.«

So endet in Shakespeares *Sturm* Calderóns *Welttheater*. Ohne Zaubermantel ist Prospero nackt, ohne Buch wehrlos, Vorhang.

Nachtragen möchte ich, dass Papst Benedikt die Lehre vom *limbus infantium* zurückgenommen hat. Für meine Mutter kam die Korrektur zu spät, sie hat sie nicht mehr erlebt und musste noch auf ihrem Sterbebett fürchterliche Ängste ausstehen. Sie fürchtete, für die Geburt eines Kindes, das nicht getauft werden konnte, im Feuer bestraft zu werden. Meine Versuche, ihr diese Angst zu nehmen, sind gescheitert – so gut war die Ausbildung im Atheisten-Club eben doch nicht gewesen.

Papst Benedikt gebührt das große Verdienst, durch seine

Lehre und sein Wirken die Angst aus der Kirche verbannt zu haben. Ich lebte in Berlin, als er die Hauptstadt seiner Heimat besucht hat, und über sechzig Institutionen, Vereine, Gruppen gegen den Heiligen Vater ein gewaltiges Protesttheater inszeniert haben, von den Medien mit vollen Breitseiten unterstützt. Spätestens in diesem Moment bin ich wieder in die Opposition gegangen, wie damals, als Aktuar des Atheisten-Clubs. Nur diesmal auf der andern Seite. Zu denen, die den Tod des Pan fordern, möchte ich nicht gehören. Denn eins scheint mir klar zu sein: Das Abendland war und ist ein Christentum, das aus jüdischer Religion und griechischer Philosophie geboren wurde, und wird diese Kultur vernichtet, vernichten wir damit uns selbst. Die Glocken jubeln nicht mehr. Sie künden von Gefahr und Untergang.

Warum hat die Heilige Mutter, der noch vor fünfzig Jahren die Worte und die Welt gehört haben, ihre Sprache, das Latein, aufgegeben? Warum hat sie sich in den alten, nackten, von der Meute gehetzten Prospero verwandelt und mutwillig ihr Buch versenkt? Vielleicht geschah es im Vertrauen auf die Wandlung, im Glauben daran, dass dem Tod die Auferstehung folgt. Vielleicht halten wir dank dieser Hoffnung das Leben aus – und das Sterben auch.

Nach einem Autounfall saß ich schwerverletzt am Straßenrand. Wie sich später herausstellen sollte, hatte ich fast die Hälfte meines Bluts verloren. Ich betastete das taufeuchte Gras und dachte: Wie schön ist das Gras. Dann sah ich einen Straßenpfosten und weinte vor Glück: Hatte ich je eine derart vollendete Form gesehen? Es war eine Nacht im Mai, dem Marienmonat. Ich hatte es geschafft, nachdem ich aus dem zertrümmert auf dem Dach liegenden Wagen gekrochen war, bei einem nahen Mehrfamilienhaus die Klingeln zu drücken, doch vergeblich, alles schlief. Nein, ein fünf Monate altes Baby war erwacht. Sein Weinen weckte die Mutter. Sie legte das Kind an ihre Brust und trat mit ihm ins Fenster. Ich war bereits hinüber. Ich habe sie nicht mehr gesehen. Aber sie sah mich – und veranlasste meine Rettung. Sie, eine junge Frau, die in dieser Nacht zugleich die Mutter der Barmherzigkeit war, die Königin mit dem Kind, von Sternen umkränzt.

L'Esprit de l'escalier

Über die Treppe

Wir nannten ihn Doktor. Er war Assistenzprofessor an der FU Berlin, seine Vorlesungen hatten Kultstatus, und wer den Zugang zu seinen Seminaren suchte, musste sich in seiner Wohnung am Kurfürstendamm zu einem persönlichen Gespräch einfinden, wozu er Tee und Schokoladenplätzchen kredenzte. In meinem Fall stand der Doktor nach wenigen Minuten auf, sah mich mit stahlblauen Augen an und sagte: »Die Philosophie ist nicht Ihr Fach. Dafür haben Sie kein Talent.«

Er begleitete mich zur Tür, und erst jetzt bemerkte ich, dass im hohen weißen Wohnzimmer ein einziges Bild hing: eine Landschaft mit Treppe, auf der untersten Stufe ein Junge, auf der obersten ein Mädchen. Ich blieb stehen, wie gebannt. »Der Junge sind Sie«, sagte ich, er nickte, worauf ich, ohne nachzudenken, fortfuhr, der Junge sei gut getroffen, er wirke frisch und lebendig, während mir das Mädchen, wohl seine Schwester, trotz lächelnder Lippen und rötlicher Wangen wie eine Tote erscheine. Der Doktor schwieg eine Weile. Dann erlaubte er mir, an seinem Seminar teilzunehmen.

Was war passiert? Ich hatte ins Schwarze getroffen. Das Ölgemälde zeigte ihn selbst, den Doktor, als Knaben und seine ältere Schwester, die im Dezember 1944 beim großen

Bombardement von Hannover im Elternhaus verbrannt war. Von diesem Haus, einer Villa, war nur die Treppe übrig geblieben. Deshalb hatte der unbekannte Künstler, der Jahre später, um 1950 herum, im Auftrag der Eltern beide Geschwister, das tote und das überlebende, in einem Bild vereinigen sollte, die sinnlos aus der Trümmerlandschaft ragende Treppe in den Mittelpunkt des Bildes gesetzt. Sie verband den Jungen mit der Schwester, doch bestand zwischen ihnen nicht nur die Distanz mehrerer Stufen, sondern ebenfalls eine Differenz, die sich aus der Malweise ergab. Der Junge war nach dem Leben, das tote Mädchen nach einer Fotografie porträtiert. So zeigte der Junge, damals siebenjährig, mit seinen stahlblauen Augen dem Betrachter ein freches, vifes Grinsen, während das Mädchen etwas Flächiges und Verklärtes hatte – als wäre sie in einer fernen, längst versunkenen Zeit erstarrt.

Vor dem golden gerahmten Ölbild hat im November 1974 die wichtigste und komplizierteste Phase meiner Lehrjahre begonnen. Ich wurde zum Schüler des Doktors.

Die Mutter aller Treppen verbirgt sich in Platons Gleichnishöhle. Sie führt aus dem Dunkel der Täuschungen zum wahren, sonnenbestrahlten Sein empor, von der Unter- in die Überwelt. Das bedeutet, auf Platons Treppe kann man nur auf-, niemals absteigen, und eben dies war über viele Jahrhunderte, bis zu Hegel, das vornehme Geschäft der Treppe: uns emporzutragen, uns aufsteigen zu lassen. Selbst wir Heutigen, die Generation Lift, verbinden mit der Treppe eine Schwingung nach oben – unsere Körpersprache verrät es. Wer das Wort Wendeltreppe gestisch unterstützt, wird mit dem Finger immer nach oben spiralen, nie nach unten.

In Platons Höhle ist jedem Bewohner ein fester Platz zugeteilt, eine Art Kinositz, denn im Rücken der Sitzenden brennt ein Feuer, vor dem Figuren auf und ab wandeln, und die Schatten, die sie auf die Leinwand werfen, sieht das Höhlenkinopublikum für die Realität an. Klar, hier könnte man sitzen bleiben, die vermeintliche Realität, die nur Schein ist, kommt einem nie zu nah. Aber die Außenwelt lockt, mit der Zeit wird einem der ewig gleiche Film ein bisschen langweilig, und ohne zu bedenken, was dich erwarten könnte, stehst du plötzlich auf. »Ich wage es«, rufst du den anderen zu. »Ich gebäre mich aus der Höhle ins Leben. Ich nehme die Treppe.«

Mutig gehst du los, das heißt, du hebst den Fuß, aber bevor du ihn auf der ersten Stufe abstellen kannst, wirst du erfahren müssen, dass man einer Mythenhöhle nur als tragische Figur entkommt. Auf einmal hast du einen Klumpfuß wie Ödipus; wie Sisyphos sollst du einen Stein vor dir herwälzen und wie Christus ein schweres, zu deiner Tötung bestimmtes Kreuz nach oben schleppen. Bitte sehr, dann schleppen wir halt, sagst du dir und machst dich an die Erfüllung deiner Aufgaben. Als würdest du flüssiges Blei durchstapfen, hievst du den Fußklumpen von Stufe zu Stufe, rollst den Stein und trägst dein Kreuz. Der Stein poltert immer wieder nach unten, und das Kreuz beginnt auf deiner Schulter wie ein Baum zu wachsen, es treibt Wurzeln, Äste, Blüten und bringt dich, je höher du kommst, desto schlimmer zu Fall. Erst schlägst du dir an den rohen, aus dem Felsen gehauenen Stufen die Knie blutig, dann das Kinn, die Stirn, die Nase, und wenn du, vom Stein überrollt, vom Kreuz begraben, mit deinen gebrochenen Gliedern zum hundertsten Mal auf dem Bauch liegst und hoch über dir einen Lichtriss erblickst, lässt sich der Verdacht, du könntest den falschen Weg gewählt haben, nicht mehr verscheuchen. Ist die Treppe zum Ausgang tatsächlich so lang? Bist du in ein Labyrinth geraten? Lauert der Minotauros auf dich? Wo bleibt Veronika mit dem Schweißtuch, wo der nette Passant, der dir tragen hilft? Wie sollst du das wissen – bisher hast du mit Täuschungen gelebt, mit Bildern, mit Projektionen, und erst jetzt, im hilflosen Versuch, durch diesen Schacht der Scheinwelt zu entkommen, lernst du allmählich die Wirklichkeit kennen. Tage vergehen, dann Monate, schließlich Jahre, und immer öfter passiert es dir, dass du vergisst, wozu du angetreten warst. Aber die Sehnsucht nach Licht und Luft wirst du nie ganz los, und ohne sagen zu können, ob du die richtige Richtung getroffen hast, machst du dich mit deinem Mythengepäck erneut auf den Weg zu jenem weit entfernten Ende hinauf, wo tagsüber der Riss leuchtet und nachts inmitten der Finsternis eine blaue Blume blüht. Nach weiteren Wochen, Monaten, Jahren ahnst du, dass dein umständliches Steigen, Kreuzschleppen, Steinrollen und Klumpfuß-Hochhieven die Treppe nicht etwa bezwingt, sondern verlängert, und in einer Mittsommernacht, da die blaue Blume in ihrem Kelch einen winzigen Stern erglitzern lässt, kannst du förmlich sehen, wie die letzten Stufen ins Unendliche übergehen. »Aber ich wollte doch in die Wirklichkeit«, rufst du aus, und wie ein irres Gelächter fällt das Echo deines Schreis in die Tiefe. Als es verklungen ist, liegst du zum tausendsten Mal auf dem Bauch, ein nackter, verrunzelter Greisenkörper, und was du für deinen Bart hältst, ist vertrocknetes, über mehrere Stufen lappendes Blut. Hast du dir beim Aufprall eine Gehirnerschütterung geholt? Nein nein, dein Verstand ist vollkommen klar, so klar wie noch nie – du näherst dich mit allmählich versiegenden Kräften deinem Ziel. Umgekehrt, das Ziel nähert sich dir.

»Ein Kaiser kann nicht im Lift fahren«, schreibt der Dichter Reinhold Schneider in seinem Abschiedsbuch *Winter in Wien*. Stimmt, in der Wiener Hofburg transportierten Lifte Speisen und Waren, niemals Ihre Majestäten und deren Entourage. Das hatte einen Grund. Das Geheimnis der Treppe, ihre Verwandlungskraft, war dem Hof stets gegenwärtig: Indem die Herrschaften über die gelassenen Stufen der säulengetragenen Treppenhäuser emporstiegen, fühlten sie am eigenen Leib, wie sie vom Gewöhnlichen ins Außergewöhnliche erhoben wurden.

Die Zeit der Kaiser und Treppen ist vorbei, aber noch in meiner Jugend, als Klosterschüler, habe ich beobachten können, wie eine Kaiserin die Treppe nahm. Richtiger gesagt: wie eine Treppe die Kaiserin nach oben trug.

Es war am Tag vor Sankt Hilarion und der vernebelte Novembernachmittag kurz vor dem Eindunkeln, als das altertümliche Automobil in den Hof des Abteiflügels hereingerumpelt kam. Das Kloster Einsiedeln kannte diesen Wagen, und vor allem kannte es dessen Hupe. Sie wurde nicht vom Chauffeur, sondern vom Rücksitz aus bedient und tönte wie Ferkelgequieke. Dreimal jetzt das Quieken, und den Mönchen, den Brüdern, uns Zöglingen war klar: Zita ist da, die Kaiserin!

Die Kaiserin lebte seit dem Untergang der Monarchie und dem frühen Tod ihres Gatten, des unglückseligen Kaisers Karl, im Schweizer Rheintal im Exil. Sie war eine große Beterin, verehrte die Muttergottes und suchte hie und da den Abt von Einsiedeln auf, Meinradus den Dämmerer, um an dessen ertaubten Ohren lange, schwermütige Beichten abzulegen.

Das Kaisermobil legte an den Stufen zur Pforte an; Graf Gömbös, der letzte Oberchauffeur des untergegangenen Kaiserreiches, öffnete mit einer tiefen Verbeugung den Schlag, und nun begann ein großer, ein langwieriger Aufstieg, dem wir schwarz bekutteten Zöglinge, im Treppenhaus wie Kadetten aufgestellt, jeweils beiwohnen durften. Die Kaiserin, das Haupt tief gesenkt, die Rechte über den Stock geknauft, stocherte sich mit zittrigen Hieben Stufe um Stufe nach oben. Das Hütchen war nach vorn hin gespitzt und ließ schwarzen Tüll hervorschleiern, der sich wie ein Sargtuch über den schier waagrechten Rücken legte. Das Steigen musste für Zitas morsche Knochen, für das gebrochene Herz und die heftig keuchende Lunge eine einzige Qual sein, aber selbst dann, wenn es einen Lift gegeben hätte, würde sie ihn nicht benutzt haben.

Unser Präfekt, der Gütige, und einige seiner Mitbrüder warfen sich flach auf den Boden, um Ihrer Apostolischen Majestät, wenn sie oben ankäme, die Füße zu küssen, und selbst wir Zöglinge, die nachts mit Kopfhörern die Stones hörten, begannen zu ahnen, dass sich im beschwerlichen, jedoch siegreichen Aufgang der Kaiserin eine Metapher enthüllte. Die Treppe hatte sie in eine höhere Sphäre geführt. Oben erwartete sie der alte Glanz der Kaiserkrone.

Als Ministrant war ich häufig Zeuge, wie eine einfache, gar verschmutzte Treppe ihre Benutzer verwandelte. Deshalb wurde das sogenannte Staffelgebet »Introibo ad altare« auf der untersten Stufe gesprochen: Es war die Bitte, den Weg nach oben antreten zu dürfen und jene Staffel zu erreichen, die den Priester mit der Aura des Heiligen versah. Den steinernen Stufen folgten die geistigen – so schuf die Treppe jene Rampe, auf der ein gewöhnlicher Mensch zum Gottesmann werden konnte, zum Messpriester, der aus Brot Fleisch, aus Wein Blut machte.

Noch in den frühen sechziger Jahren ging an Fronleichnam eine Prozession mit dem Allerheiligsten durch die Stadt Zug, die sich an diesem Frühsommertag mit einer ganzen Reihe von Altären schmückte. Die säumten überall dort, wo es Stufen gab, den Weg der Prozession und erhoben die Aufgänge zur Post oder zum Regierungsgebäude, aber auch zu Wohnhäusern und Mietskasernen, mit Teppichen, frischgrünen Birkenzweigen und Kerzentischen ins Erhabene. Im Alltag eilte man achtlos über diese Stufen hinweg, und nur an Fronleichnam wurde sichtbar, dass der wahre Dienst einer Treppe darin besteht, die Überwelt zu erreichen. Fronleichnam ließ die Treppen der Stadt Zug transzendieren. Indem sie einen Vormittag lang Altäre trugen, stiegen diese Stufen über sich selbst hinaus.

Die Ärmsten der Armen haben dies schon immer gewusst und sich mit Vorliebe auf Kirchentreppen angesiedelt. Für den Obolus, den die Passanten fallen ließen, erhielten sie in der Regel keinen Dank, denn nach dem Gesetz der uralten, in der Treppe immer noch wirksamen Hierarchie siedelten die Bettler eine halbe Etage höher als die, die von unten kamen und froh sein mussten, dass die Bettler bereit waren, ihnen an diesem zugigen Ort den Zoll abzunehmen.

Was legitimiert mich, über die Treppe zu sprechen? Ich bin ein Schüler des Doktors, ich möchte an seine Lehre erinnern, und es versteht sich von selbst, dass ich mich bei meinen Ausführungen an eine bei ihm gelernte Methode zu halten habe. Es war ein schwieriges Lernen gewesen, aber mit der Zeit begann ich zu begreifen, dass mich der Doktor bei meinem Besuch in seiner Wohnung nicht zufällig, sondern mit Absicht vor das Ölbild geführt hatte. Das war die eigentliche Prüfung gewesen. Er hatte feststellen wollen, ob ich die Eigenschaft besaß, von einem Phänomen berührt, ja beeindruckt zu werden, und in der Tat, diese Eigenschaft besaß ich. Die Treppe in der Trümmerlandschaft, unten der kecke Junge, oben das verklärte Mädchen, war mir ins Auge gesprungen, und zwar so sehr, dass ich noch Tage danach überall Treppen sah, Treppen in der Stadt, Treppen in meiner Erinnerung, ja sogar in Hegels *Phänomenologie*.

Den Begriff »L'Esprit de l'escalier« hat Diderot geprägt. In seinem *Paradoxe sur le Comédien* erzählt er, wie ihm in einer Diskussion die Schlagfertigkeit fehlte, um seinem Gesprächspartner zu widersprechen. Erst beim Abgang, auf der Treppe, fiel ihm das richtige Wort ein. Daraus zog der Philosoph den Schluss, die Treppe habe Geist und sei imstande, uns zuzuflüstern, was uns vorhin, im Salon, nicht eingefallen war.

Was hat uns der Geist der Treppe zu sagen? Was wird uns in der Dämmernis der Treppenhäuser zugeraunt, wenn wir den illustren, von Gastgebern, Gästen und Meinungen erfüllten Salon verlassen haben?

Es ist eine einfache Botschaft. Die Treppe sagt uns, dass sie sich auf dem Abstieg befindet, dass ihre große Zeit vorbei ist. In der Tat, die letzten großen Treppen haben Hegel und ein gewisser G. B. Ismay errichtet, wobei der Philosoph wie der Reeder mit ihren Bauten derart hoch gegriffen haben, dass es danach nur noch abwärts gehen konnte.

Hegels schwindelerregende Treppe, so Heidegger, »war die erste philosophische Geschichte der Philosophie, die erste angemessene Geschichtsbefragung, aber auch die letzte und letztmögliche dieser Art«. Warum? Ein System, das das Wissen über alle Stufen der Ideen bis zum absoluten Sichselberwissen auftürmt, erst noch in einer Bewegung auftürmt, weniger in Stufen, eher in Wogen, so dass Hegel gleichsam nebenher die Rolltreppe erfunden hat, führt zwar in die Vollendung, kippt aber zugleich in den Untergang: L'Esprit absolu de l'escalier, das ist die Treppe auf dem höchsten Höhepunkt, also am Ende ihres Aufstiegs, also am Anfang ihres Abstiegs. Nach Hegel wurde nie mehr in Stufenfolgen gedacht, mit ihm hat sich die Treppe aus der Philosophie verabschiedet.

G. B. Ismay war der Reeder der Titanic, und seinem Hang zu Kitsch und Größe folgend, hatte er im Innern des Dampfers eine über sieben Decks und Etagen in den Speisesaal hinabführende Treppe errichten lassen. Vorbild war die Showtreppe des Broadway, und wie diese war die Titanic-Treppe nur für Auftritte geeignet, für ein Herabschweben der First-Class-Passagiere zum Dinner. Danach nahm man die Lifte. Die Ladys dachten nicht daran, dem Saal ihre Derrières zuzukehren, und die Gentlemen waren zu vollgefressen, um sich über sieben Etagen hochzukämpfen an Deck oder in die Rauchsalons. So wurde auf der Riesentreppe der Titanic niemals auf-, stets nur abgestiegen, und es war am 14. April 1912, um 23 Uhr 40, auf 41° nördlicher Breite, 30° westlicher Länge, als sich die Treppe zu neigen begann. Mit der Titanic ging sie unter, und zwar nicht nur die Treppe der Titanic, sondern – das war ihr bitterer Witz – die Treppe als Treppe. In dieser Größe gab es sie nie mehr, ihre Zeit war vorbei.

Treppen sprechen, und mittlerweile sprechen sie von ihrem Ende. Dass sie in Hochhäusern oder, um nur ein Beispiel zu nennen, auf dem geplanten Berliner Großflughafen nur noch als Nottreppen vorkommen, spricht zuallererst die Not der Treppe aus. Der moderne Terminal braucht sie nicht mehr, höchstens bei Staats- oder Papstbesuchen, die, ihrerseits zum Anachronismus geworden, die Gangway als museales Requisit enttarnen.

Auch in den Gotteshäusern ist die Treppe und mit ihr der Altar abgeschafft worden. Papst Johannes XXIII., der römische Gorbatschow, und das Vatikanische Konzil nahmen der katholischen Kirche nicht nur die Sprache, sondern ebenso das Geheimnis, die Aura. Der Priester wurde auf die Ebene des Volkes heruntergeholt und dadurch der Wandlungskraft beraubt. Dass die christlichen Kirchen, zumindest in unseren Breitengraden, den Zugang zum Absoluten verloren haben, zeigen auch die Bettler – heutzutage siedeln sie nicht mehr im Aufgang zur Oberwelt des Glaubens, sondern vor dem Einstieg in die Unterwelt der U-Bahn-Systeme.

Aber hallo, werden Sie an dieser Stelle einwenden, wird das Leben für jene, die an Krücken gehen oder in Rollstühlen sitzen, durch das Verschwinden der Stufen nicht angenehmer? Mag sein. Sie bewegen sich leichter. Aber ich fürchte, die eigentliche Absicht hinter solchen Maßnahmen und Vorschriften ist das Nivellement, die Einebnung. Denn vergessen wir nicht: Früher, als es noch Treppen gab, hatten die, die durch das Leid von Gott gezeichnet waren, in der Zwitterwelt zwischen Straße und Altar ihren Ehrenplatz – näher am Absoluten und über uns Passanten um eine halbe Etage erhöht. Die moderne Gesellschaft hat diesen Zwischenraum geschleift. Ob Kaiser, Priester oder Bettler: Unsere Zeit hat alle auf die unterste Ebene gebracht. Plattmachen, lautet die Devise.

Über Jahrhunderte führten Treppen wie in Platons Gleichnishöhle nach oben. Dann kam Hegel, ihm folgte G. B. Ismay, und die Treppe, noch einmal zu ihrer vollen Exzentrizität entfaltet, leitete ihren Abstieg ein. Nun führten Treppen, von einigen Ausnahmen und Anachronismen abgesehen, nach unten – wie auf der Titanic.

Und heute? Heute nehmen wir in der Regel den Lift. Oder die Rolltreppe. Allerdings ist dies eine Treppe, die sich im Sinn ihres philosophischen Anregers zugleich setzt und aufhebt. Auf der Vorderseite sieht das Menschentransportband tatsächlich nach einer Stiege aus; die Stehplätze werden von richtigen Stufen gebildet, auf der Rückseite jedoch nehmen sich die Stufen zurück, die Treppe vernichtet sich selbst. Ein nicht ungefährlicher Vorgang, auch für den Benutzer – ich habe es am eigenen Leib erlebt.

Im Herbstsemester 1996 war ich Visiting-Professor am Dartmouth-College in New Hampshire. Das Leben in der Fremde gefiel mir. Die Atmosphäre war so englisch wie der Rasen, der Glockenturm weiß, die Bibliothek gediegen und die Studenten von einem Fleiß, der mich überwältigte. Die Boys sahen aus wie Eishockey-Cracks, groß, breit, blond und kurzgeschoren, die Girls wie die Bardot, nur größer, viel größer, und die Kinnladen vom ewigen Kaugummikauen etwas ausgeleiert. Nette junge Leute. Dass ich, ihr Dozent, der kleinste und dickste war, störte mich nicht. Im Indian Summer loderten die Bäume, ich machte lange Spaziergänge am Fluss, besuchte Footballspiele und bewunderte in der Mensa etwa fünfzig verschiedene Obstsaftsorten. Und dann geschah's. Die Vorwürfe gegen die Weltkriegspolitik der Schweiz wurden laut, sehr laut – *wie* laut, mag die Beobachtung belegen, dass in den vier Monaten, da ich in den USA war, die amerikanischen TV-Nachrichten Europas Hauptstädte und Regierungen vollständig ignorierten, nie war von London, Bonn oder Paris die Rede, aber nun fuhr Abend für Abend fast auf jedem Sender ein blaues Züri-Tram über den Paradeplatz, und ein von moralischer Entrüstung triefender Korrespondent erklärte Amerika, dass wir Schweizer unseren Wohlstand aus den Gebissen von KZ-Häftlingen gebrochen hätten. Meine Kollegen am German Department zitierten mich vor ihr Gericht. Ich versuchte vergeblich, die historischen Zusammenhänge darzustellen, aber an Fakten waren sie nicht interessiert – unsere Schuld sollte ich bekennen, meine Scham sollte ich gestehen. Es war entsetzlich. Hitler hatte immerhin den Anstand besessen, sich von ihnen, den Amis, besiegen zu lassen, während wir Schweizer, ein einzig Volk von Zahngoldräubern, an toten KZ-Häftlingen reich und fett geworden waren. Fernab der Heimat war ich mittendrin. Ich bekam Fieber. Im Unterkiefer eiterte es. Ein Rückflug, meinte der Zahnarzt, käme nicht in Frage, aber egal, ich musste weg, ich floh, ich flog. Über dem nächtlichen Atlantik meinte ich, meine Kinnlade würde so groß wie die meiner Studenten, die passende Strafe für einen Zahngoldräuber, bei der Landung explodierte mein Schädel, ich näherte mich dem Delirium. Meine Mutter holte mich ab, und zwar mit mehreren Plastiktüten, worin sie das Nötigste für meinen leeren Eisschrank mitbrachte. Eine weitere Tüte enthielt zwei Flaschen Merlot sowie einen vorgekochten Hackbraten. Vielen Dank! Es gelang mir, Mamas Gaben zusammen mit meinen drei Koffern auf das Transportwägelchen zu packen, und mit dem Hinweis, ich müsse sofort zum Zahnarzt, ließ ich meine Mutter stehen. Ich wunderte mich: Was war während meiner Abwesenheit mit dem Flughafen passiert? Der Boden stieg leicht an. Also stemmte ich mich mit voller Kraft gegen den Schiebebügel, erreichte die zum Untergeschoss hinabführende Rolltreppe und purzelte, da ich viel zu viel Schwung hatte, samt Wägelchen, Gepäck und Mamas Plastiktüten über die scharfkantigen Stufen in die Tiefe. Es klirrte, rumpelte, knallte. Schon zerfetzte das messerscharfe, am unteren Treppenende fortwährend die Stufen verschluckende Maul die Plastiktüten, schon zerfleischte es den Braten, schon erwischte es meinen Mantelsaum, und während ich, um dem Eingeschlitztwerden zu entkommen, wie ein verrücktes Kind über die unter mir weggleitenden Stufen aufwärts krabbelte, nein, nicht aufwärts, nur an Ort und Stelle, sah ich über mir eine

Gruppe von Herren – Herren im eiligen Rückwärtsschritt, eifrig bemüht, auf der abwärts sausenden Treppe ebenfalls, wie ich, an Ort und Stelle zu bleiben. Sie werden es nicht glauben, ich erzähle es trotzdem: Es waren Herren in langen schwarzen Mänteln, mit großen schwarzen Hüten und Schläfenlocken. Orthodoxe Juden. Einer von ihnen konnte die Treppe schließlich stoppen. Alles erstarrte. Nur noch Mamas Merlot gluckerte. Meine Habe zerfleddert, mein Mantel zerrissen. Über mir entsetzte Blicke. Da kam der vorderste Herr zu mir herab, beugte sich über mich und sagte im breitesten Züritütsch: »Hauptsach, mir sind wieder dihei.«

Früher führten Treppen nach oben, dann führten sie nach unten, und heutzutage gerät auf den letzten Treppen nicht nur ihr Benutzer in Not – die Treppe selbst ist in Not geraten und im rollenden Transportband oder in den Betonschächten verschwunden.

Aber sonderbar, beim Wort Wendeltreppe spiralt der Finger immer noch nach oben. Warum? Was meint er bloß? *Warnen* will er uns, der erhobene Zeigefinger! Wenn es ernst wird, fallen die Rolltreppen und Lifte aus. Wenn die Erde bebt oder ein Brand aufflackert, wenn beißender Qualm durch die Ritzen dringt und die ersten Böden einbrechen, stürzen wir zu den Notausgängen. Sie sind die einzig mögliche Rettung und geben der Treppe ihre uralte Macht, ihre uralte Würde und die transzendentale Bedeutung zurück. Wo es um Leben und Tod geht, hilft uns nur die Treppe.

Zum Schluss möchte ich von meiner letzten Begegnung mit dem Doktor berichten. Damals, in den siebziger Jahren, gab es auf der Westseite der Berliner Mauer da und dort

Treppen, die einen Ausblick über die Zinne und den Todesstreifen in die östliche Stadthälfte boten. Eines dieser roh gezimmerten, hölzernen Gestelle stand auf der niemandslandigen Brache des Potsdamer Platzes, und es war an einem Herbstabend mit tiefen, schwarzen, von Ost nach West fliegenden Wolken, da ich mit dem Doktor im Geschwindschritt zur schmalen Plattform hochstieg, er mit wehendem Regenmantel, Lederhandschuhen, Sonnenbrille und einer tief in die Stirn gezogenen Schirmmütze. »Passen Sie auf«, jubelte der Doktor erregt, »gleich geht's los!« – und tatsächlich, kaum hatten wir die oberste Stufe erreicht, jaulten drüben, irgendwo im grauen Häusermeer von Ostberlin, mehrere Sirenen auf.

»Ahnen Sie, was geschieht?«, rief er mir zu. »Das ist der Anbruch der Epiphanie! Die Dinge beginnen sich zu zeigen. Die Welt offenbart sich.«

Der Doktor hatte einen weiten Weg hinter sich, einen schwierigen Aufstieg. Vom vifen Jungen auf der untersten Stufe war er bis ganz nach oben gelangt, auf jene letzte Stufe, die im Bild seine tote Schwester einnahm. Wenige Tage nach unserem Blick über die Mauer entfernte er von seinem einzigen Bild, dem Treppenbild, den Draht, formte ihn zu einer Schlaufe und hängte sich in seiner Wohnung auf.

Wer könnte das Eine nicht lieben?

14 Stationen

Unter Universum verstehen wir heutzutage das Ganze, das Gesamte, das Weltall. Ursprünglich war es eine Wortschöpfung von Augustinus, aus dem Lateinischen *versus*: gegen, in Richtung auf, und *unum*: das Eine. Universum: Auf das Eine zu, ins Eine gewendet. Augustinus wollte damit sagen, dass Denken und Philosophieren eine Suche nach dem Einen ist, wobei das Eine Gott, aber auch die Seele sein kann.

Mein Thema lautet: Gibt es eine Verwandtschaft zwischen Theologie und Literatur? Die Antwort sei vorweggenommen: Ja. Beide Disziplinen sind universell. Sie suchen Gott und die Seele. Deshalb eignet sich die Wortschöpfung des Augustinus als Richtungsweiser für unseren Gedankengang. Er führt über 14 Stationen, und wie es hierzulande üblich ist, gibt das gelbe Wegschild nicht nur das Ziel an, *unum*, sondern auch die Zeit, die es braucht, um es im Wanderschritt zu erreichen: 30 Minuten.

I

Die erste Reise *versus unum* unternahm Parmenides. Ihm wiesen Jungfrauen den Weg, und »vielverständige Stuten« zogen seinen Wagen mit gewaltiger Kraft. Parmenides berichtet, wie die Achse in den Naben pfeift, wie seine Fahrt vor ein großes Tor führt, wie eine Göttin dessen Riegel aufschiebt und ihn, den jungen Mann, mit einem Lichterguss willkommen heißt. Parmenides ist Philosoph, seine Auffahrt zur Göttin jedoch teilt er literarisch mit, im Gedicht, und so zeigt sich von Anfang an, dass das, worüber man nicht sprechen kann, nicht unbedingt, wie Wittgenstein meint, ins Schweigen münden muss.

Wo die begründende Sprache des Philosophen aufhört, beginnt der Dichter zu dichten. Er begründet nicht, er erzählt, er zeigt auf. Deshalb offenbart Parmenides die Offenbarung, die ihm durch die Göttin widerfährt, als Lyriker. Wir müssen ihm den göttlichen Ursprung seiner Offenbarung glauben, er liefert keine Beweise, er sagt nur: Durch das göttliche Licht habe ich erfahren, dass das Sein *ist*. Und dass es, da von ihm gedacht, mit dem Denken identisch sei.

Sein und Denken, ergibt sich aus der Offenbarung, sind eins, und so wurde das *unum* auch für Platon, den großen Deuter des lyrischen Reiseberichts von Parmenides, zum »Seinsgrund«. Beide Philosophen verkünden ihr Axiom poetisch. Parmenides wird vom Licht, das aus dem offenen Tor brandet, zugleich geblendet und erleuchtet, und im berühmten Sonnengleichnis in der *Politeia* sagt Platon, dass über allem Seienden die Sonne des Seins glüht, das *unum*, die *forma formarum*, die Einzelformen nicht aufsaugt, sondern überhaupt erst ermöglicht. Das Sein ist. Und es ist absolut. Äon. Ewig. Unteilbar. Aber die Seinssonne strahlt auf eine Sinnenwelt herab, die nach Begründungen verlangt, und damit sind wir bei der 2.

Ihr sagt: Die 1 ist die kleinste Ziffer. Ich sage mit Parmenides, Platon und den Platonikern: Am Anfang war die 1, und die 1 zerfiel in zwei Hälften, wodurch die 2 entstand und mit ihr der Zwiespalt, der Zweifel, der Zerfall in immer kleinere Einheiten. Für mich ist die 3 ein Drittel des Ganzen, die 4 ein Viertel, die 5 ein Fünftel, weshalb mich Umsätze und Abrechnungen nicht interessieren, was sind schon Millionen, gar Milliarden – ich bleibe auf das Eine gerichtet. Einszahl = Seinszahl.

Ich behaupte außerdem: Zahlen können Eigenschaften haben, wie die 7, die mir Glück bringt, oder die 13 (in Italien die 17), die Unglück verheißt. Dagegen sagt ihr: Glücklicherweise hat Aristoteles die platonische Zahlenwelt wie ein Kartenhaus zum Einsturz gebracht – mit dem Argument, jede Zahl müsse homogen und mathematisch gleich groß sein, sonst sei Rechnen unmöglich. Klar, damit hatte Aristoteles den Quantitäten die Qualität abgesprochen, und ihr seid euch sicher: zu Recht. Auf dieser Basis werden Brücken berechnet, Fahrpläne aufgestellt, Preise ausgehandelt, Zeiten fixiert, Bilanzen frisiert, Umfrageergebnisse publiziert. Messbar soll sie sein, unsere Welt, und unser Verhältnis zu ihr rational.

3

Carter »Doc« McCoy war ein Rationalist, für den ein Bank-
überfall »eine Arbeit war wie jede andere«. Doc McCoy
ist die männliche Hauptfigur im Kriminalroman *Getaway*
von Jim Thompson, erschienen 1958, berühmt geworden
durch Sam Peckinpahs Verfilmung mit Steve McQueen.
Gemeinsam mit Carol, seiner Frau, einer ehemaligen Bibliothekarin, hat Doc die Bank von Beacon City überfal-
len, dabei geht einiges schief, und es beginnt eine rasante
Flucht, Getaway, quer durch die USA, der mexikanischen
Grenze entgegen.

Wie die Auffahrt des Parmenides ist auch dieser hart-
gesottene Krimi der Bericht einer Reise, und nicht zufällig, vermute ich, benutzt das Gangsterpaar neben anderen
Fahrzeugen auch einen Planwagen, der von einem Gaul
gezogen wird. Ja, auch Doc McCoy und Carol, seine Frau,
folgen einem Wegweiser, den Augustinus aufgepflanzt hat:
versus unum. Auf das Eine zu.

Die 4 galt den Pythagoräern als heilig, denn es war die
Zahl der Elemente (Feuer, Wasser, Erde, Luft), der Him-
melsrichtungen, der Jahreszeiten, und obwohl ihr mit Aristoteles einig seid, Zahlen seien nur Quantitäten, werdet ihr
zugeben müssen, dass die 4 bis zum heutigen Tag ihre ma-
gische Kraft entfaltet. Die Turmuhren schlagen die Viertel-
stunden, wir wohnen in einem Viertel, trinken abends ein

Vierteli Roten, allerdings nicht als Quartalssäufer, tanzen im Dreivierteltakt, und freuen uns, wenn das Geschäft von Quartal zu Quartal besser läuft. Zugegeben, wenn ihr eine Brücke baut, ist es mir lieber, ihr haltet euch an homogene Zahlen. Aber ist die Magie wirklich erloschen?

Nehmen wir als Beispiel den Boss der Firma, die die Brücke errichtet. Selbstverständlich berechnet er die Statik mit einer Zahlenordnung, worin die 1 hundertmal kleiner ist als die 100, doch wie sähe er sich im Organigramm seines Betriebs? Als die Nummer 1. Mit andern Worten: Rechenoperationen werden selbstverständlich aristotelisch durchgeführt, das Zahlengefüge des Lebens jedoch blieb durch alle Jahrhunderte platonisch. Die 1 ist die Bestnote, und der Sieger steht auf dem Podest mit der Nummer 1.

Eines Abends, als beim Essen der Fernseher lief, musste ich feststellen, dass ich ein herzloses Monstrum bin. Während Bilder eines Erdbebens über den Schirm flackerten, kaute ich ungerührt weiter. Heute weiß ich, warum. Wird mir das Leid eines einzelnen Menschen gezeigt, kann ich nicht hinschauen, geschweige denn weiteressen. Auch die Qualen eines einzelnen Kätzchens würde ich nicht aushalten, keine Sekunde, die große Zahl jedoch tangiert mich kaum. Leid im Plural spricht nicht zur Seele. Das heißt: In unserem Gefühlsleben sind wir Platoniker und stets versus unum, auf das Eine, gerichtet. Die Einszahl ist die Seinszahl. Den Plural kann man nicht lieben. »Wer Menschheit sagt«, so ein scharfes Diktum von Carl Schmitt, »der will betrügen.«

5

Die Literatur erzählt anhand eines Einzelschicksals, was uns alle betrifft. Dies belegen Abertausende von Titeln, die aus Eigennamen bestehen: Angefangen von der Odyssee des Odysseus über den Grünen Heinrich, Madame Bovary, Anna Karenina bis zu Lolita. Der Plural findet in der Literatur nicht statt.

Sie ist fiktiv, aber sie betrügt nicht. Niemals faselt sie von der Menschheit, und weil sie uns von einem Einzelwesen erzählt, wird es zu unserm Spiegel – selbst dann, wenn es sich, wie bei Doc McCoy, um einen skrupellosen Gangster handelt. Mit ihm fürchten wir die Bullen, ballern wir uns den Fluchtweg frei und merken kaum, dass wir die Ordnung, auf die wir als Bürger einigen Wert legen, kaltschnäuzig verachten.

6

Noch leichter fällt die Identifikation, wenn die Geschichte zur Liebesgeschichte wird. Mit Carol lieben wir Doc, mit Doc lieben wir Carol – und damit sind wir wieder bei Platon. Platon zeigt in wundervollen Dialogen auf, dass es auch uns Sterblichen möglich ist, aus dem Irdischen versus unum zu transzendieren: in der Liebe. Da erleben wir, lässt er Sokrates erläutern, dass unsere Seele unteilbar ist, ewig. Denn jenseits der Zeit, in vorgeburtlichen Räumen, hat die Seele schon alles geschaut, auch die Anima, das Urbild der Frau, oder den Animus, das männliche Urbild.

Die Urbilder nimmt die Seele mit in den Leib, und so hofft der beseelte Mensch von Geburt an, im Irdischen ein Abbild seiner Urbilder wiederzufinden. Die Seele sehnt sich nach dem Schönen, das sie im Ewigen geschaut hat. Diese Sehnsucht ist ein immerwährendes Begehren, und nicht zufällig wird Amor als Pfeilschütze dargestellt. Wahre Liebe ist Liebe auf den ersten Blick. Carol erkennt in Doc McCoy, den es zufällig in ihre Bibliothek verschlagen hat, ihren Animus – Jim Thompson erzählt diesen Vorgang in einer Retrospektive so erstaunt, als könnte er ihn selbst nicht verstehen.

Wie soll man begreifen, dass eine bereits etwas jungferige Bibliothekarin, die erbauliche Bücher ausleiht, alles stehen und liegen lässt, scharfe Klamotten anzieht, sich hinter das Steuer eines Cabrios klemmt und einem Gangster folgt? So etwas kann man nicht begründen, man kann es nur berichten. Es geschieht. Wenn Doc McCoy die Tür zur Bibliothek öffnet, widerfährt Carol das Gleiche wie Parmenides vor dem Tor der Göttin. Indem Carol in Doc den Animus wiedererkennt, den Einen, transzendiert sie aus dem Irdischen ins Überzeitliche, ins Ewige.

7

Einen Aufsturz ins Ewige, ein Transzendieren, besingt auch das Hohelied Salomonis. Gott erschuf die Geschöpfe, und indem sich Braut und Bräutigam vereinen, kehren sie zurück in die *consortium dei*, in die Gemeinschaft mit dem Schöpfer.

Thomas von Aquin, der wohl bedeutendste Theologe aller Zeiten, wollte am Ende seines Lebens einen Kommentar zum Hohelied verfassen; dazu ist er leider nicht mehr gekommen, aber aus seinem Werk können wir schließen, was ihn am Lobgesang Salomons fasziniert haben muss. Die große Frage des Aquinaten lautete: Wie kann die unteilbare Seele eins werden mit dem *unum dei*?

Um diese Frage zu lösen, hat er sich sowohl an Platon wie an Aristoteles gehalten. Als Gottgläubiger war er Platoniker. Er hatte ein zirkuläres Weltbild und war überzeugt, dass die Flüsse gemäß dem Schriftwort zu ihren Quellen zurückkehren. Alles kommt aus Gott und kehrt in Gott zurück. Diese Kehre jedoch führt durch eine aristotelische Welt, was die *Summa* schon im Titel verheißt: Es wird summiert, gezählt. Das Leben Jesu zum Beispiel unterteilt der Aquinat in vier Stufen.

Sie führen vom *ingressus*, dem Eintritt des Gottessohns in die Welt, über den Lebensablauf, *progressus*, und den Abschied, *exitus*, in die *exaltatio*, in die Erhöhung. Das Leben Jesu, ergibt sich aus diesen Stufen, ist eine Rückreise durch die aristotelische, also durch die messbare, die begründbare Wirklichkeit zum platonischen *unum*, zum Vater.

Eine Rückreise, dürfen wir anmerken, ist auch die Liebe von Braut und Bräutigam im Hohelied – und ebenso, auf der Flucht quer durch Amerika, die Liebe von Doc und Carol. Allerdings wird das, was bei Salomon ein Lobgesang ist, bei Thompson zur Schilderung eines Höllentrips. Damit erweist er sich als Schüler des Aquinaten. Denn auch der *doctor angelicus* ist der Meinung, dass wir nicht ungeprüft von der aristotelischen Welt in den platonischen

Himmel gelangen. Unser Leben kann ein Gang durch die Finsternis sein, eine *via crucis*, ein Kreuzweg.

8

Thomas von Aquin war schmerzempfindlich und entwickelte, etwa bei Zahnweh, einen hohen Grad an *abstractio mentis*. Er entdeckte für sich, dass er die Schmerzen vergisst, wenn er sich ganz dem logischen Denken überlässt. Vor einigen Monaten wurde ich zur Untersuchung in eine CT-Röhre geschoben, und da ich wusste, was mich erwartete, hielt ich mich an die Methode des Aquinaten. Zu diesem Zweck wollte ich mir eine bestimmte Wegstrecke einprägen, die ich dann, in der Röhre steckend, so konzentriert memorieren würde, dass mein Verstand ganz und gar mit dem Memorieren beschäftigt wäre und nicht in die Panik abstürzen würde.

Ich fand diesen Weg in einem Stationenweg über Walchwil. Ich lernte ihn auswendig, und tatsächlich, die Methode half mir, den Trip zu überstehen. Ich trug einen Helm, war mit Bleigürteln festgeschnallt und hatte an der Nasenspitze die Decke. Man wird eingedost wie eine Zigarre. Dauer: So lang wie dieser Text. Und ich schwöre euch, einzig und allein durch die *abstractio mentis*, die volle Konzentration auf den auswendig gelernten Weg, habe ich den Trip überstanden. Während der Körper die horizontale Zigarre war, durchwanderte mein Geist als Pilger den Stationenweg im Frühlingswald am Walchwiler Berg.

Die *via crucis* führt von Station I, Jesus wird zum Tod verurteilt, bis zu Station XIV, der Grablegung. Dreimal kommt
Jesus zu Fall, dreimal begegnet er Frauen: seiner Mutter,
Veronika mit dem Schweißtuch und den weinenden Töch-
tern Jerusalems. Die drei Stationen X, XI und XII stellen
die Kreuzigung dar, und die Station XIII ist die Pietà, eine
Szene, die die Evangelien nicht enthalten.

Jede Station ist archetypisch, jedes Bild eine Ikone, und
die Steigerung zum tragischen Höhepunkt, der von zwei
letzten Szenen gefolgt wird, der Pietà und der Grablegung,
ist klassische Dramaturgie: antikes Drama; Shakespeare;
Racine. Insofern hatte ich instinktiv die richtige Wahl
getroffen. So ein Kunstwerk kann man sich ohne weiteres
merken. Jeder *passus* der *passio* ergibt sich aus dem andern.
Man durchschreitet ein gestuftes Gefüge und merkt im
Durchschreiten, wie gültig, wie schön, wie logisch diese
Stufen gebaut sind.

10

Wieso hat die *via crucis* 14 Stationen? Vermutlich hängt
es mit der Geheimzahl der Pythagoräer zusammen, der 10.
Sie ergibt sich aus dem Zusammenzählen der vier heiligen
Zahlen: 1 + 2 + 3 + 4 = 10. Die 10 und die 4 sind in der
antiken Philosophie, im Judentum und im Christentum
omnipräsent. 10 Gebote, 4 Evangelien, 14 Römerbriefe. Das
Land der Apokalypse hat vier Ecken, das Kreuz vier En-

den, und der Aquinat teilt seine Werke, die Summen, in vier Teile. Der Kreuzweg, haben wir eben gesehen, hält sich ebenfalls an das Schema 10 + 4. Mit der zehnten Stufe ist Golgotha erreicht, da endet der Weg, das Kreuz wird errichtet.

Ernst Bloch, der marxistische Hegelianer, war über die 14 Stationen des Kreuzwegs keineswegs erstaunt – ihr ahnt warum: Hegels Weltgeist rollt über 14 Stufen aufwärts zum absoluten Wissen. Bloch: »Hegels Stufen und Stadien halten sich von magischen Bezügen fern, obwohl nicht ganz so von mystischen. Seine Stufen sind die vierzehn memorierten Stationen auf der Reise des Bewusstseins durch Geschichte und Welt zur Selbsterkenntnis.« Am Schluss steht bei Hegel die große Absolution: die Versöhnung des Geistes mit seinem Weg zu sich selbst. Auf Golgotha, so Bloch, endet die »durchdialektisierte Subjekt-Objekt-Beziehung im idealistischen Ziel, in der Aufhebung des Objekts«. Gottes Sohn kehrt heim zum Vater, ins *unum*.

11

Theologie und Literatur, sagte ich am Anfang, seien nicht begründende, vielmehr aufzeigende Disziplinen. Was zeigen sie auf? Mircea Eliade weist in seinem Werk *Das Mysterium der Wiedergeburt* anhand vieler Religionen und Kulte nach, dass der Gang *versus unum* eine Initiation ist und häufig nach demselben Muster abläuft. Wir müssen einen Tod erleben, um in der Erleuchtung wiedergeboren zu werden.

Eine Initiation ist die Reise des Parmenides zum Seinstor, das die Göttin ihm öffnet. Eine Initiation ist der Weg Christi in den Tod und die Auferstehung. Eine Initiation ist auch die Flucht von Carol und Doc McCoy in *Getaway*. Kurz vor der Grenze zu Mexiko werden sie von den Bullen eingekreist. Da erscheint am Straßenrand Mae Santis, eine ledrige Gangsterchefin, holt die beiden aus dem Wagen und führt sie zu einem vorbereiteten Versteck: zwei Erdlöcher, jedes etwa so lang und schmal wie ein Sarg, tief unter der Wasseroberfläche eines sumpfigen Teichs.

Eine Röhre für Doc, eine Röhre für Carol. Wie Zigarren werden sie eingedost. Geringer Luftvorrat. Ersticken. Ohnmacht. Aber die Hunde verlieren am Ufer die Spur, die Bullen suchen den Teich vergeblich nach Leichen ab, und als sie abgezogen sind, kann Mae Santis das Paar aus seinen Gräbern befreien. An der Luft kommen sie wieder zu sich und gelangen übers Meer in ein Reich, irgendwo in Südamerika gelegen, das eine Art Gangster-Himmel ist. Bei El Rey, dem Boss der Bosse, erhalten sie Asyl. Lauter Villen, Palmen und Pools und ein ganzer Haufen von Rentnern, die mit ehrlicher Arbeit, wie sie gern erzählen, mit Morden und Überfällen und Betrügereien im aristotelischen Zahlengefüge zu einem platonischen Otium gelangt sind. Es riecht ein bisschen nach Monaco. Und nach meiner Heimat, dem steuergünstigen Kanton Zug.

12

0729

In der Röhre machte ich eine seltsame Erfahrung. Es war eine Art Initiation. Ich musste einen kleinen Tod sterben, um in ein neues Licht zu kommen. Dieses Licht war tatsächlich eine Erkenntnis: Man hatte einen Tumor erkannt, der nun behandelt werden konnte. Damit erwies sich die Eindosung als sinnvoll, aber nach meinem Trip, den ich ja als geistiger Pilger absolvierte, ging mir noch ein anderer Sinn auf. Die Bilder waren wie ein Fluss durch mein Hirn gezogen, ohne dass ich mich anstrengen musste, mit anderen Worten: Das vollendete Kunstwerk der *via crucis* hatte mich geführt, mehr noch: Es hatte mich getragen.

Wie war das möglich gewesen? Ganz einfach. Indem der *homo viator* seinen Weg ging, ging die Erkenntnis in ihn ein, dass der Weg ein Gefüge sichtbar macht, das auf das *unum* ausgerichtet ist. Aber keine Angst, um diesem Gefüge zu begegnen, müssen Sie sich nicht in die Röhre schieben lassen. Die Königin der Kunst und der Wissenschaften, die Musik, wurde uns von den Göttern, den Winden und den Vögeln geschenkt, damit wir im lustigen Lärm das Gefüge vernehmen können.

Etwas Ähnliches erlebt der Mathematiker, wenn plötzlich eine schwierige Gleichung aufgeht. Und in meiner Novelle *Fräulein Stark* gibt sich der Stiftsbibliothekar von St. Gallen eine Heidenmühe, seinem Neffen beizubringen, dass die Einteilung einer Bibliothek weitaus bedeutender sei als der Inhalt der einzelnen Werke. Der Neffe versteht nur Bahnhof. Mittlerweile ist der Neffe selber ein Onkel und weiß: Wir Onkel haben recht. Lesend oder Musik hörend, Mathematik treibend oder theologischen Rätseln nachsinnend und mal glücklich, mal unglücklich die Eine liebend, sind wir auf einer Suche, die den heiligen Zahlen gilt. Sie verbergen sich im Chaos, aber manchmal schimmern sie durch, manchmal erglüht im Dunkel das Gefüge, die Hierarchie, *id est*: die heilige Ordnung, die zurückreicht in den Anfang, *versus unum*.

14

Endstation. Sie haben es bemerkt, ich halte es wie die Deutsche Bahn. Im ICE fehlt der Wagen 13. Die Deutsche Bahn, könnte Ernst Bloch sagen, »ist nicht ganz frei von mystischen Bezügen«. Wir, obwohl in die messbare Welt des Aristoteles verbannt, sind es auch nicht. Deshalb fasziniert uns die Theologie. Deshalb sind Bücher, wie mein Verleger Egon Ammann zu sagen pflegt, Lebensmittel – Überlebensmittel, Anleitungen zur Transzendenz.

Ich betone: Wir sind auf der Suche. Denn das Wort des Augustinus gilt immer noch: *versus*. Es bleibt bei der Richtung, bei der Annäherung, das *unum* selbst ist Mysterium, ist Offenbarung. Das ist wohl auch der Grund, weshalb Thomas von Aquin den Kommentar zum Hohelied nicht mehr geschrieben hat. Der König von Neapel hatte ihm eine neue Schule und genügend Sekretäre zur Verfügung gestellt, damit er endlich den vierten und letzten Teil der *Summa* fertig diktieren könne.

Nehmen wir an, es waren 14 Sekretäre. Sie standen stundenlang, tagelang, wochenlang bereit, jeder an seinem Pult, mit gezückten Federn. Ihr Warten war vergeblich. Am Morgen des 6. Dezember hatte der *doctor angelicus* während der Messe eine Erleuchtung – wie Parmenides vor dem Tor. Es war der Countdown. Wenn wir rückwärts zählen bis zur 1, dann knallt's. Der Rest war Schweigen. Einen einzigen Satz soll Thomas von Aquin vor seinem Tod im März noch gemurmelt haben, von 4 der 14 Sekretäre festgehalten: »*Omnis quae scripsi videtur mihi palee*« – alles, was ich schrieb, kommt mir vor wie Stroh. Klar, wenn sich über dem Seienden die Glutpfanne der Seinszahl offenbart, dann wird alles andere zu Stroh.

Berliner Madonna

Annäherung an ein Gemälde von Sandro Botticelli
im Bode-Museum, Berlin; dort vorgetragen
am 11. Oktober 2011.

I

Am 1. November 1950 verkündete Papst Pius XII. in Rom
das Dogma von der leiblichen Aufnahme Mariens in den
Himmel, das bislang letzte Dogma der katholischen Glaubenslehre.

Am 21. Dezember jenes Jahres, das in der katholischen
Kirche als heilig galt, bin ich geboren worden. Meine Mutter hieß Maria-Theresia. Damals trugen alle katholischen
Frauen den Namen Maria, wenn nicht an erster, so doch an
zweiter Stelle. Die Klinik des Innerschweizer Städtchens,
wo meine junge Mama nach meiner Geburt auf der Maternité lag, hieß »Liebfrauenhof«. Sie war, der Name sagt
es, »Unserer Lieben Frau« geweiht und wurde von Ordensschwestern geführt. Die Schwestern vom »Liebfrauenhof«,
die ebenfalls alle Maria hießen, Maria Gabriela, Maria Wiborada, Maria Bernarda, waren der frommen Meinung, die
Patientin Maria-Theresia müsse überglücklich sein, dass ihr
Kind im Heiligen Jahr und erst noch kurz vor Weihnachten
auf die Welt gekommen war, aber meiner jungen Mama,
von allen Mimi genannt, ging es miserabel. Sie blutete und
hatte Fieber. Am Abend des 24. holten die Schwestern
einen Priester, damit er Mimi mit den Sterbesakramenten

versehe. Mimi atmete schwer, das Fieber stieg, ihr Blut floss noch immer. Doktor Marder, der Chefarzt, sagte: »Die junge Mimi wird die Welt verlassen müssen.« – »Dann soll mein Sohn wenigstens einmal seine Mutter spüren«, entschied der Vater. Chefarzt Marder gab seine Einwilligung, eine Schwester holte mich aus dem Babysaal und legte mich ins Sterbebett, an Mimis Wange. Dann gingen alle hinaus, zum Schluss auch eine alte Nonne, die seit Stunden bei Mimi gewacht und leise wispernd den Schmerzensreichen Rosenkranz gebetet hatte. Im Fenster fielen Flocken. Mimi wollte sterben, ich wollte trinken.

Als Kind habe ich hartnäckig geglaubt, meinetwegen würden in den Gassen Sterne aufgehängt und an den Christbäumen Kerzen brennen. Die Weihnachtsgeschichte war meine Geschichte, und immer wieder habe ich Mimi gebeten, sie mit den gleichen Sätzen, den gleichen Worten zu erzählen. Die Stelle, da wir im Spitalbett miteinander allein waren, fand ich am schönsten. Denn hier machte Mimi eine Pause, klimperte mit ihren künstlichen Wimpern und sagte lächelnd: »Weißt du, Tomeli, ich habe eine fatale Tendenz zu Pannen – nicht nur beim Autofahren, auch im Leben, und sogar bei meinen Geburten. Du meinst, dass du der Älteste bist. Aber in Wahrheit bist du der Dritte. Die andern beiden sind vor der Zeit gegangen.« – »Ich habe überlebt«, sagte ich dann, »erzähl weiter!«

»Auf einmal standen Engel um unser Bett herum«, fuhr Mimi fort, »und wir beide dachten, nun seien wir in der Ewigkeit angekommen.« Mimis Blutfluss hörte auf, das Fieber sank, und das leichte Ziehen in ihren Brüsten konnte ich mit meinen winzigen Lippen wegtrinken. Alles war gut und schön. Auch mir wird es im Himmel gefallen haben. Aber dann begann sich Mimi über diesen Himmel doch zu wundern. Der Oberengel hatte vorstehende Zähne und glich trotz seiner Flügel der Oberschwester vom »Liebfrauenhof«. Als die Engel »Stille Nacht, Heilige Nacht« anstimmten, sangen sie ein wenig falsch, und vor dem Fenster schneite es. Du meine Güte, dachte Mimi, ist drüben alles wie hüben? Unterscheidet sich das Reich der heiligen Muttergottes in nichts von der Welt, die wir gerade verlassen haben?

In diesem Augenblick stürzten Menschen herein. Der Vater fiel vor dem Bett in die Knie, Dr. Marder maß Mimi den Puls, und die alte Nonne setzte sich wieder auf ihren Stuhl, wie vorher, aber jetzt betete sie den Freudenreichen Rosenkranz. Sämtliche Nonnen und Engel strahlten. »Ein Wunder«, riefen sie, »von der Muttergottes bewirkt!« Mimi war von der allgemeinen Freude ganz verwirrt. Man musste ihr einen Spiegel reichen, damit sie sich betrachten und ihre Frisur überprüfen konnte. Dann schickte sie alle hinaus, nur die alte Nonne durfte bleiben.

»Tomeli«, sagte Mimi halb traurig, halb amüsiert, »ich fürchte, da ist wieder eine kleine Panne passiert. Wir sind nicht im Himmel. Wir müssen weiterleben.«

2

Noch in meiner Kindheit haben alle katholischen Frauen Maria geheißen, sie war die unumschränkte Königin, der Himmel und Erde gehörten. Man erflehte ihren Beistand, man vertraute ihr, sie war die große Mutter, die half, wo sie konnte. Maria sorgte für das Gute, hielt das Böse ab, leitete Blitze um, beendete mit Regengüssen die Dürre und korrigierte mit Wundern den Gang der Dinge. Auf Weg und Steg waren ihr Kapellen und Bildstöcke geweiht, sie stand in Häusernischen und lächelte von Bildern und Medaillons, im Mai zogen Prozessionen mit Marienfahnen über die Wiesen, und die meisten katholischen Familien reisten einmal im Jahr zu einem Wallfahrtsort, um an einem Marienaltar Kerzen anzuzünden, für jedes Kind eine. Aber in den Kirchen gehörte ihr nur ein Nebenaltar, und das hatte, sollte mir später bewusst werden, System.

Von den Evangelisten, hat Klaus Schreiner, emeritierter Historiker an der Universität Bielefeld, festgestellt, ist Maria stiefmütterlich behandelt worden. Der Bibelleser erfährt nichts »über ihre geistigen Interessen und persönlichen Vorlieben, nichts über ihre Gefühle. Die überlieferten Fragmente reichen nicht aus«, meint Schreiner, »um mit deren Hilfe ein geschlossenes Bild über die wirkliche Maria zu entwerfen. Paulus, in dessen Brief an die Galater sich der älteste Hinweis auf die Mutter Jesu findet, nennt nicht einmal ihren Namen.«

Ja. Stimmt. Aber. Aber gerade durch die Lücken in Marias biblischer Biographie haben sich ungeahnte Möglichkeiten eröffnet – für die abendländische Kunst und für das fromme Volk. Die größten Maler haben mit ihrer Phantasie die Leerstellen gefüllt, und bis zum heutigen Tag schließen Gläubige ihre eigenen Sorgen und Nöte, ihre Hoffnungen und Wünsche in die Lücken von Marias Leben ein.

Diese Präsenz Marias, wie ich sie in meiner Kindheit noch erlebte, hat zwei Gründe. Zum einen, wie gesagt, die Lücken in den Evangelien – sie boten den Künstlern Projektions-flächen an. Zum andern: Die Nebenfigur Maria ist in den Evangelien in zentrale und fundamentale Ereignisse der menschlichen Existenz gestellt. Wenn sie im Neuen Testament auftritt, geht es fast ausschließlich um eine Grenz- oder Ausnahmesituation, also um Ereignisse, die die menschliche Existenz bestimmen. Einfach gesagt: Es geht um Leben und Tod. Es geht um die Erlösergeburt im Stall, die Flucht nach Ägypten, die Entfremdung vom Kind, das Staunen über den Lebensweg des Sohnes, und der Höhepunkt dieses Lebens, die eigentliche Ekstase, das Hinausstehen in die Nacht des Nichts, ist das Karfreitagsgeschehen, da die Mutter das qualvolle Sterben ihres Sohnes erleben muss. Einzig Johannes beschreibt diese Szene, die andern drei Evangelisten erwähnen Maria am Kreuzweg nicht, in diesen wenigen Sätzen jedoch ist das Höchste an Verzweiflung, das Tiefste an Schmerz ausgedrückt, weshalb Marias Ausharren in der Nachmittagsfinsternis zu einer Ikone der abendländischen Kunst wurde. Die Pietà, eine Erfindung des 14. Jahrhunderts, ist ein schlagendes Beispiel für die Kraft, deren Quelle eine Leerstelle in Marias Biographie war.

Da der Protestantismus einzig das Wort gelten lässt, »sola scriptura«, ist ihm die katholische Marienfrömmigkeit fremd. Evangelische Theologen sprechen von »Wucherungen«, und in der Tat, was durch die abendländische Kunst in die Lücken eingedrungen ist, hat sich aus Geschwulstkeimen zu eigenen Körpern entwickelt, das beginnt bei Marias Geburt und endet mit ihrer Aufnahme in den Himmel. Manches daran mag naiv und geschmacklos sein, die Wallfahrer aller Zeiten jedoch empfinden das anders. Ähnlich wie die Künstler lieben sie an ihrer Madonna nicht nur die großen Szenen von Erlösergeburt und Kreuzestod, sondern fast noch mehr die Räume dazwischen, in denen sie die eigenen Geschwüre, die eigenen Sünden und Wünsche abladen können. Denn Maria versteht uns. Maria teilt unsere Erfahrungen. Sie hat durch ihr Kind die hellsten Freuden und die dunkelsten Schmerzen erfahren, sie kennt das Leid von Flucht und Vertreibung und das Zusammenleben mit einem Mann, der es beim besten Willen nicht schafft, seine Frau zu verstehen.

Giotto wurde eines Tages gefragt, warum die Maler Josef immer so schwermütig darstellten, oft sogar als Säufer. Giottos Antwort: »Hat er denn nicht Ursache dazu, da er seine Frau schwanger sieht und nicht weiß von wem?« Josef tritt in den Evangelien nur als Statist auf, aber so konnte auch er, wie Maria, zu einer weißen Fläche werden, die die Phantasie der Maler, Bildhauer, Freskanten, Novellisten, Legendenerzähler und Dramatiker aller Zeiten angeregt hat. Nicht die Bibel, die Kunst hat Marias Ehegatten eine ernsthafte Rolle zugeteilt. Zum Glück! Für uns alle, die wir hie und da ob dem komplizierten Wesen unserer Liebsten ins Grübeln kommen, wurde Josef zu einem verständnisvollen Leidkumpan.

3

Maria passt gut nach Berlin, in diese Stadt, die zwar die Mauer überwunden, aber zwischen Abend- und Morgenland eine neue Grenze gezogen hat. Dieser Riss geht auch durch Maria: In ihr stoßen zwei Welten, zwei Kulturen, zwei Testamente zusammen. Hebräisch heißt sie Mirjam, und von über sechzig Deutungen dieses Namens sind die wichtigsten: »Bitteres Meer« und »Meerestropfen«, lateinisch »stilla maris«. Daraus machte die christliche Anbetung »Stella maris«, das I wurde zum E, der Tropfen zum Stern, die salzige Bitternis zum Leuchten in der Nacht über der Wasserwüste. Diese umdeutende Erhebung ergab sich aus der Verehrung, die die Gottesmutter schon in frühchristlicher Zeit und in den apokryphen Evangelien erfuhr. Indem das fromme Volk und die Künstler aus der Nebeneine Zentralfigur machten, löste sich Maria aus der Schrift, weshalb sich die Kirchenväter ihrerseits gezwungen sahen, die Lücken im Marienleben zu füllen – mit Rückgriffen auf das Alte Testament. Vor allem das Hohe Lied wurde mariologisch gedeutet, und dessen Frage: »Wer ist sie, die da herabschaut wie die Morgenröte, / schön wie der Vollmond, / rein wie die Sonne« fand eine klare Antwort: Es ist Maria, die Himmelskönigin, »die schönste unter den Frauen«. Die Theologie der frühen Jahrhunderte war Philologie, die die von den Evangelien karg ausgestattete Gottesgebärerin mit der Sprachgewalt des Alten Testaments ergänzt hat. So wurde Maria zur »Lilie unter den Dornen« und das gläubige Volk zum »Geliebten, der die Lilienauen weidet«.

Auch in diesem Zusammenhang stimmt das protestantische Lästerwort vom Metastasieren des Marienglaubens. Mit manchem Kirchenvater und Wüstenmönch, mit vielen Mystikern und Generationen von Lyrikern ging die Phantasie ins Perverse durch, aber was macht das schon! – aus der Umdeutung der Braut des Hohen Liedes in die Muttergottes erwuchs große Kunst und eine tröstliche Theologie, die Marias Brüste als »Quelle des Heils und der Weisheit« und die sprudelnde Milch als »Nahrung für die Kinder Gottes« interpretierte.

Die Exegeten der frühen Jahrhunderte haben die neutestamentarische Gestalt Marias aus dem Bildvorrat des Alten Testaments vollendet, ja neu geschaffen, und natürlich geschah dies nicht nur deshalb, um mit den Sehnsüchten der Gläubigen und den Schöpfungen der Künstler mitzuhalten. Der wahre Grund für die Einbindung Marias ins Alte Testament war vielmehr der Versuch, den Riss, der die jüdische Mutter des christlichen Gottes zu einem geteilten Wesen macht, im Hegel'schen Sinn aufzuheben, das heißt: Der Riss wurde in Maria zugleich verfugt und bewahrt, sie ist eine synthetische Schöpfung aus Altem und Neuem Testament, aus ihrer jüdischen Herkunft und einer christlichen Zukunft, die sie geboren hatte.

Gewiss, Lukas, der Weihnachtsevangelist, hat für Maria nur wenige Worte übrig, sie bergen jedoch den Kern der Spaltung von Judentum und Christentum, und damit ist jenes Geheimnis angesprochen, das heute selbst bei katholischen Theologen ein degoutiertes Unverständnis auslöst: die Empfängnis durch das Wort und die zugleich spirituelle und leibliche Schwangerschaft. Ja: ein Geheimnis. Seine Enthüllung würde es zerstören, und ich bin froh, Ihnen dank Klaus Schreiner, dem wirklich alles über die Madonna wissenden Madonnenforscher, einen Hinweis geben zu können, der geeignet ist, dem Geheimnis das ihm gebührende Verständnis entgegenzubringen.

An den Umständen der Geburt ist Lukas nicht interessiert. Wichtig, so Schreiner, erscheine ihm allein die Tatsache, dass die Geburt in dem von den Propheten geweissagten Bethlehem, der Stadt Davids, stattgefunden habe. Auch von Ochs und Esel weiß Lukas nichts, allerdings erwähnt er die fehlende Unterkunft und die Krippe, in die das Neugeborene gelegt wurde. Dadurch fiel es den späteren Exegeten leicht, die göttliche Geburt mit der Verheißung des Propheten Jesaja zu verbinden, wonach »Ochs und Esel die Krippe des Herrn kennen«, und ebenso das Wort des Propheten Habakuk erfüllt zu sehen, bei dem geschrieben steht: »Du wirst dich offenbaren inmitten zweier Tiere, wenn die Zeit gekommen ist.« Lukas gelingt es, mit der »Krippe in der Stadt Davids« die Erlösergeburt ins Alte Testament, also in die jüdische Heilsgeschichte einzuschreiben – einerseits. Andererseits, legt Schreiner dar, ist dem Evangelisten bewusst, dass er eine gewaltige Spaltung vornimmt, die Abtrennung vom Judentum und dessen Reinheitsgeboten. Denn die Botschaft, der Messias sei aus dem Unreinen einer Schwangerschaft in die Welt gekommen, empfand das Judentum als Provokation. Der gewindelte Messias in der Krippe, von einer Frau geboren, das war wahrhaftig die Geburt einer neuen Religion, die sich von der alten, aus der sie entstand, wuchtig abstieß.

Hier ist nur vom Hintergrund die Rede, nicht vom Geheimnis selbst. Allerdings gilt es heutzutage als chic, die Parthenogenese als eine »Tabuisierung der Sexualität« abzuwerten, und da halte ich mich gern an den Historiker, der die Bruchstelle zwischen Judentum und Christentum aufsucht und uns so zur Einsicht verhilft, die Transzendierung des Unreinen ins Geheimnis könnte dem Respekt vor den jüdischen Reinheitsgeboten geschuldet sein. Kam das Geheimnis aus dem Heiligen Geist? Entsprang es den historischen Umständen? Das ist eine Frage des Glaubens und der Interpretation, daran will ich nicht rühren, nur anmerken, dass aus dem Gegensatz von Rein und Unrein das Doppelte von Marias Wesen deutlich hervortritt. Sie ist die Unbefleckte, die nicht von Josef, dem greisen Gatten, sondern von »logoi spermatikoi«, von Geistesspermien, befruchtet wurde, und zugleich eine gewöhnliche Frau, die unter Schmerzen gebar. Wie sie es ertrug, dass sie durch die Erfüllung ihres heilsgeschichtlichen Auftrags die Gebote der eigenen Religion verletzt hatte, wie sie es ertrug, dass aus dieser Wunde ein neuer Glaube, ja eine neue Zeit aufbrach, wie sie damit fertigwurde, die Auserkorene und die Ausgestoßene zu sein – darüber steht nichts geschrieben. Das blieb offen, fruchtbar offen und offenbarte aus dieser Öffnung die wohl größte Frauengestalt der Geschichte: Maria Regina Coeli und Ancilla Domini, die Himmelskönigin und eine Magd, eine Dienerin, eine »Sklavin«, wie es bei Lukas heißt.

4

An einem düsteren Oktobertag anno 1963 fuhr mich Mimi in unserem Ford Taunus in die Klosterschule Einsiedeln. Einsiedeln liegt in einem Innerschweizer Hochtal, und Mimi mit ihrer Tendenz zu Pannen und einer Scheu vor dem Zwischengasgeben schoss derart hochtourig durch die steilen Kurven, dass Rauch aus dem Motor quoll und ein netter Herr, der auf Mimis Winken hin anhielt, den Wagen mit Wasser aus einem Gebirgsfluss wieder flottmachen musste. Als wir vor der gewaltigen Barockfassade der Klosterkirche ankamen, war die Pforte bereits geschlossen. Der Präfekt, eine massige Gestalt in schwarzer Kutte, empfing mich mit einem bedenklich geneigten Haupt: Zögling, du bist zu spät! Wie ich bald merken sollte, war der Neigungswinkel seines Kopfs Maria nachempfunden – so wurde sie immer wieder gestaltet und abgebildet: dem auf ihrem Schoß sitzenden Jesusknaben zugeneigt, milde lächelnd und schweren Herzens vorausempfindend, dass der Schädel des Sohns eines Tages leicht schräg vom Kreuz hängen würde. Der Präfekt war ein überzeugter Marianist. Er hatte einen gewaltigen Ausstoß an Marien-Gebeten, Marien-Litaneien, Marien-Gedichten, die wir Zöglinge Abend für Abend mit brüchigen Stimmen aufsagen mussten. Nachts schlich er durch die Schlafsäle und leuchtete mit einer Taschenlampe das Innenfutter unserer an den Spinden hängenden Kutten auf mögliche Flecken ab – sie stellten in den Augen des Präfekten Sünden wider die Unbefleckte dar, was er uns mit marianisch geneigtem Haupt und züchtig gesenkten Augenlidern vorhielt.

In der Steinstadt des Klosters lebten damals sechshundert Mönche, Fratres, Brüder, Zöglinge, und die Madonna war die einzige Frau. Sie bewohnte im hinteren Teil der Wallfahrtskirche ein aus schwarzem Marmor errichtetes Tempelchen, das fremd und gotisch in der süßen Barockwelt stand. Zur Vesper zogen wir alle vor sie hin, die beiden jüngsten Zöglinge an der Spitze der Kolonne, an deren Ende die beiden ältesten Mönche, kahl, gebeugt und nah dem Tod, der ihnen folgte mit Stundenglas und Sense. Dann versammelten wir uns vor dem Gnadenaltar und sangen vierstimmig ihr Lob, »Salve, Regina«, Königin, sei gegrüßt! Wenn das Minnelied in den hohen Gewölben verhallte, beugten sich sechshundert ausrasierte Knaben- und Männernacken, und sie, die Regina, die Reine, sah über uns hinweg in eine unbestimmte Ferne. Ihre glockenförmigen Röcke waren im Escorial Philipps II. gegen Ende des 16. Jahrhunderts bei den ersten Damen Mode gewesen, und vor allem im Mai, dem Marienmonat, da sie ihre entzückendsten Modelle vorführte, erinnerte mich die Einsiedler Madonna ein wenig an Mimi. Beide schienen dasselbe Motto zu haben: *On a du style* – was sie leider nicht daran hinderte, stets und ständig in Pannen verwickelt zu werden. Aber wie im Leben von Mimi, tauchten auch im Leben der Madonna immer wieder nette Herren auf, die ihr im Schlamassel beistanden. Josef übernahm gütig die Vaterschaft, und unterm Kreuz war es Johannes, der Lieblingsjünger, der sich bei Maria höflich erkundigte, ob er ihr behilflich sein dürfe. Ah ja, wirklich? Würden Sie das tun? Haben Sie ein wenig Zeit für mich?

5

Das Gnadenbild von Einsiedeln ist schwarz – wie jenes von Tschenstochau, Altötting, Montserrat oder Brünn. Warum? Religionshistoriker haben diese Frage immer wieder gestellt und bieten zahllose Erklärungen an. Die einen sagen: Die ersten Madonnenstatuen seien aus dunklem

Zedernholz geschnitzt worden und hätten diese Tradition begründet. Andere führen die Schwärze auf den Umstand zurück, dass die ersten Darstellungen Marias aus den Katakomben ans Licht kamen, vom Ruß der Ampeln und dem Staub der Erde befleckt. In Einsiedeln geht man davon aus, dass die im Mittelalter mehrmals abgebrannte Holzkirche das Gnadenbild verkohlen ließ, und aufgrund von Pilgerbewegungen kann nachgewiesen werden, dass jeder Versuch, die Verkohlte durch eine Weiße zu ersetzen, gescheitert ist. War die Reine nicht mehr dunkel, blieben die Wallfahrer aus – und legt das nicht die Vermutung nahe, das schwarze Standbild könnte nicht nur aus den Katakomben, nicht nur aus der Asche, sondern aus der Tiefe der Zeiten emporgestiegen und in seinen Ursprüngen eine chtonische Göttin gewesen sein? Neuere Auslegungen, beeinflusst von C. G. Jungs Archetypenlehre, halten dies für wahrscheinlich, denn mittlerweile haben Ausgrabungen gezeigt, dass die antike Welt von dunklen Muttergottheiten nur so wimmelt. Dunkel war Demeter. Dunkel war Persephone, die Gemahlin des Hades, die übrigens das Epitheton ornans »die schöne Jungfrau« trägt. Dunkel war auch Artemis, von den Römern Diana genannt, und wie später Maria erschien diese Göttin als Doppelwesen. Ihre Pfeile brachten den Tod, ihre Hände halfen bei der Geburt. Artemis / Diana verkörperte die konträre Einheit von Jungfrau und Mutter, sie wurde als »Tierwürgerin und Schlächterin« gefürchtet und angerufen als »Heilerin und Retterin«. Platon leitete den Namen Artemis vom Wort »artemes«, integer, ab und hat so ein Deutungsmuster vorgegeben, an das sich dann auch die Kirchenväter gehalten haben. Indem sie aus den

»bitteren Meeren« im Namen Mirjam einen »leuchtenden Stern« extrahierten, versuchten sie, die Muttergottes in ähnlicher Weise reinzuwaschen, wie das Platon mit Artemis gemacht hat – integer heißt ohne Makel, unversehrt, sauber. Artemis wurde hauptsächlich in Ephesos verehrt, und dort, so die Legende, soll Maria ihren Lebensabend verbracht haben. Aufgrund solcher Bezüge zog Jacob Grimm in seiner »Deutschen Mythologie« den Schluss, in der »heiligen Jungfrau würden antike Gottheiten fortleben«. Goethe, entnehme ich Klaus Schreiner, ging Grimm mit dieser Meinung auf die Nerven. Der Dichter der Klassik und des vornehmen Geschmacks hielt die aus »ägyptischen und abessinischen Anlässen« auf die Muttergottes übertragene »Mohrenfarbe« für die »tristeste aller Erscheinungen«. Zumindest mit seinem Verweis auf Ägypten und Abessinien könnte Goethe recht haben. Schon Origenes, der wie alle Kirchenväter bemüht war, die im Neuen Testament karg erzählte Maria mit Insignien aus dem Alten Testament zu veredeln, zog eine Linie von der Regina Äthiopissa, der Königin von Saba, die König Salomon besucht hat, über die dunkle Braut im Hohen Lied bis zu Maria, der Gottesmutter. Eine ähnliche Linie, so Schreiner, führt von der Gottesmutter auf die ägyptische Göttin Isis zurück. Im Besitz der Staatlichen Museen Berlins ist eine Isis-Gestalt, die ihrem Sohn Horus die Brust gibt. Ihre Hörner wurden weggeschliffen. Isis, könnte man mit Platon sagen, wurde aus dem Ägyptischen ins christliche Abendland *integriert.*

Als Platoniker neige ich dazu, Urbilder für wahr zu halten. Urbilder haben im Reich der Ideen ihre Wirklichkeit und berühren uns in Erscheinungen, das heißt: Sie entfließen einer menschlichen Seele, die sich die Sehnsucht an vorgeburtliche Räume erhalten hat. Dort haben wir alles in seinem Wesen geschaut, und so dürfte auch die Muttergöttin mit ihren zwei Gesichtern, einem hellen und einem dunklen, *Anamnesis* sein, eine Wieder-Erinnerung an die ewige Anima. Die Anima ist ein Doppelwesen aus finsterer Nacht und reinem Licht, sie ist rabenschwarz wie das Einsiedler Gnadenbild und blütenweiß wie die hier hängende, von Engeln und Lilien gerahmte Madonna Botticellis.

Thomas von Aquin hat Maria in eine gültige These gefasst: »Mater Dei est pura creatura.« Die Muttergottes ist reine Natur. Rein im Sinn von makellos? Oder das Gegenteil davon, nämlich pure Natur, reines Diesseits? Beides eben. Ganz schwarz, ganz weiß. Eine Geteilte, die die Teilung in sich überwunden hat – eine Berliner Madonna.

6

CRASH! Es knallt, scheppert, kracht, und während der Wagen fliegt, immer noch fliegt, wickelt sich die Frontscheibe mit einem zärtlichen Knistern um meinen Schädel. Dann Stille. Eine große heilige Stille, in der mir allmählich bewusst wird: Du bist verunfallt. Es gelingt mir, mich aus dem zerstörten Wagen zu befreien und über eine lange schmale Brücke das nächste Dorf zu erreichen – damals lebte ich in der Nähe von Einsiedeln und war, wie man hinterher messen sollte, mit 1,2 Promille unterwegs nach Hause. Zwei Uhr nachts. Alles schlief, nirgendwo Licht. Ich schleppte mich in eine Telefonzelle, um Hilfe zu rufen – meine einzige Sorge galt dem Wrack, das draußen auf der Brücke lag, den Rest glaubte ich unter Kontrolle zu haben. Als ich den Hörer vom Haken nahm, sah ich in der Scheibe der Kabinentür einen Mann, der den Hörer hielt, und wurde von einem tödlichen Schrecken gepackt: Das bin ich nicht! – aus der Schläfe des Mannes steht eine Glasscherbe, die Stirn ist aufgequollen, das Gesicht eine blutige Fratze mit großen, entsetzt starrenden Augen. Ich stürzte aus der Zelle zum nächsten Haus, wo ich in wachsender Panik sämtliche Klingeln drückte, dann erlahmten die Kräfte, und in meinem Delirium hielt ich es für richtig, die paar Schritte zum Friedhof zu gehen und mich an dessen Mauer hinzusetzen. Schmerzen spürte ich keine. Es war eine Maiennacht, die Luft kühl, das Gras feucht vom Tau. Ich hatte stets befürchtet, an der Grenze von religiösen Ängsten heimgesucht zu werden, aber nein, nichts dergleichen – heiter und gelassen war ich einverstanden mit meinem Leben und dessen Ende.

Mein Klingeln hatte im zweiten Stock des Mietshauses ein Baby geweckt. Es fing an zu weinen, seine junge Mama nahm es aus dem Bettchen und trat an das offene Fenster, um ihm die Brust zu geben. Wer war diese Frau? Ganz klar, das war die ägyptische Isis, die den kleinen Horus stillte. Aber dann entdeckte sie unten auf der Straße im Licht einer Laterne eine glitzernde Tropfenspur, und jetzt muss erwähnt werden, dass der Vater der Frau Jäger und ihr Mann Metzger war. Also verwandelte sich Isis in die griechische Artemis oder die römische Diana, die mit Kennerblick vermutete, die Blutspur stamme von einem angefahrenen Reh. Sofort weckte Artemis / Diana den Metzger und befahl ihm, mit einem Küchenmesser nach unten zu gehen, um das verletzte Tier zu töten. Er gehorchte. Verschlafen folgte er der Spur bis zum Friedhof, und hätte die junge Frau nicht im Fenster gestanden, so dass der Mann zu ihr hochschreien konnte, hier sterbe einer, wäre die Hilfe zu spät gekommen. Doch das Wunder geschah, sie stand im Fenster, erfasste die Situation und schaffte es, mit drei Anrufen an die richtigen Stellen mein Leben zu retten. In allerletzter Sekunde bekam ich vom Notarzt an der Friedhofmauer eine erste Bluttransfusion, und der arme Metzger, der immer noch das Küchenmesser in der Faust hatte und tatsächlich Giuseppe hieß, wurde von einem Polizisten verhört. Während der Krankenwagen mit heulender Sirene dem Bezirksspital Einsiedeln entgegenbrauste und im fernen Zürich ein Helikopter aufstieg, um mich im Fall eines Schädelbruchs in die Universitätsklinik fliegen zu können, stand die junge Frau wieder im Fenster und wird mit betauten Augen in eine unbestimmte Ferne geschaut haben, das Haupt leicht geneigt, auf den Armen das gestillte Kind, über sich den Strahlenkranz der Sterne: die Madonna.

Die Passage von Durban via Mombasa und Karatschi nach Bombay dauerte mehrere Tage, und entrollten zu den Gebetszeiten die Moslems ihre Teppiche, um sich gegen Mekka zu verneigen, wurden die Bordspiele unterbrochen. Dann trat man, einen Drink in der Hand, an die Reling, lauschte den Gebeten, sah hinaus in die diesige Weite. An einem Nachmittag, da wir uns der nebligen Hitze des Monsuns näherten, lernte ich eine junge Inderin kennen, Majandra.

Majandra war in Durban, Südafrika, aufgewachsen und reiste auf der »Karanja« mit ihrer Familie der ursprünglichen Heimat entgegen. Standen wir an der Reling, vermischte sich Majandras Wehmut mit der Wehmut des alten Oceanliners, denn dies war seine letzte Fahrt, seine Tour d'Adieu – noch ein letztes Mal würde er das ferne Yokohama anlaufen, um danach irgendwo in Asien verschrottet zu werden. Verliebt in die Vorstellung, dass uns der graubärtige Kapitän auf der Brücke verheiraten würde, natürlich unter tropischen Sternen, hätte ich Majandra beinah einen Antrag gemacht, aber Claude Blum, mein Reisebegleiter, ein Freund aus Klosterschulzeiten, der später ein weltweit tätiger Anwalt wurde, hat mir die Romanze ausgeredet.

In Karatschi war die Schwüle unerträglich. Alles klebrig, die Haut, das Haar, das Deck. Von der Reling aus hatte ich Majandra mit ihrer Familie im Gewühl verschwinden sehen, und ich meine mich zu erinnern, dass sie sich nicht nach mir umgedreht hat. Viele Jahre später sollte ich die gleiche Szene noch einmal erleben. Ich stand auf dem Balkon des Spitals und sah zu, wie Katja unten auf der Straße davonging. Kein Blick zurück. Die Taue wurden von den Pollern gelöst, und für den todgeweihten Kahn, der hier in Karatschi seit Jahrzehnten vorbeigekommen war, begann die letzte Ausfahrt aus diesem Hafen. Auf der Brücke bildeten der Kapitän und seine Offiziere eine stolze Reihe, alle in weißer Galauniform, mit schwarzen Sonnenbrillen, die Hand am Mützenschirm. Gut möglich, dass auch der Bordkater auf der Brücke war, denn die Seefahrt ist die Ratten niemals losgeworden, sogar auf der Titanic waren sie mitgefahren und unter den lächelnden Augen des Katers, der beim Untergang an der Seite von Captain Smith bis zuletzt ausgeharrt hatte, ins brodelnde Eiswasser gesprungen.

Die Menschenmassen auf den Kais, die Kräne, die

Lastwagen – alles hielt an, wandte sich dem langsam und lautlos vom Pier sich lösenden, mit allen Lichtern leuchtenden Schiff zu. Damals habe ich es zum ersten Mal erlebt: Es wurde still.

Es. Die Bergler, erzählt Eduard Renner in *Goldener Ring über Uri*, erstmals erschienen 1941, später im Ammann Verlag wiederaufgelegt, kennen dieses Es. In ihrer kargen Sprache taucht es immer wieder auf, häufig im Zusammenhang mit dem Wetter. Es regnet. Es schneit. Es kommt bös. Der Urner Spitalpfarrer und Sagensammler Josef Müller berichtet von einem Senn, der zu einem hohen Felsen sprach: »Lach's la chu, lass es kommen!« Es begann zu rumoren, und in der herabdonnernden Gesteinslawine begrub es den Senn, seine Herde, die ganze Alp. Es. Aus den »stillen Dörfern im Innern« war es hervorgebrochen und hatte die Menschen wieder einmal spüren lassen, wie mächtig es war. Die Bergler wissen um diese Macht und sprechen bis auf den heutigen Tag eine geheime Sprache, die es versteht: den Jodler, den Jauchzer, den Betruf. Aber auch der Umzug mit den Kuhglocken, das Treicheln, oder das wilde Schwingen der Peitschen, das Kläpfen, sind uralte Versuche, sich ans Es zu wenden, ans Unfassbare, ans Übermächtige, ans Numinose. Renner vermutet, dass viele dieser Bräuche aus dem Alltag stammen, etwa aus der Zeit, als

Goethe im Einspänner-Schlitten über den verschneiten Gotthard gefahren war. Da hatte stets einer voranzustapfen, der sacht mit der Peitsche knallte, um eine fällige Lawine, bevor man in sie hineinlief, zum Niederfahren zu bewegen. Für die Bergler war beides numinos: die tiefe Stille und der gewaltige Donner, mit dem sich die Lawine oder der Gletscherbach in den Abgrund stürzte. Ja, im Donner und vor allem in der Stille sprach es zu ihnen. Es. Und in der Fasnacht, die in der Innerschweiz bis auf den heutigen Tag anarchistische Züge hat, nehmen die Bewohner des inneren Dorfs im äußeren Gestalt an: de Stelzäma, de Dräckpätscher, die Hur Kathry, die Stegkatzen, de Toodoli und d'Teetälä, dessen Frau (oder Tochter), sowie der sonderbare Baubauzi.

Eines Abends besuchte ich Kaspars Hof, wo Katja, Klara und ich früher unsere Ferien verbracht hatten. Vreni, die Bäuerin, stellte gerade eine Laterne vors Haus. Man wolle die armen Seelen, die nachts einen Unterschlupf suchten, nicht »im Eigenen haben«, erklärte sie. Ihr sei es lieber, wenn die Toten hier draußen blieben, bei der Kerze.

Während wir uns über die »stillen Dörfer im Innern« unterhielten, öffnete sich oben, unterm Dach, ein Spalt weit ein Fenster, und eine Hand wie Pergament stellte ein kleines Gefäß auf das Sims. Das sei die Großmutter, meinte die Bäuerin mit einem scheuen Lächeln. Sie gehöre noch zu einer Generation, die nachts kein Tintenfass im Haus haben wolle.

Vielleicht hat die Alte gar nicht so unrecht. Es kann auch aus der Tinte kommen. Es steht geschrieben. Es war einmal.

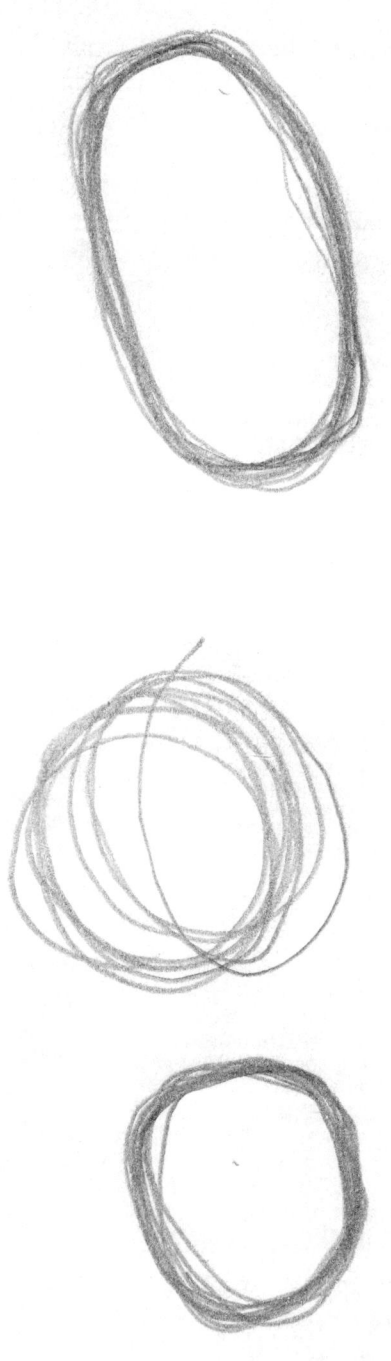

VI
HERKUNFT

schön

Spurensuche in Galizien

Der Nachtzug rollt von Cottbus, der letzten Station auf deutschem Boden, durch heiße Unterwelten nach Krakow. Am Horizont verstrahlen Industriekombinate ein gespenstisches Licht, Katowice, Nowa Huta, nach Schwefel riecht's, nach Diesel, dann wieder nach frisch gemähtem Heu, nach Schlaf, nach Schweiß und gegen Morgen, da sich die Erwachenden vor den Toiletten drängen, nach Kloake. Umsteigen in Krakow.

Der Zug fährt mit Verspätung ein. Seine Endstation, stolz an die Stirn der Lok geschrieben: Odessa. Die Korridore und Abteile füllen sich, und sofort sind wir in einer anderen Welt, nicht mehr unter Reisenden, sondern eingequetscht zwischen Bauern und Marktfrauen, die fröhlich streitend zu essen beginnen. Die Ebene. Galizien. Unter einem hohen Himmel zieht der Zug in ein fahlgrünes Meer hinaus, immer nach Südosten, einem Horizont entgegen, der in der Hitze verrinnt. Ich reise nach Przemysl, um dort eine Straße zu suchen, von der mir meine Großmutter erzählt hat.

Starr stehen die Weizenfelder, der Wind hat sich gelegt. Glaube ich wirklich, irgendwo da draußen, mitten in der flirrend heißen Unendlichkeit, auf die Spuren meiner mütterlichen Vorfahren zu stoßen?

Przemysl, die Hügelstadt, die auf einem Ausläufer der

Karpaten über die Ebene wacht, war bis zum Ende des Ersten Weltkriegs eine weltberühmte Festung sowie ein Handelszentrum, in dem alle galizischen Völker sich drängten und mischten, Polen und Ukrainer, Deutsche, Juden, Ruthenen, Lemkos und Huzulen. Im Winter 1915 wurde Przemysl von der zaristischen Armee umzingelt und musste schließlich kapitulieren. 120000 Soldaten der österreichisch-ungarischen Armee gingen in russische Kriegsgefangenschaft, weshalb Przemysl für den Ersten Weltkrieg eine ähnliche Bedeutung hat wie Stalingrad für den Zweiten. Hier wie dort ging nach grausamen Kämpfen eine Kesselschlacht verloren, die den deutschen Glauben an den Sieg zerstörte.

In den Jahren vor dem Krieg war Galizien das zweitärmste Kronland der Donaumonarchie. Arm ist es nach wie vor und seit dem Zweiten Weltkrieg auch noch geteilt: Der Westen Galiziens gehört zu Polen, der Osten zur Ukraine. Seither verläuft die Grenze nur wenige Kilometer vor der Stadt, die in kakanischen Zeiten die Mitte des Kronlandes behauptet hat. Das ist ihr an allen Ecken und Enden anzumerken. Przemysl hat es ins Abseits verschlagen, an den Rand der westlichen Welt. Aber das hat auch sein Gutes: Das Stadtbild vermochte seine kakanische Prägung zu bewahren. Durch die Gassen, die sich ausgetreten über den Hügel krümmen, gehen die Atemzüge eines stillen Sommers und einer längst versunkenen Zeit, die von durchreisenden Operettenensembles, winterlichen Bällen und einer wehmütigen Sehnsucht nach dem fernen Wien erfüllt war. Ob ich eine kleine Chance habe, meine Straße zu finden?

Ja, ich suche eine Straße. Wenn ich mich an die Erzählung der Großmutter richtig erinnere, war sie links und rechts von Kramläden und kleinen Buden bestanden und rieselte wie ein Flüsschen in die Ebene hinaus. Das ist alles, was ich weiß.

Anfänglich sieht es gar nicht schlecht aus. Im alten Przemysl gab es ein großes Judenviertel, und es wäre durchaus möglich, dass die von mir gesuchte Straße die Jagiellonska ist. An ihr lagen bis zum Zweiten Weltkrieg all die jüdischen Geschäfte, die Schneiderwerkstätten, die Tuch- und Kleinwarenhändler, was tatsächlich zu dem Bild passen würde, das ich im Gedächtnis bewahre. Aber dann kommen die Zweifel. Die Jagiellonska verläuft nicht hügelab, wie ich es mir vorgestellt habe, vielmehr steigt sie ein wenig an, um sich über einen Karpatenausläufer zu winden. Die meisten Geschäfte sind geschlossen, die Hinterhöfe verrottet. Die Synagoge ist eine städtische Bibliothek geworden. *Na Bramie*, im Tor, heißt die Gasse: Hier wurden zwischen 1939 und 1944 viertausend Juden ermordet. Nach langem Nachfragen zeigt man mir in der Nummer 9 ein neues Geschäft, einen Ausleih für Videos. Bis vor kurzem soll hier ein »Galanteria«-Laden gewesen sein, mit einer jüdischen Besitzerin, vielleicht verstorben, vielleicht ausgewandert, niemand scheint es zu wissen, im ehemaligen Judenviertel von Przemysl gibt es keine Juden mehr. Bin ich in der falschen Stadt? Oder suche ich eine Straße, die es nur in den Erzählungen der Großmutter gab, nicht in der Wirklichkeit?

Die Spuren sind da, gewiss, überall meine ich auf Zeugnisse, auf Zeugen einer verschwundenen Welt zu stoßen, da steht auf einer Kachel ein jüdischer Name, dort verweist eine hilflos gemalte Nähmaschine auf eine Schneiderei, ich komme näher, will zugreifen, und dann, als sollte ich genarrt werden, geschieht immer das Gleiche: Die Zeichen und Bilder und Spuren lösen sich auf, als würden sie von der Sommerhitze weggesogen.

Eine Zwischenbemerkung. Als ich durch Galizien reise, war meine Novelle »Fräulein Stark« noch nicht erschienen. Jetzt ist sie auf dem Markt und gibt heftig zu reden. Der Kritiker Marcel Reich-Ranicki erhob den Vorwurf, der Ich-Erzähler würde die jüdische Herkunft seiner Mutter nicht klar und deutlich benennen. Stimmt schon. Der Erzähler kann nur Vermutungen anstellen, Gelesenes und Gehörtes zusammenreimen, Genaues erfährt er nicht, das wird beschwiegen, das ist in seiner katholischen Familie tabu. In jenen Julitagen in Przemysl ging es mir ähnlich. Da ließ sich nichts klären, in dieser Stadt und in diesem Land sind zu viele Lebenswege von der Geschichte ausgemerzt worden. »Wer nicht ermordet wurde, wurde vertrieben«, schrieb der Galizienexperte Klaus Bachmann. »Wer nicht vertrieben wurde, floh. Wer Hitlers Lager- und Exekutionskommandos überlebte, starb in Stalins Gulag.«

Während des Zweiten Weltkrieges wurde Przemysl von den Deutschen, dann von den Russen, wieder von den Deutschen, wieder von den Russen besetzt. Und die Erinnerungen an die jüdische Welt – noch 1939 lebten in Przemysl 20000 Juden – sind heute vergessen. Nein, antisemitisch gibt sich niemand. Aber die Fragen nach jüdischen Namen oder Schicksalen hören sie nicht gern. Bei aller Gastfreundschaft, da stößt man auf ein verlegenes, »schwarzberedtes« Schweigen. Ende der Zwischenbemerkung.

Ich kann das Bild, dem ich hinterherjage, die Straße aus den Erzählungen der Großmutter, nicht aufspüren. Auch ein kundiger Rechercheur, der in den Stadtarchiven nach dem Namen Bersinger sucht, dem Mädchennamen meiner Großmutter, muss seine Bemühungen ergebnislos abbrechen. Nirgendwo ein Hinweis, keine Daten, nichts. Ziel verfehlt? Ein paar schwülheiße Stunden lang denke ich daran, den Koffer zu packen. Aber dann ziehe ich doch wieder los und beginne bald zu merken, dass es mir in diesen Gassen mit den zerfallenden grauen Fassaden immer besser gefällt. Da waltet nicht nur eine Macht, die etwas zum Verschwinden bringt, da waltet auch ein Zauber, der die alte, versunkene Zeit auf geheimnisvolle Weise in die Gegenwart hebt.

Eine düstere Halle. Lange gedeckte Tische, außer uns kein Gast, die Rufe meiner Dolmetscherin verhallen im Leeren der *Restauracja Karpacka*, dem ersten Haus am Platz. Einzig eine hochtoupierte Gastronomiefunktionärin thront hinter einem Tresen, aber ihr Zuständigkeitsbereich beschränkt sich auf die Toilette, ein scharf nach Desinfektionsmitteln riechendes Kellergewölbe, und erst, nachdem die Dolmetscherin und ich je drei Blatt Klopapier erstanden haben, ist die Gastronomiefunktionärin bereit, eine Kollegin aus dem Dornröschenschlaf des real existierenden Gaststättensozialismus herbeizuschrillen. Die wiederum scheint es für eine Zumutung zu halten, dass wir auch noch speisen wollen, und bevor ich einen Bissen vom sehnigen *Kotlet schabowy* zwischen den Zähnen habe, weiß ich, dass unser Essen schon vor Jahrzehnten beschrieben wurde – vom galizischen Schriftsteller Karl Emil Franzos. Dem hatte man in der hiesigen Bahnhofsgaststätte ein Wiener Schnitzel vorgesetzt, in dem eine Stahlfeder, ein rostiger Nagel und ein Büschel Haare eingebacken waren. Wir haben Glück. Unser Fleisch enthält weder Haare noch Nägel, aber ich werde den Eindruck nicht los, dass die mißmutig aufgetragenen Speisen gewissermaßen aus zwei Küchen kommen: aus einer real existierenden und aus einer literarischen Küche.

Als wir auf den Rynek treten, den Ringplatz, ist es zehn Uhr nachts. Przemysl schläft. Die Haustore abgeschlossen, die offenen Fenster finster, und hätte uns die Brigade, worum wir vergeblich gebeten hatten, einen Wodka aufgetragen, würde ich meinen Augen nicht getraut haben. Jetzt aber, nüchtern, gibt es keinen Zweifel – am Fuß einer einsamen Laterne hockt im schwüldunstigen Lichtschein der brave Soldat Schwejk und verscheucht mit seinem Geschnarche die revierenden Katzen. Verdammt nochmal, ist diese verlorene Stadt am Rand der westlichen Welt ein lebendiges Literaturmuseum?

Denn Schwejk, die großartige Figur des tschechischen Dichters Jaroslav Hašek, verschlug es in den letzten Kapiteln tatsächlich hierher. Nach einem unerlaubten Bad in einem Teich hatte er die Uniform eines russischen Gefangenen angezogen, »neugierig, wie sie ihn wohl kleiden würde«, und war, als er im Wasser sein feindliches Spiegelbild studieren wollte, von einer Patrouille der Feldgendarmerie geschnappt worden. Die Folgen kann man sich denken. Der Gefangene wollte nicht zugeben, ein besonders raffinierter russischer Spion zu sein, sondern meldete sich ebenso hartnäckig wie erfolglos als Schwejk Joseph,

Kompanieordonnanz bei der 11. Marschkompanie vom 91. Infanterieregiment. »Herr Feldwebel Dolmetsch, ich bin in die eigene Gefangenschaft geraten.«

Ich liebe dieses Buch, lese immer wieder darin, aber kann der Verwandlungszauber von Przemysl so wirksam sein, dass eine literarische Figur schnarchend und volltrunken lebendig wird?

Am andern Morgen gehe ich über den Markt. Die Landleute, die von der nahen Ukraine ihr Handelsgut heranschleppen, Obst Geflügel Gewürze, werden Ameisen genannt. Es duftet und brutzelt, es brodelt und dampft, und als ich, vom gestrigen Abend immer noch hungrig, eine Kartoffel esse, kommt es mir vor, als sei sie nicht aus der ukrainischen Schwarzerde, sondern aus einem Gedicht von Ossip Mandelstam gegraben worden: »Ich grüß dich, Schwarze Erde.«

Die Kartoffel, Schwejk, das Schnitzel, ja sogar die Stadt selbst erfahre ich als literarische Realität, hier könnte General von Stumm aus Musils »Mann ohne Eigenschaften« zwei Jahre lang garnisoniert haben, in einem dieser »ummauerten Riesenrechtecke, die ein Militärspital, Monturdepots, Mannschaftskasernen und Garnisonsbäckereien enthielten«. Ich komme aus dem Staunen nicht heraus, Przemysl ist für mich eine verwunschene Zauberstadt geworden. Zwar kann ich die mütterlichen Vorfahren nicht finden, aber wo ich gehe, stoße ich auf Bekanntes – ich schlendere durch Gassen und gleichzeitig durch die Literatur.

Ob dies auch für meinen eigenen Text, für die Novelle »Fräulein Stark«, gelten könnte? Darin lasse ich unseren

Urahnen Alexander »Sender« Katz aus den Weiten der galizischen Ebene auftauchen. Eines Morgens fahre ich mit Sabina, der Dolmetscherin, hinaus. Ihr Bruder chauffiert uns. Nein, Sender Katz erscheint mir nicht, aber der schöne Verwandlungszauber ergreift mich auch hier draußen – was ich sehe, sehe ich mit den Augen großer, von mir geliebter Dichter. »Diese Ebene ohne Grenzen«, schrieb der galizische Schriftsteller Leopold von Sacher-Masoch, »macht auf den Menschen denselben Eindruck wie das Meer. Der Mensch hat auch hier das Gefühl der Unendlichkeit, die er nicht fassen kann und vor der er sich scheu in sich selbst zurückzieht.« Im hohen Gras zirpen Grillen, Lerchen stoßen herunter, und der gegen Mittag heißer werdende Wind legt in die Buchweizenfelder Wellen, die lautlos zum Horizont hin davonlaufen. In den alten Telefonleitungen, durch die vor Jahr und Tag die Nachricht vom Ausbruch der großen Kriege ging, summt eine Melodie. Nach wie vor sind die Straßen Alleen für geplagte Marschkompanien, doch Menschen sehen wir kaum, mal einen Priester, der sein Kirchlein abschließt, mal einen Bauern, der in der Nähe einer angepflockten Kuh hockt. Man schaut, man träumt, und miteins steht man grundlos traurig unter der »vollen Tiefe des Sommertags« (Musil). Auch hier draußen, wie drinnen in Przemysl, erweisen die Dichterworte ihre Macht, auch hier ist die Literatur lebendig – inzwischen hielte ich es für völlig normal, wenn an einem der Teiche der brave Schwejk sein feindliches Spiegelbild betrachtete oder die goldenen Ebenen, wie es bei Georg Trakl heißt, von »tödlichen Waffen tönen« würden. Nicht weit von uns entfernt muss Grodek liegen. Der Ort gab dem letzten Gedicht von Trakl den Titel. Er war Medikamentenakzessist des k.u.k. Feldspitals 7/14, wo er vor »unsäglicher Trauer« über die Verwundeten, denen er nicht helfen konnte, tödlich erkrankte. »Alle Straßen«, heißt es in Grodek, »münden in schwarze Verwesung.«

Als wir uns der Stadt nähern, erhebt sich Przemysl wie ein riesiger Grabhügel aus dem weiten Landmeer. Wir sehen die Türme und Kuppeln der griechisch-orthodoxen und der katholischen Kirchen, und darüber die Bäume, Büsche und Rasenflächen der zahllosen Friedhöfe. In ihrem Großwerk »Naturgemäß I und II« nennt Marianne Fritz diese Stadt, die für sie die Mitte der Welt ist, »ein ewiges Totengebiet«. Am Samstagabend, da unten die Glocken läuten, gehen wir über die Friedhöfe. Der eine ist »Deutschlands Heldensöhnen« zugeschrieben, ein anderer polnischen Offizieren, die im Kampf gegen Budjonnys Reiterarmee gefallen sind, ein dritter, der die Knochen von Zehntausenden bergen soll, den Soldaten des Wiener Kaisers. Hier liegen Russen, hier liegen Deutsche, hier liegen Österreicher, hier liegen Polen, hier liegen ganze Armeen, und man weiß nicht, zwischen den namenlosen Holz-, Eisen- und Steinkreuzen sich verlierend, ob sie im Ersten Krieg gefallen sind, in den Bürgerkriegen danach oder im Zweiten. Nach längerer Suche finden wir weiter unten, wo wilder Wald wuchert, auch den jüdischen Friedhof. Ich gehe zwischen die feuchten Farne. Nach wenigen Schritten stehe ich vor einem Grab, das mich erstarren lässt: »Katz« ist in den verwitterten Stein gemeißelt. Das ist der Name, den ich in der Novelle meinen Vorfahren gegeben habe.

Von diesem Moment an habe ich keine Ahnung mehr,

was hier Wirklichkeit ist, was Literatur – oder könnte es am Ende sein, dass zwischen beiden gar keine Grenze verläuft? In der Nacht nach dem Friedhofsbesuch verschlägt es mich in eine Kellerhöhle, die sich offensichtlich nicht an die Polizeistunde hält. Ich kenne mich aus, als würde ich hier schon öfter verkehrt haben, und im Grunde genommen, denke ich nach dem zweiten Schnaps, ist dies tatsächlich der Fall. Ich hocke in Jadlowkers Grenzschenke aus den Romanen von Joseph Roth. Ukrainische Schmuggler, die morgen früh auf dem Markt ihre Ware anbieten, Zigaretten und Diebesgut, glotzen dösend in ihre Schnapsgläser, und ich bin darauf gefasst, dass Jadlowker, wie bei Roth, mit seinem schmierigen Handtuch uns armen Trinkern den Schweiß von der Stirn wischen wird. Stattdessen springt plötzlich die Tür auf, und über die steile Treppe poltert ein Trupp k. u. k.-Soldaten herab, lauter Schwejks, die lärmig und liederselig die andächtige Trunkstille zerreißen. Nein, kein Sufftraum, kein Phantombild. Alle paar Jahre, wie Sabina inzwischen herausgefunden hat, treffen sich die Liebhaber der Romanfigur des Jaroslav Hašek zu einer Tagung, die ironisch als Manöver ausgerufen wird, als *wielkie manewry szwejkowskie*. Der Zufall fügte es, dass das Manöver heuer in Przemysl stattfindet, zur gleichen Zeit, da ich hier auf Bilder- und Spurensuche bin. Morgen, am Sonntag, wollen sich die Schwejks mit einem Volksfest verabschieden.

Es ist drückend heiß. Über der Ebene ein schwülfahles Licht. Wir folgen den Scharen, die zu einem Burghof hinaufströmen, und kaum zu glauben, aber wahr, aber wirklich – hier oben lebt sie noch einmal auf, die alte Sehnsucht nach der kakanischen Welt. Flotte Leutnants flanieren, Schwejks rauchen ihre Pfeifen, Damen werden mit Handkuss begrüßt, und die Soubretten eines durchreisenden Operettenensembles, des *Teatr muzyczny w Gliwicach*, schmettern Melodien, die sie unter Tränen ihrem innigst verehrten Papst zu Rom widmen. Aber plötzlich, als müsse die bunte Herrlichkeit ein symbolisches Ende finden, zuckt der erste Blitz, der Donner kracht, und innert Minuten flieht vor dem heftig herabrauschenden Regen alles hügelab, so dass auf dem weiten Burghof nur ein paar Biergläser und Soldatenkappen in trüben Wasserlachen zurückbleiben. Die großen Schlachten sind geschlagen. Przemysl, einst eine weltberühmte Garnison, dämmert wieder vor sich hin.

Die Straße, die ich suchte, konnte ich nicht finden, aber dennoch hat sich die Reise für mich gelohnt. In Przemysl, dieser alten, schönen, vom Sommer durchatmeten Stadt, sind Sätze und Romanfiguren so wunderbar lebendig, dass ich auf einem verwitterten Grabstein sogar auf den Namen Katz stoßen durfte, meine eigene Fiktion. Alle Straßen, das hat mich Galizien spüren lassen, münden in schwarze Verwesung. Und in die Wirklichkeit von Literatur.

Familienalbum

Der Vater hielt seine Reden auswendig, doch wurden sie am Pult seines Büros geschrieben und an uns, seiner Familie, ausprobiert. Dann saßen wir im Wohnzimmer, und er, das Manuskript in der Linken, rief mit Donnerstimme: »Herr Landammann, Herren Regierungsräte, Miteidgenossen!« Die Reden waren übersichtlich strukturiert: durch drei Punkte. Bei jedem Punkt riss der Vater den Arm hoch, Handrücken zum Publikum, und markierte den Punkt mit einem gereckten Finger, zum Beispiel: »Erstens, der Bauer als Brotgeber« – Daumen. »Zweitens, der Bauer als Bewahrer des Brauchtums« – Daumen und Zeigefinger. »Drittens, der Bauer als Bannwald der Werte« – Daumen, Zeigefinger, Mittelfinger. Jetzt drehte er die Hand um, und schaudernd erkannte das Publikum:

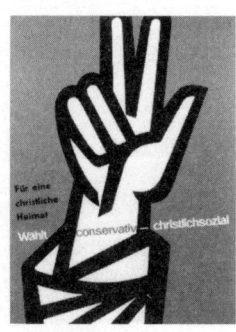

Schwurhand »Wählt conservativ-christlichsozial!«

Mein Vater schloss den Schwur stets mit den Worten: »So wahr uns Gott helfe!«, und niemand, weder die Familie bei der Hauptprobe im Wohnzimmer noch die Gemeinde auf der Festwiese, bezweifelte, dass dies geschehen würde. Im Kreuz war Gott anwesend, präziser gesagt: in drei Kreuzen.

Der Redner auf der Tribüne

Der Altar ist mit der Schweizer Fahne drapiert; auf dem Tabernakel steht ein kleines Kreuz, und alle Menschen überragend, vom Wald umrauscht, zugleich Zeichen und Natur, erhebt sich das große Kreuz, an dem der Gottessohn für uns gestorben war. Die Verbindung von Himmel und Erde stellte auch die Schwurhand dar. Mit beiden Beinen im Boden der Heimat verwurzelt, zeigten die drei Finger nach oben, auf einen Gott, der ebenfalls die heilige Zahl verkörperte: als Dreifaltigkeit. So war die Wiese, auf der der

Vater rhetorisch brillierte, immer auch ins Metaphysische erhoben. Sie war die Festwiese, sie war das Rütli, sie war das Paradies.

Rückblende. Als das letzte Pulver der Religionskriege verschossen war, sah der Friede ungefähr so aus: Den Protestanten gehörte die Industrie, im Kanton Zug etwa die Landis & Gyr, auch stellten sie die Kader, die die protestantisch dominierte Kantonsschule durchlaufen hatten. Die Arbeiter hingegen waren katholisch, ebenso die Gewerbler und Handwerker, und erwiesen sich deren Söhne als aufgeweckt, war meist ein Geistlicher dafür besorgt, sie in einer Klosterschule unterzubringen – auch meinen Vater. Er wurde Zögling der Stiftsschule Einsiedeln, trug eine schwarze Soutane, besuchte jeden Tag die Messe und bekam in den weiß gekalkten, auch im Sommer kalten Gewölben des Klosters von gelehrten Patres jene Vertikale eingetrichtert, die sich aus der Tiefe des Alten Testaments und der griechischen Philosophie durch Ciceros Rom ins Mittelalter des Thomas von Aquin erhob. An einer praktischen Anwendung dieses Wissens war man nicht interessiert; das war die Sache der Protestanten. Indem sie ihre Bildungsanstalten naturwissenschaftlich ausrichteten, produzierten sie jene Elite, die die Industrie, die Banken, das Militär, also das Land beherrschte. Der Protestantismus hatte den Kulturkampf gewonnen. Die Straßen der Innerschweizer Kantone waren holprige Pisten, und fuhren Katholiken auf glattem Asphalt, fühlten sie sich stets ein wenig unwohl. In solchen Gegenden rochen die Leute nach Seife, nicht nach Schweiß. In den blitzblanken Städten sah man weder

Schwarze Madonna im Kloster Einsiedeln

Nonnen noch Lazzaroni (wie die Penner damals genannt wurden), und auf den Kirchtürmen, deren Uhren stets richtig gingen, stand nicht das Kreuz, da hockte der Hahn. Aber seit dem Aktivdienst, da protestantische Offiziere die

Studentenleben

katholischen Soldaten geschleift hatten, begann sich die katholische Intelligenz gegen die protestantische Vorherrschaft zu wehren. Es war eine Art Studentenbewegung. Farbentragende Verbindungen, wie die Fryburgia meines Vaters, riefen zum Gang durch die Institutionen auf – mit Erfolg! Auf ihren Paukböden hatten sie sich den Schneid, in den Kommersen die Rhetorik erworben, auf den Bällen führten sie einander ihre Schwestern zu, und da man sich auch nach dem Universitätsabschluss regelmäßig traf, zum Stamm oder zu landesweit beachteten Zentralfesten, gehörte man zu einem Netz, das, von den Protestanten vorerst kaum bemerkt, über das gesamte Land geworfen wurde. Mein Vater verstand seinen Studentennamen als Programm: Tiger.

Durch einen Verbindungsbruder der Fryburgia (am Kopfende der Tafel, rechts) lernte der erfolgreiche Jura-Student die richtige Frau kennen (das Paar sitzt links vorn, er fröh-

Die Braut

lich, sie glücklich) und gedachte, mit ihr in seine Zuger Heimat zurückzukehren. Der Tiger, jung und hungrig, setzte zum Sprung an.

Im paradiesischen Garten seiner Schwiegereltern, im sankt-gallischen St. Georgen, ließ es der Bräutigam verliebt lächelnd zu, dass der Fotograf die Braut auf ein Mäuerchen stellte. Im »Wunder der Liebe« – damit eröffnete sie das Familienalbum – waren ihre Augen auf gleicher Höhe.

Die Braut war bei der Heirat zwanzig, der Bräutigam acht Jahre älter. Sie wollte Klavierlehrerin werden; ihn hatten sie in Zug bereits zum Stadtschreiber gewählt, und im Tempo des Tigers kletterte er die militärischen Ränge hoch: Leutnant Oberleutnant Hauptmann.

Hochzeitsreise Florenz

Die Hochzeitsreise führte das junge Paar nach Florenz und in den ersten Krach. Er teilte ihr mit, dass er in ihr erstens die Mutter seiner künftigen Kinder sehe, zweitens die Politikergattin und drittens – man sieht die Schwurhand aufflammen! – die Sekretärin einer Anwaltskanzlei, die er demnächst eröffnen werde.

Sie hat die Klaviertasten nie mehr berührt, nicht ein einziges Mal. Das Wunder verwandelte sie in die Dreifrau, die er brauchte: Mutter, Gattin, Sekretärin. Sie gebar zwei tote

Kinder, wäre bei jeder Geburt fast gestorben, und so war ich, der Erste, eigentlich der Dritte.

Bei der Geburt meiner Schwester Gabrielle kam der Tiger, manöverbedingt, zu spät, dafür mit Fotograf. Die junge Mutter zeigt auf diesem Bild zum ersten Mal jenes Lächeln, das sie dann durch ihr ganzes Leben vor sich hertragen sollte, ein Lächeln, das in zwei verschiedene Richtungen geht, nach innen und in die Ferne, aber meistens an den Menschen vorbei. Er, der junge Vater und Hauptmann, war da von anderem Geblüt. Wie er in der Maternité der Klinik Liebfrauenhof die Tochter anschaut, ihr ganz hingegeben, zeigt seine Empathie. Er war, für einen Politiker ungewöhnlich, kein Egozentriker. Das lag zum einen an seiner Herkunft. Er kam aus einer Handwerkerfamilie, die in

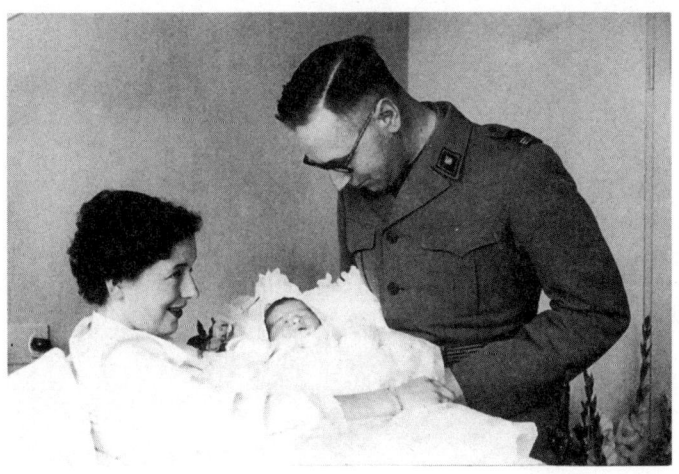

Geburt meiner Schwester Gabrielle, am 28. August 1954

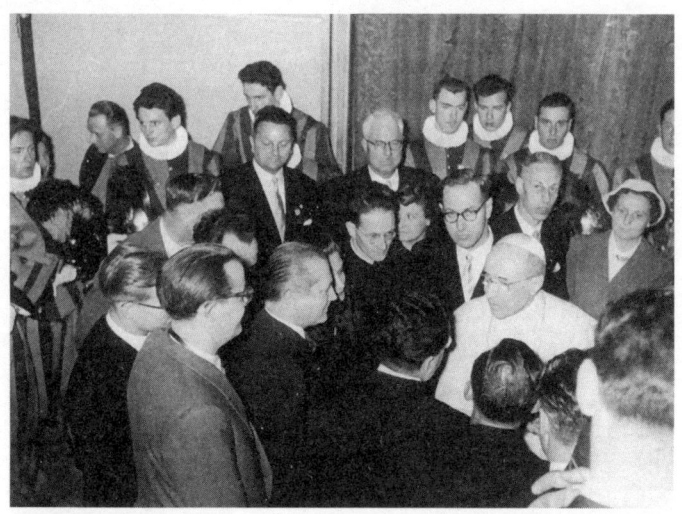

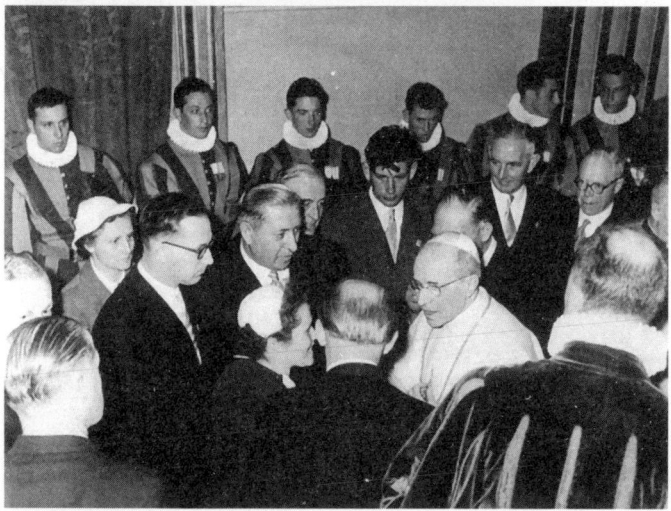

Der Tiger, auf dem Bild oben links hinter Papst Pius XII.,
hat sich auf dem Bild unten in eine bessere Position gebracht

den wirtschaftlich schwierigen dreißiger Jahren mit ihren Gesellen jeden Löffel Suppe geteilt hatte, und blieb dann selbst als Bundesrat, der von einem Sechzehn-Stunden-Tag aufgerieben wurde, jederzeit aufmerksam für die Sorgen und Nöte seiner Mitmenschen. Zum andern erklärte sich sein empathisches Wesen aus einer demütigen Einordnung in jene Vertikale, die er als Redner mit der Schwurhand beschwor. In seiner Person, davon war er überzeugt, diente er einem Allgemeinen: erstens Gott, zweitens dem Vaterland, drittens der Partei. Sie schrieb sich mit C, um so auf den alphabetisch geordneten Wahlzetteln über der bürgerlichen Konkurrenz zu stehen, den Freisinnigen. Aber dieser Trick wäre gar nicht nötig gewesen, die Katholiken wussten schon, welche Partei sie anzukreuzen hatten.

1954 wird Dr. jur. Hans Hürlimann Regierungsrat und legt in einem Referat sein Programm dar. Er fordert dazu auf, die Zeichen der Zeit zu erkennen, und wird sie beim Vortrag auf gewohnte Weise gestisch markiert haben. Erstens (Daumen): »Das Zeichen der sich ändernden Heimat«, zweitens (Zeigefinger dazu): »Das Zeichen eines neuen Zeitalters«, drittens (Mittelfinger dazu): »Das Zeichen der großen Kirche«. Dann hat er dem Publikum die Schwurhand gezeigt und sich bereit erklärt »zur richtigen Tat«. Natürlich sind es »drei Aufgabengruppen«, die sich für die kommende Legislaturperiode stellen … erstens zweitens drittens, Hand drehen, schwören, pathetisch: »So wahr uns Gott helfe!« Worauf ein Applaus aufbrandet, den das Luzerner »Vaterland« und die »Zuger Nachrichten« einmütig als »donnernd« beschreiben werden. Interessant am Referat ist der Titel:

Wir meistern die Zukunft!

Aus einem Referat von Regierungsrat Dr. Hans Hürlimann anlässlich der kant. Delegiertenversammlung in Zug.

Mit der Beschwörung der Zukunft setzt der Tiger wieder zum Sprung an, doch springt er nicht als Erster, zwei andere sind ihm zuvorgekommen. Der eine ist sein ehemaliger Schulkamerad aus Walchwil: Alois Hürlimann. Alois und Hans sind nicht miteinander verwandt, doch wurden beide in Klosterschulen erzogen (Hans bei den Benediktinern in Einsiedeln, Alois bei den Kapuzinern in Stans), und beide haben als Verbindungsstudenten zu politisieren begonnen. Alois, ein Christlich-Sozialer, trug den Verbindungsnamen Soz. Soz, mit einer schönen Tessinerin verheiratet, war forscher, lauter und lebenslustiger als Hans und begriff früh, dass sich die allgemeine Mobilmachung des Weltkriegs im Frieden fortsetzte. Als Baudirektor bescherte er dem Kanton Zug neue Straßen, Brücken, Tunnels, und um das Tempo zu zeigen, das er vorlegte, sei eine Anekdote angeführt, für deren Wahrheit ich bürge. Nach einer Sitzung des Kantonsrats fuhren mehrere Autobusse sämtliche Delegierte zu einem fixfertigen Betonviadukt, der Baudirektor ließ Weißwein ausschenken, hob das Glas und krähte: »Meine Herren Kantonsräte, Sie stehen auf der Brücke, die Sie heute Vormittag bewilligt haben.« Für die Wiederwahl in den Regierungsrat (1962) zeigt der Wahlprospekt (siehe rechte Seite) die vier Conservativ-Christlichsozialen auf einem Bild. Rechts steht der Tiger, mit ausfahrender Pranke. Es gelingt ihm zwar, die Blicke des gemütli-

chen Carl Staub und des eleganten Silvan Nussbaumer
(mit Zigarillo) auf sich zu ziehen, aber auf dem Präsiden-
tenplatz ballt der schlau grinsende Soz seine Fäuste. Noch
vor Hans zog er nach Bern und wurde schon bald eine na-
tionale Größe.

Wahlprospekt

Als Nationalrat entwarf Soz die »Gesamtverkehrskonzep-
tion« und spannte über das Land ein Netz von Autobahnen. Den Beton mischten italienische Gastarbeiter, und die
lokalen Unternehmer, die überall ins Geschäft drängten,
hatten in der Regel die Religion ihres Kantons. Im Wallis,
im Welschland und in der Innerschweiz waren es Katholiken, und spätestens mit der feierlichen Einweihung des
ersten Bauabschnitts (am Lopper, zwischen Luzern und

Stans) war die historische Wende vollzogen. Die religiösen, kulturellen und ökonomischen Unterschiede wurden zubetoniert. Wer nun über Land fuhr, merkte nicht mehr, ob er katholisches oder protestantisches Pflaster unter den sirrenden Reifen hatte. In jenen Jahren, Anfang der Sechziger, überrannten die Katholiken eine protestantische Stellung nach der andern, vor allem auch in der Armee, und das erklärt, weshalb der Tiger Partei- und Verbindungsfreund Soz auf der nationalen Bühne den Vortritt ließ. Soz hatte militärisch nicht den geringsten Ehrgeiz – und hartnäckig hielt sich das Gerücht, er habe sein Netz am Lopper beginnen lassen, weil er in Stans eine Geliebte hatte. Vor ihr hat er die ersten Kilometer unserer Nationalstraße wie einen Asphaltteppich ausgerollt. Der Tiger kämpfte sich indessen bis zur totalen Erschöpfung durch Generalstabskurse und Wintermanöver und erhielt, von Kirchenglocken umjubelt, von Fahnen umflattert, als erster Katholik und Zuger das Kommando über das kantonale Gebirgs-Infanterie-Bataillon 48. Später wurde er zum Oberst befördert, und auch als Kommandant des Gebirgs-Infanterie-Regiments 29 war er der erste Einheimische. Die protestantischen Kolonisatoren waren besiegt.

Die Wunde ist nie ganz vernarbt. Bei der Wahl zum CP, Centralpräsidenten, der katholischen Studentenverbindungen war der Tiger von einem sechs Jahre jüngeren St. Galler geschlagen worden. Dessen Studentenname, Müli, war doppeldeutig. Müli war ein begnadeter Redner, der mit seinen Argumenten und Analysen jeden aus dem Feld schlug (das sollte in einem legendären TV-Duell selbst Max Frisch er-

Mein Vater im Manöver

fahren), doch bezeichnete das Vulgo auch das etwas ver-
kniffene Aussehen: Kurt Furgler hatte ein Müli. In unserer Familie nannten wir ihn Kufu, und irgendwie schien
dieser Kufu einfach besser zu sein als Papa. Kufu war als
Handballer Schweizer Meister und Cup-Sieger. Kufu war
vermögend, saß im Nationalrat, wurde früh als Bundesrat
gehandelt und machte auch im Militär Karriere, schneller als der Tiger. Kufu erklomm in der Hierarchie der Armee den für einen Katholiken schwindelerregend hohen
Rang eines Brigadiers. Mit Soz, der sich durch seine heim-
liche Liebschaft den Aufstieg in die höchsten Ämter ver-
baut hatte, konnte sich der Tiger arrangieren. Sie blieben
sogar Freunde. Aber nun war er auf dem Sprung nach Bern,
in den Ständerat, und natürlich war ihm bewusst, dass er die
Partei brauchte, um Macht und Einfluss zu gewinnen. Doch
die Partei war dem Tiger fremd geworden. Auf Betreiben

Défilée

*Mein kleiner Bruder
mit Uniformteilen
des Vaters*

Kufus hatte man die Vertikale verlassen und sich in corpore (allerdings ohne Frauen) auf den abzischenden Zeitpfeil gehockt. Nun ging es den Ex-Farbenbrüdern nicht mehr um das Bewahren tradierter Werte. Sie kappten die religiösen Bindungen, orientierten sich am überall grassierenden Sozialdemokratismus und hofften, noch vor den Linken einen Planeten namens Utopia Helvetica zu erreichen. Aus den Conservativ-Christlichsozialen war die CVP geworden, die Christliche Volkspartei. »Wir«, schrie Kufu, der auf dem Zeitpfeil ganz vorn saß, im Ledermantel des Brigadiers und mit einem Kleinbürger-Hütchen à la Obergenosse Honecker, DDR, »sind die dynamische Mitte.«

Vereidigung als Ständerat

Ich bin in einem Dreiklang aufgewachsen. Land, Religion und Familie bildeten eine harmonische Einheit. Als ich Ministrant war, gab es am Sonntag mehrere Messen, und alle Kirchen waren voll. Auf Kirchtürmen, Hügeln, Gipfeln und auf dem roten Grund der Flagge stand das Kreuz. Es stand, als würde es immer stehen. Und dann, über Nacht, begann es zu sinken …

Fronleichnamsprozession

Auf dem Foto der Fronleichnamsprozession 1959 schreitet
vorneweg der Standesweibel. Der Herr mit der Glatze, direkt hinter ihm, ist Alt-Bundesrat Philipp Etter, der Flügel-
mann rechts mein Vater. Die Prozession bewegt sich in ge-
messenem Schritt, und zu Ehren der Altäre, die ihren Gang
säumen, tragen die Herren den Zylinder in der Hand. Einer
dieser Altäre ist im Hintergrund erkennbar. Im Durchgang
der brandneuen Zuger Kantonalbank steht die Madonna,
von Laubbäumen flankiert, die Architektur des Gebäudes
jedoch drückt unmissverständlich aus, dass das Kapital die
schnucklige Devotionalie demnächst verschlingen wird.
Während die Prozession noch gemütlich durch die Stadt
zog, hatte hinter der geleckten Bankenfassade bereits ein
anderes Tempo eingesetzt. Zunehmend rasanter drehte sich
da das Rouletterad der Börsen. Die Fronleichnamsprozession wurde als Hindernis empfunden und beiseitegeräumt.
Die Zylinder blieben im Schrank, und sogar aus dem Ver-

kehr sollte das Kreuz bald verschwinden. Aus den Kreuzungen wurden Kreisel. Aber völlig unbemerkt geschah es nicht. Kufu und meine Mutter hatten es kommen sehen.

Was ist eine dynamische Mitte? Eine Mitte, die sich selbst auflöst. Kufu machte es vor. Mit (damals) radikalen Linken wie Adolf Muschg wollte er eine neue Bundesverfassung schreiben und als radikaler Rechter die Busipo schaffen, eine national operierende Sicherheitspolizei. Diese Truppe – zum Glück wurde sie vom Parlament verhindert – hätte just jenes Milieu bekämpfen sollen, das gemeinsam mit dem frommen Justizminister Gott aus der Präambel der Bundesverfassung zu eliminieren gedachte, und so stellt sich die Frage, ob Kufu überhaupt ein Ich hatte, das seine Extreme verwaltete. Ja. Eines Abends saß er im Burgtheater Wien in der Kaiserloge, aufgelöst in Tränen. Seine Tochter Brigitta spielte an der Seite von Klaus Maria Brandauer die Emilia Galotti. Sie spielte sie hinreißend. Am liebsten hätte Kufu jeder Vorstellung beigewohnt, er allein in der Loge, auf der Bühne seine Schöne im Licht, aber Gattin Ursula muss es dann doch gelungen sein, den Gatten energisch zurückzupfeifen in Amt und Würden. Das war umso nötiger, als in den St. Galler Garten ein nicht ungefährlicher Bock eingebrochen war: der ehemalige Klosterschüler Niklaus Meienberg. Jetzt gab er den flammenden Marxisten und rief Kufus Töchter liebesbrünstig zur Revolution auf. War es eine Tragödie? War es eine Komödie? Jedenfalls Burgtheater-tauglich: Ein Justizminister, der aus Wahnangst vor linken Wühlern eine neue Sicherheitspolizei in Planung hat, muss es aus Familienliebe akzeptieren, dass mit Meienberg ein gnadenloser Enthüllungsjournalist in seinem Haus verkehrt. Die dynamische Mitte war zu Dynamit geworden – und Kufu geriet mehr und mehr ins Abseits. Er hatte den Tiger nicht verhindern können. Nun gehörte dieser, wie Kufu, der Regierung an und bildete zusammen mit zwei andern, ebenfalls gegen ihre Parteien gewählten Bundesräten, ein Triumvirat, das zwar Kufus jesuitische Intelligenz nutzte, aber dessen Höhenflüge nach links und rechts ins Leere lenkte. Unter diesem Gremium – sechs gestandene Landesväter und ein heller Kopf – ging es dem Land zum letzten Mal richtig gut. Nach außen war es Neutralien, nach innen die Schweiz der zwei Geschwindigkeiten: politisch langsam und bedächtig, ökonomisch rasant und risikofreudig.

Anno 1967 habe ich von der Mutter die Chronistenpflicht übernommen und gestalte fortan das Familienalbum. In diesem Sommer reisen wir nach Florenz und sitzen auf demselben Mäuerchen wie vor zwanzig Jahren das junge Paar auf der Hochzeitsreise. Von rechts nach links: Gabrielle, die Mutter, Matthias, der Vater, ich. Auch der Fotograf, meint die Mutter, sei noch derselbe wie damals. Und dann sagt sie noch etwas, traurig und leise: »Ich fürchte, es sind unsere letzten schönen Ferien.«

Ferien in Florenz

Mein kleiner Bruder reitet auf einem Löwen

Mama und meine Schwester Gabrielle.
Sie hat die Fotos, die ich ins Album klebe, geschossen

Als mein Vater überraschend in den Bundesrat gewählt wurde, war meine Schwester Gabrielle gerade dabei, die Fahrprüfung zu absolvieren. Sie war schon mit siebzehn in die USA gegangen, hatte im damals noch gefährlichen New York gelebt und fuhr ausgezeichnet Auto. Aber nun feierten die Zuger Kirchenglocken den neuen Bundesrat, und der Prüfungsexperte erklärte ihr treuherzig: »Fräulein Hürlimann, ich muss Sie leider durchfallen lassen, sonst heißt es überall, Sie hätten die Prüfung nur deshalb bestanden, weil Sie die Tochter Ihres Vaters sind. Lassen Sie ihn herzlich grüßen. Bis zum nächsten Mal!« Gabrielle nahm es lächelnd, aber wir Kinder ahnten, was auf uns zukam. Die Mutter auch. Als erste Bundesratsgattin weigerte sie sich, den Haushalt nach Bern zu verlegen. Mit Matthias, ihrem jüngsten Sohn, der die Kantonsschule besuchte, blieb sie in Zug. Ich setzte mich nach Berlin ab, an die Freie Universität, die jener Farbenbruder, der die Ehe meiner Eltern gestiftet hatte, als »rote Kaderschmiede« bezeichnete und so sehr fürchtete, dass er im Büro des neuen Innenministers meine umgehende Rückführung in die Heimat verlangte. Zwei Bundesweibel waren nötig, um den Tobenden aus Papas Büro zu werfen. Eine bühnenreife Szene – wie bei Kufus zu Hause. Aber dann hieß es bei uns: Finita la Commedia, incipit tragoedia!

Bundesrat Hans Hürlimann sorgte sich nach dem Pillenknick um die Zukunft des Rentensystems und lancierte eine Kampagne, um der Alterspyramide eine solide Basis zu erhalten. Seit eh und je der Dreizahl verpflichtet, propagierte er »drei Kinder pro Familie«, und zwar so vehement, dass er es als »Drülimann« zum Witz- und Fasnachts-Sujet brachte. Erst lachte er mit. Dann verging ihm das Lachen. Sein jüngster Sohn erkrankte an Knochenkrebs, und von Anfang an wusste die Familie, dass es die Krankheit zum Tod war. Matthias erlag ihr nach vierjährigem Kampf, kurz nach bestandener Matura. Während dieser Zeit nahmen meine Eltern ihre Verpflichtungen weiterhin wahr, ohne sich etwas anmerken zu lassen. Der Tiger beschwor in

Die beiden Hürlimänner (links Hans, rechts Soz)
mit ihren Gattinnen in ihrer Heimat Walchwil

seinen dreipunktigen Reden die Zukunft, und mit ihrer Maske, die sie im Lauf der Jahre mit Crème, Puder, Lid- und Lippenstiften perfektioniert hatte, lächelte seine Gattin in die Kameras. Beide waren sehr tapfer, und ich fand es bemerkenswert, dass der Vater seine Frömmigkeit nie verlor. »Der Herr hat's gegeben«, sprach er, »der Herr hat's genommen.« Als er sein Amt nach zehn Jahren verließ, von seiner Gattin dazu gedrängt, war er innerlich ein gebrochener Mann. Er hatte eine Partei und ein Land repräsentiert, die beide im Siegeszeichen des Kreuzes gestanden hatten, und musste nun feststellen, dass dieses Zeichen verblasst war. Die Flaggen wurden eingerollt. Die Kirchen leerten sich. Das Kreuz – nun stand es auf dem Grab von Matthias.

Das Familiengrab heute

Solang sich die Schweiz an die Vertikale gehalten hatte, war sie in den Mythos gestellt. Frei nach Heidegger: Der Mythos ist. Er war nicht, er wird nicht sein, er ist, und so landet, wer sich aus dem Überzeitlichen des Mythos verabschiedet, nicht in der Utopia, sondern im Outopos, im Nirgendwo. Die Schweiz wurde zu Monaco, Zug zu Abu Dhabi. Aus der historisch gewachsenen Fülle in die globale Leere – es war nur ein Schritt. Einige Bräuche konnten sich

Kufu und ich (mit Anarchistenbart) beim
Empfang des neugewählten Bundesrats Hans Hürlimann,
am 7. November 1974. Rechts meine Mutter

erstaunlicherweise halten, etwa die Wahlen, da man in den
Turnhallen zu den Urnen ging. Marie-Theres Hürlimann,
die Witwe des Bundesrats, erschien wie früher comme il
faut geschminkt, auf hohen Absätzen, mit großem Hut, aber
ihre Stimme bekamen nun Jo Lang und Hanspeter Uster,
die Gründer der RML, der Revolutionären Marxistischen
Liga. Sie starb am 29. August 2001. Im Sarg entpuppte
sich das wehmütig lächelnde Gesicht als Totenmaske. Eine
Corona alter Herren, von noch erstaunlich rüstigen Gattinnen gestützt, erschien zu ihrem Begräbnis. Meine Schwester Gabrielle hatte es organisiert, und zwar so perfekt, wie
dies dem Vater, trotz Generalstabskursen, nie gelungen
wäre. Gabrielle verfügte, dass ich beim Trauermahl neben

Kufu Platz nahm, wie seinerzeit, nach Vaters Wahl, auf dem Landsgemeindeplatz in Zug.

Natürlich war beim Trauermahl auch jener Farbenbruder anwesend, der die Geschicke unserer Familie seit Jahr und Tag treu begleitete. Mit dem Greisenfinger deutete er auf mich und sagte mit zittrigem Stimmlein, doch voller Verachtung: »Herr Bundesrat, dieser Schmierfink hat in der *Weltwoche* geschrieben, die Zukunft der CVP bestehe in der Organisation ihrer Beerdigung.« Kufu sah mich von der Seite an. »Haben Sie das tatsächlich geschrieben?« »Ja, Herr Bundesrat.« Kufu legte mir seine Linke auf den Unterarm und wartete, bis es still geworden war an der Tafel. Dann schmetterte er in die Runde der müden Greise: »Zu meiner Zeit, liebe Freunde, hätten wir so einen zum Parteisekretär gemacht.« Vorhang. Finis.

Matthias Hürlimann

26. September 1959 bis 7. Februar 1980

Ein Nachruf, geschrieben zum Begräbnis
auf dem Friedhof Zug

Am 30. Juni 1979 schreibt Matthias Hürlimann in sein Tagebuch: »Kaum, dass der Sommer begonnen hat, nehmen sie ihn dir wieder weg – als ob der Sommer nur eine Jahreszeit wäre.« Er schreibt dies zur Zeit seiner Matura an der Kantonsschule Zug. Nach den Examina reiste er nach Bern, wo im Inselspital eine letzte Chemotherapie versucht wurde; sie brachte, wie alle Operationen und Bestrahlungen, keine Heilung. Matthias wusste es. Unter dem Datum des gleichen Tages schrieb er: »Sie sprechen von deiner geistigen Reife und wissen nicht, dass du an deine körperliche Fäulnis denkst. Sie sprechen von Etappenziel und offenem Lebensweg und ahnen nicht, dass für dich alles Abschied ist. Und was bleibt zurück? Alles wird bedeutungsvoll, übersteigert und zugleich bedeutungslos, nebensächlich, weil zeitlich begrenzt. Endgültig. Eine Zeit wie Gefängnisurlaub. Du willst deine Freiheit noch nutzen und verbaust sie dir damit. ›Nur leben, leben, leben‹, sagt Raskolnikov in Dostojewskis ›Schuld und Sühne‹. *Meine* Ansprüche sind höher, sie schliessen die Frage nach dem ›Wie‹ ein.«

Diese Frage nach dem »Wie« wurde für Matthias grausam beantwortet. Nach der ersten Phase der chemotherapeutischen Behandlung in Bern reist er allein nach Italien.

Am 5. September schaut er, auf einer Wiese über Florenz sitzend, in die Dämmerung. Er schreibt: »Die Farben des Parks, der unter mir liegt, verschwimmen langsam zu einem Schwarzgrün. Die Details verschwinden. Alles wechselt und geht über ins Schattenhafte. Die Wirklichkeit schafft sich ihre stärksten Symbole immer selbst. Die Nacht zu beschreiben ist fast unmöglich. Ich glaube, dass mein Befinden in der Nähe der Heideggerschen Angst lag.« Wie er im Tagebuch beiläufig erwähnt, ist Matthias in dieser Nacht bis zum Morgengrauen durch Florenz gegangen.

Er schreibt: »Beizukommen wäre der Realität höchstens mit einer Kafkaesken Surrealität: ausgeleuchtete Plätze, die immer weiter, Straßen, die immer länger werden, Uhren die ruckweise und dann überhaupt nicht mehr laufen.« In dieser Nacht ist der Schmerz, gegen alle Versprechungen der Berner Ärzte, wieder aufgebrochen. Matthias schreibt, dass er jetzt die Behandlung aufgeben will, endgültig, und er schließt die Beschreibung seiner Nacht in Florenz, die sich ihm zum Symbol seiner Wirklichkeit verdichtet hatte, mit einem kurzen Satz ab:

»Im Moment fühle ich mich etwas traurig.«

Matthias gab in dieser Nacht die Hoffnung auf. Er war im vierten Jahr krank, wissend, dass es die Krankheit zum Tod war. Aber erst in dieser Sommernacht betrat er, wie er im Dezember rückblickend schrieb, »die Todeszone«. Für ihn galt die Gleichung »Leben ist Hoffen«, und nun, da er die Hoffnung aufgab – »es ist dies eine *Aufgabe* im doppelten Wortsinn«, sagte er im Gespräch – nun, da er die Todeszone betreten hatte, schrieb er in sein Tagebuch: »Ich möchte als Philosoph sterben. Philosophie heißt: ›Sterben lernen‹. Die Überzeugung muss mir gelingen, dass das bewusste Sterben, das Denken des Todes, das Leben erst erleben lässt, das Leben erhöht. Die Frage der Dauer wird nebensächlich.«

Von Florenz reiste er nach Rom, wo er seine Schwester Gabrielle traf, die ihm half, die Schmerzen zu ertragen. Matthias erlebte letzte, heitere Tage im spätsommerlichen Rom; die Hilfe und Liebe seiner Schwester haben sie ihm ermöglicht.

Die Frage der Dauer wird nebensächlich. Matthias hat nur kurz gelebt, doch sagt er selbst, dass wir dieses Leben nicht nach der Uhrzeit messen können. Er hat, bedingt durch das Wissen, dass seine Zeit begrenzt ist, Tiefen und Höhen erfahren, die jenseits unserer Möglichkeiten sind. Er wurde um das Leben betrogen, aber nicht um sein Sterben. Matthias ging bewusst in den Tod.

Sein Leben. Matthias wurde am 26. September 1959 geboren. Er war der Jüngste seiner Familie; seine Schwester war fünf, sein Bruder neun Jahre älter als er. Das Kind war scheu, hielt sich eng an die Mutter und seine Geschwister. In einem Aufsatz während seiner Kantonsschulzeit schrieb er später: »Erinnerung ist Hingabe an die Illusion, einmal glücklich gewesen zu sein.« Er meinte, dass er dieses Glück, diese Illusion von Glück, in der Zeit vor der Schule gehabt hätte; »glücklich«, sagte er, »kann man nur sein, wenn man dieses Wort noch nicht kennt.« In den ersten Primarschuljahren stand er in den Pausen abseits oder kam nach Hause, doch fand er vor seinem Übertritt in die Kantonsschule einen Freund, Stephan, verlor die Scheu und wurde lauter.

An der Kantonsschule fühlte er sich »heimisch«, wie er einmal sagte. Er war, zusammen mit seinen Freunden, in der Klasse tonangebend; er gründete einen Filmclub und beteiligte sich maßgeblich an der Herausgabe der Schulzeitung »Reflex«. Er organisierte Veranstaltungen, die zu den Problemen der Dritten Welt und gegen eine Wohlstands-Schweiz Stellung bezogen, und weil ihm viele seiner Mitschüler zu träge, zu passiv waren, gehörte er zu den Gründern einer »Belebungs-Organisation-Kanti«, abgekürzt Bok, die agitieren und aufrütteln wollte. Er engagierte sich, er war tätig.

Jung hatte er einen Standpunkt gefunden, den er am 8. Januar 1978 im Tagebuch so zusammenfasste: »Absage an jegliche Normen, Formen, Traditionen, Konventionen; Absage an das Bürgerliche, das Gewöhnliche, das Sesshafte, das vorgetäuscht Zufriedene, das Genügsame, das Abgestumpfte; Absage an das Unempfindliche, das man pflegt, um die eigene Situation nicht zu empfinden. Verloren der Glaube an eine Harmonie, eine höhere Ordnung, einen Schöpfer einer Schöpfung voll Schmerz, Leid, Pestleichen, Judenmorden, Ungerechtigkeiten. Und trotzdem: die Hoffnung, der Glaube an ein Urbild, an eine Idee, an die Vollendung, die die Vergänglichkeit, die Zweiheit, den Widerspruch überwindet; Hoffnung auf eine Vollendung, die Denken und Sinn, Wollust und Schmerz vereint. Konsequenz, sich selbst zu erkennen, zu finden und danach zu handeln. Konsequenz und Mut. Revolution mit und für sich selbst, um den *Traum*, das Urbild, zu begreifen.«

An der Kanti lernte Matthias seine Freundin Barbara kennen. Am 16. November 1977 schrieb er in sein Tagebuch: »Nur die Hand, die Du mir wärmst, erstarrt nicht vor Kälte. Ich spüre den Wunsch, Abstand zu nehmen von allem und mit Dir auf den See hinaus- und hinwegzuschweben.« Trotzdem will er sich in dieser Liebe nicht einwohnen; sein Zimmer, das er sich im Untergeschoss des Elternhauses eingerichtet hat, wird, wenn die Beizen um zwölf schließen, zum Treffpunkt für viele. Nächtelang wurde diskutiert, politisiert, philosophiert.

Der Vater von Matthias musste sich vielen Streitgesprächen stellen. Er hat die oft radikale Haltung seines Sohnes argumentierend in Frage gestellt, aber immer geachtet. So entstand bei Matthias eine Achtung auch für das Denken des Vaters und, noch mehr, eine Liebe zu ihm, die jenseits ihrer verschiedenen Meinungen umso stärker und ehrlicher war.

In diese Zeit gehören auch die Reisen zu seinem Bruder Thomas nach Berlin. Matthias gefielen die Nachtgespräche in den Kreuzberger Kneipen, er lernte Leute kennen, deren Ansichten seine eigenen ergänzten.

Am 31. Dezember 1977 fasste Matthias das vergangene Jahr in wenige Sätze; er schrieb in sein Tagebuch: »Dieses Jahr zerfällt in einzelne, glückliche Momente. Barbara und meine Tramp-Ferien im Sommer, für die der Ausdruck Ferien eigentlich gar nicht mehr passt, vielmehr: eine kurze, befristete Periode vollkommener Selbständigkeit. Im Herbst wieder in Berlin. Im Winter das Theaterspielen an der Kanti, das so etwas wie eine Befreiung war. Dann der Höhepunkt des Jahres: die Fasnacht in Luzern – tanzend im Kreis mit mindestens zwanzig anderen und plötzlich die Gewissheit: Ich bin wieder gesund.«

Matthias stand, als er dies schrieb, bereits im Schatten

seiner Krankheit. Er, der, wie er im Tagebuch einmal vermerkt hatte, »sich auflehnen will gegen die Diktatur der Normalität«, muss nun feststellen, dass diese Auflehnung schon begonnen hatte: »Es ist eine pittoreske Vorstellung«, schreibt er, »von innen zerfressen zu werden. Ich muss versuchen, die Krankheit als Normüberschreitung zu verstehen. Anderssein: ja. Aber gerade so?«

Aber gerade so? Sein langes Sterben hatte begonnen. Als der Tumor an der Wirbelsäule im Universitätsspital Zürich operiert wurde, schreibt Matthias, noch nicht siebzehn Jahre alt: »Ich will jetzt nicht mehr tapfer sein, nur um dem Leiden ein positives ›Tapfer‹ entgegenzustellen.« Nun schwankt er jahrelang, bis zu jener Nacht in Florenz, zwischen Hoffnung und Verzweiflung. Er ist tapfer gerade in der Verzweiflung – wenn er sich zu seiner Traurigkeit bekennt. So steht im Tagebuch, ohne Datum: »Leben – wie lange noch? Jahre? Kaum. Angst, zu verpassen und Sehnsucht, das, was bleibt, intensiv zu leben. An die Grenzen stoßen bei jenen, die Zeit haben, denen Jahre bleiben. Zeit haben? Ich muss Zeit konzentrieren, verdichten, also: Zeit überwinden. Allein? Einsam? Wer macht denn noch mit von denen, die Zeit haben?! Die Chance ist vertan. Ich lebe so, wie jene, die glauben, Zeit zu haben, und verliere sie darob. Meine Zeit habe ich verpasst.«

Matthias steht immer wieder vor der Alternative: Fortsetzung der Behandlung oder Abbruch. Jedes Mal will er abbrechen, sich aufgeben, sagt: »Ich will mich verweigern. Krebs ist ein Tier, das rückwärts flieht. Ich will fliehen, mich zurückziehen. Ich bin ein Krebs, ein Verweigerer. Ich bin, auf meine Art, ein Dienstverweigerer.« Und jedes

Mal – denn die Hoffnung ist noch da, lässt sich nicht wegdenken – entschließt er sich doch wieder für letzte, schon
aussichtslose Versuche.

In dieser Zeit lernt er am Bürgerspital in Zug den Chefarzt Dr. Keiser kennen und schätzen. Der Grund für diese
Achtung liegt in der Offenheit, die Matthias von Dr. Keiser
fordert und erhält. Matthias sagt: »Ich habe so viele Ärzte
gehabt, dass ich sie nicht mehr zählen kann. Das Kranken-
zimmer ist für mich immer eine Gefängniszelle. Ich bin ans
Bett gefesselt und, wenn sie mich künstlich ernähren, an
den Schlauch. Der einzige, der mir ein Gefühl von Freiheit
gibt, ist Keiser, weil er mich ernst nimmt und mir wenigstens sagt, wie's steht. Der heisst Keiser und ist für mich Cäsar, der den Daumen nach unten hält.«

Je stärker die Krankheit wird, desto mehr bekennt sich
Matthias zu ihr; er sagt seinen Eltern und Geschwistern,
seiner Freundin und seinen Freunden, dass sie lernen müssten, das Wort »Krebs«, das Wort »Sterben« und das Wort
»Tod« auszusprechen. Er ist seiner Schwester Gabrielle
dankbar, die als Erste die Kraft hat, ihn als Mensch, als
Matthias, zu bewahren und der Versuchung widersteht,
ihren Bruder auf seine Krankheit und Hilfsbedürftigkeit zu
reduzieren, doch wird es für seine Freundin Barbara, für die
Familie und die Freunde immer schwieriger, der bitteren
Wahrheit seines Sterbens standzuhalten. Die Schmerzen
nehmen zu. Eines Tages sind sie so stark, dass er sich auf
den Pausenplatz legen muss und die halbe Schule über ihn
hinwegrennt. »Ich habe«, sagt er, »alles von unten gesehen – aus der Grabperspektive.« Er ist jetzt, wie als Kind, in
den Pausen wieder abseits.

Matthias will die Krankheit nicht wegdenken, die Schmerzen nehmen zu. Metastasen wuchern in den Hüften und im Kopf. Er sagt: »Die sinnlose Kraft, den Schmerz auszuhalten, ist meine Existenz. Wenn ich solche Schmerzen habe, darf Barbara mich nicht berühren. Es ist wie die Berührung zweier Welten. Im Schmerz ist man allein, das konnte ich nie sein, ich bin ja noch jung. Jetzt kann ich es.« Und einmal sagt er, im Herbst 1979: »Es ist kein Zug, der ankommt, irgendwo. Ich bin schon da, ich bin schon am Punkt, am Ende der Strecke. Dieser Punkt wird jetzt immer intensiver. Man spricht ja zutreffend vom ›bohrenden Schmerz‹, und dieser Punkt ist der Schmerz, der bohrt sich fest. Ich könnte jetzt aus dem Zug nicht mehr herausspringen, das würde der Schmerz nicht zulassen.«

In seinem letzten halben Jahr, da er die Universität, für die er sich noch angemeldet hatte, nicht mehr betreten konnte, liest Matthias Nietzsche und Heidegger. »Aufgehen in Nietzsche«, notiert er im Tagebuch; Nietzsches Denken und dessen Biographie faszinieren ihn. »Die Todeszone«, wie er seinen Ort begreift, setzt er nun gleich mit Nietzsches »gefährlichem Vielleicht« – jenseits von Gut und Böse, jenseits aller Normen und Konventionen, jenseits vom Abgestumpften und Empfindungslosen, gegen das Matthias ja gekämpft hat, kämpfen wollte, ist ein »gefährliches Vielleicht«, das nur im Schmerz, im Zusammenbruch, zu ergründen ist. Er schreibt am 27. November in sein Tagebuch: »Jeder Tag ist ungewiss geworden. Nur noch warten, warten … Trotzdem: Ich mache weiter. Ohne Hoffnung. Täglich Schmerzen, Schmerzmittel. Die Ökonomie des Überlebens, der Schmerzlinderung, wird zum Tagesinhalt.

Tränen, aus einer inneren Leere herausgekotzt. Aber, so unbegreiflich es tönen mag: neue Erfahrungen im Schmerz. Die Kraft spüren, überhaupt noch zu *sein*. Schmerz (nach Heidegger) ist Fuge und Riss zugleich. Abends im Bett liegen, mit dem Gedanken: Morgen kannst du nicht mehr aufstehen. Es ist ein Brei aus Unbeweglichkeit, Angst und dauerndem Schmerz.«

Am 7. Dezember schreibt Matthias morgens um vier, in kaum mehr lesbarer Schrift: »Bin auf der Suche nach dem Geheimnis. Es muss ja nicht die Wiederkunft des ewig Gleichen sein. Annäherung an den Tod.«

In dieser Zeit entdeckt er das Gedicht Georg Trakls ›Ein Winterabend‹. Es spricht ihn an, Matthias entspricht der Sprache dieses Gedichts. Dessen letzte Strophe lautet:

> Wanderer tritt still herein;
> Schmerz versteinerte die Schwelle.
> Da erglänzt in reiner Helle
> Auf dem Tische Brot und Wein.

Matthias steht jetzt an der Schwelle und ist, nach vier langen, schweren Jahren der Krankheit und nach diesen letzten Monaten, die für ihn ohne jede Hoffnung waren, für den Übertritt bereit.

Ein Satz, der letzte des Dichters Hölderlin, sagt, dass diese Schwelle nicht zwischen Diesseits und Jenseits steht. Matthias trägt den Satz Hölderlins in sein Tagebuch ein: »Leben ist Tod, und Tod ist auch ein Leben.« – das heißt: die Schwelle ist die Vollendung, wie sie Matthias am 8. Januar 1978 angesprochen hat: die Vereinigung von Denken und Sinn, Wollust und Schmerz, die Aufhebung des Widerspruchs – Leben und Tod zugleich. Dieses Urbild hat er gesucht, dieser Traum war schon da, als er noch nicht wissen konnte, was es heißt, einen solchen Traum zu träumen, das Sterben zu leben.

Am 4. Januar 1980 schreibt er: »Der Ort des Sterbens ist wichtig. Es soll einer sein, wo ich den Übergang antreten kann, wo ich bleiben kann.« Matthias will zu Hause sterben, bei der Mutter. Früher einmal hatte er, nach der Lektüre von Hesses *Narziss und Goldmund,* in seinem Tagebuch festgehalten, dass man die Mutter brauche, um zu lieben und um zu sterben. Jetzt, in seinen letzten Wochen, braucht Matthias die Liebe der Mutter, ihre Nähe, ihre Hand. Alle andern, der Vater, die Geschwister, Freundin und Freunde, traten zurück. Die Mutter bleibt an seinem Bett, Tag und Nacht. Matthias kehrt zurück zur Mutter.

Sein letzter Eintrag im Tagebuch, am 14. Januar 1980, sagt kurz: »Ich war.« Dahinter ist ein Punkt gesetzt. Hinter dem Punkt steht das Wort noch einmal, »wahr« mit h: »Ich war. Wahr.«

Am 7. Februar 1980 hört Matthias auf zu leben und zu sterben.

Bei einbrechender Dämmerung taperte ich durch die obere Gasse der Zuger Altstadt. Fleckenlos das Kopfsteinpflaster, makellos die renovierten alten Häuser, dezent das Lichtdesign. Der fließende Brunnen ohne Ton, das Nacht-Cabaret ohne Leuchtreklame, und alles, was irgendwie stören könnte, Tauben, Mäuse, Menschen – weg. Totalsanierung. Aber dich muss es doch geben, flüsterte ich in die Stille hinein, dich, die Katze mit den glühenden Augen und dem vornehmen Pelz! Dich muss es geben, denn du gehörst zu jedem Trümmergrundstück, zu jeder Tempelruine, zum verlassensten Hinterhof – auf der gesamten Welt bist du die Hüterin der Niemandsländer, die Bewohnerin der Dämmerung. Nein, dieses Niemandsland scheinst du zu meiden, vermutlich, weil du hier nicht einmal ein Loch zum Sterben fändest. Oder es wäre ein renoviertes Loch. Und natürlich weißt du, dass man zum Sterben ein wenig Leben braucht – allzu viel Hygiene (deshalb machst du einen Bogen um die Spitäler) ist tödlich.

Aber was klage ich – ich, ein alter grauer Kater? Die Welt will den Jungen gefallen, nicht unsereinem, so war es schon immer, so geht es jeder Generation. Als grauer Kater soll man sich nicht wundern, dass sich die Zuger Altstadt der geruchlosen Ästhetik der PC-Schirme anpasst.

Ja, irgendwann kommt die Zeit, da sich die Wege, wie es in Platons *Gastmahl* heißt, trennen müssen. Die Alten gehen in die Vergangenheit, die Jungen in die Zukunft. »Wer freilich zu dem besseren Geschäfte geht, es ist allen, außer Gott, verborgen.«

VII
DER BERG

Blick aus dem Fenster

Abend. Vor dem Fenster ist der See noch hell, aber in mein Buch sickert die Dämmerung hinein. Die aufgeschlagenen Seiten werden zu grauweißlichen Flächen, die Wörter lösen sich auf, ein neuer Text entsteht. »Es nachtet ein« – Robert Musil hat dieses schweizerdeutsche Wort geliebt. Allerdings musste er sich im Genfer Exil, wo er am *Mann ohne Eigenschaften* schrieb, durch bittere Zeiten kämpfen. Es sei, notierte er, ein ontologisches Kunststück, in der Schweiz zu überleben. Nicht nur in der Schweiz, offenbart mir mein Dämmerungsbuch. Existieren ist ein Kunststück.

Der Raum, den ich bewohne, gehört zu einem alten Fährhaus. Es steht auf zwei Stelzen im See, unter mir sind drei Boote aufgehängt. Meine Einrichtung ist karg. Ich besitze den Lehnsessel des Vaters, die Kommode der Mutter, ein Stehpult und volle Bücherregale. Nichts Überflüssiges an Bord, wie auf einem Kriegsschiff. Als mich mein Freund Botho Strauß besuchte, meinte er: »Diesen Posten kannst du halten bis zuletzt.« Keine Stufen, alles Nötige zur Hand, eine Kochnische, eine Dusche, vor den Fenstern der weite Horizont. In alten Zeiten hauste hier der Fährmann, der die Reisenden am Stehruder vom Ostufer des Zugersees hinüberbrachte nach Immensee, von wo es dann durch die Hohle Gasse weiterging nach Küssnacht, an den

Vierwaldstättersee. Abertausende kamen hier vorbei, und im Einnachten meine ich auf dem Steg vor dem Südfenster eine Schar von Reisenden zu sehen, stumm dem heranrudernden Fährmann entgegenblickend, bereit für die Überfahrt. Leis schnalzen im Untergeschoss die Wellen. Über der Rigi, dem hohen Berg am anderen Ufer, glitzern Sterne. Ich schaue wieder zum Südfenster – der Steg ist leer, die Reisenden sind fort.

Nachts gibt sich der See ein mondänes Ambiente. Wie an einer mediterranen Küste lichtern drüben, am Fuß der Rigi, die internationalen Nachtzüge vorbei, und hie und da, meist an den Wochenenden, gleitet eine Yacht durch die Bucht, ich höre Stimmen, Lachen, Musik, offenbar eine Bord-Party, schwebt heran und entschwindet, dann gehört die Nacht wieder den Wasservögeln, ihrem Schnarren Quarren Quorren Hupen Pladdern Flattern. Manchmal springt ein Fisch, taucht klatschend wieder ab; oder ein Schwanenpaar schlägt wild mit seinen Flügeln und schwirrt dann knapp über dem Wasser hinaus in die Nacht.

Irgendwann geben die Vögel Ruhe, und durch das offene Fenster weht eine feuchte, faulig nach Tang riechende Stille herein. Der See bekommt einen finsteren Glanz, die Sterne strahlen heller, und gelingt es mir, nicht mehr nach innen zu hören, sondern mich auf das Lecken der Wellen an den verschlammten Stelzen des Fährhauses zu konzentrieren, reise ich auf der Yacht oder mit dem Schwanenpaar in die Traumwelt hinüber.

Meistens erwache ich eine Stunde vor der Dämmerung – wenn Herr Tschümperlin im nahen Fischerhaus seinen Außenbordmotor anreißt. Dann tuckert er hinaus, und da die Schallwellen auf der glatten Wasserfläche ungehindert dahingleiten, wird das Gedröhn des sich entfernenden Kahns kaum leiser. Laut sind auch die endlosen Güterzüge, die dem anderen Ufer entlangkriechen, aber die Wasservögel schlafen noch, den Kopf ins Gefieder gedrückt, oder scheinen stumm darauf zu warten, gemeinsam mit den Luftvögeln, die in den nahen Pappeln wohnen, das erste Licht zu begrüßen. Mit der Kaffeetasse trete ich auf den Steg hinaus und sehe über dem Zugerberg, der sich hinter dem Bootshaus erhebt, einen blassen, dann zartrosigen Streif entstehn. Von den Wäldern streicht Kühle herab, ich kehre ins Haus zurück, an mein Fenster zwischen den hohen Regalen, und auf einmal wird der Kahn mit Herrn Tschümperlin vom Nebel verschluckt. Das andere Ufer und die Steilwand der Rigi lösen sich auf, weit wird die Welt, weit und weich und unmerklich heller. Auch im Buch, das offen auf dem Stehpult liegt, vollzieht sich die Dämmerung. Auf den beiden Seiten wimmeln schwarze Zeichen mit düsteren Zwischenräumen, aber schon im nächsten Augenblick, als würde eine unsichtbare Hand mit Zaubertinte schreiben, wird das Schriftbild klar, das Morgengrauen versickert, und der vom Schmerzensglück der Träume verwandelte Leser kann es kaum glauben, dass er denselben Roman wie gestern Abend in den Händen hält. Neugierig beginnt er zu lesen, und plötzlich singt alles und schreit und jault, als würde das Fährhaus irgendwo im Dschungel liegen, an einem lehmgelb sich dahinwälzenden Strom. Ob das Dampfboot, das ich, der wahnsinnige Almayer (aus Joseph Conrads Roman), seit Monaten erwarte, doch noch kommt?

Rigi

Ein Herangang

Schwarzer Rauch quoll aus dem Kamin des Dampfers. Der Kapitän stand im langen Gummimantel auf der Brücke und griff immer öfter zum Fernglas, denn einige Seemeilen voraus musste der Hafen liegen. Als wir uns dem diesigen Ufer näherten, riet ich meiner Mutter und den beiden Geschwistern, sich unter Deck zu begeben. Ein erfahrener Trapper hatte mir zugeraunt, dass wir hier gefährliche Stellen passierten – manchmal würde aus dem Dschungel eine Garbe von Giftpfeilen abgeschossen und der eine oder andere Passagier tödlich getroffen. Die Delfine in der Kielsee tauchten ab, doch nun folgten Möwen dem Schiff, die kreischend den Mast umflatterten. Dann schob sich dunkel eine Wand heran, wurde steiler und höher, eine Sirene ertönte, und wuchtig warf der Berg über der Bucht das Echo zurück. Die Besatzung nahm ihre Posten ein, der Dampfer legte an, und sämtliche Passagiere – Auswanderer mit Überseekoffern, Missionsschwestern mit Tropenhelmen, Indianer, Cowboys, Goldsucher, Pioniere und die Familie Hürlimann auf ihrem Sonntagsausflug – rannten an Land, um in letzter Sekunde das Tram zu erwischen, das uns über Kuh- und Kirschbaumwiesen von Arth nach Goldau brachte, wo wir im Eilmarsch die startbereite Rigi-Bahn erreichten. »Hinten fertig!«, rief der Kondukteur mit dem Älplerbart, hakte die gekrümmte Tabakspfeife in den Mundschlitz, die Waggontüren klappten zu, das Zahnrad rastete ein, und schon lag der Zugersee, der eben noch ein gefährliches Meer gewesen war, tief unter uns. Er wurde ein blanker Spiegel in der grünen Landschaft, und reckten wir unsern Daumen, verschwand dahinter, wie meine Schwester schaudernd feststellte, unsere Heimatstadt.

So erlebte ich als Primarschüler unsere Rigi-Fahrten, und vermutlich ist es kein Zufall, dass die Erinnerung hier, auf halber Höhe, aussetzt – als wären wir damals gar nie oben gewesen, sondern hätten uns in der plötzlichen Finsternis eines Tunnels, in den die Waggons im Anstieg hineinschloffen, samt unseren Picnic-Körben, Winterpullis, Skijacken und der Reiseapotheke aufgelöst. Der Gipfel der Rigi meiner frühen Jahre verbarg sich in den Wolken. Er hüllte sich in Schweigen. Es war noch nicht an der Zeit, von dort oben den See und die ferne Heimatstadt und vielleicht sogar ein ganzes Leben zu überblicken.

Nach acht Jahren in einer Klosterschule zog es mich hinaus in die Welt, auf jene Hippie-Pfade, die quer durch Afrika, quer durch Indien und irgendwann fast zwangsläufig nach Katmandu führten, in die sagenumrankte Hauptstadt aller Tramper, Träumer, Kiffer. Auf der Bahnfahrt war ich krank, und nur vage erinnere ich mich an die lottrigen, aus britischen Kolonialzeiten übrig gebliebenen Waggons und eine Dampflok, die uns aus der schwülen Ebene hochzog in immer kühlere Wälder, aber nie werde ich vergessen, wie ich im Fieberwahn plötzlich meinte: Das ist ja die Rigi!

Es war der Himalaya, frisch verschneit vor einem glühend blauen Himmel, und auch hier setzt die Erinnerung auf der Strecke aus – ich könnte nicht einmal sagen, ob ich das »Dach der Welt« von Katmandu aus noch einmal gesehen habe. Die Rigi lag in der Vergangenheit, in meiner Kindheit, und erhob sich ein Berg vor mir, der der Rigi glich, blieb er so fern wie die Rigi meiner Erinnerung – in düsteren Wolken verborgen, in ein hohes Schweigen gehüllt. Unnahbar. Niemals zu erreichen. Versunken in der Tiefe der Jahre.

Mein halbes Leben verbrachte ich im Flachland, in Berlin. Eines Nachts hockte ich vor einem schalen Bier und begriff, dass ich zum Trinker geworden war. Ich rettete mich in die Schweiz, in ein Appartement in Zermatt, wo ich mich aus eigener Kraft vom Suff wegholen wollte. Ein schwieriges Unterfangen! – in der zweiten Nacht lag ich würgend und winselnd auf einer Gummimatte in der Badewanne und gab auf. Ohne Hilfe würde ich den Entzug nicht schaffen. In der Hoffnung, irgendwo ein Bier zu bekommen, floh ich aus dem Haus – in eine grandiose Dämmerung hinein, vor ein Matterhorn aus flüssigem Gold. Oder stand es in Flammen? Hatte sich der Fels in Feuer verwandelt? Aber das war ja gar nicht das »Horu«, glaubte ich im Delirium, es war mein Berg, der eine, der einzige, die Rigi.

In Zermatt, wie in Katmandu, blieb es bei der Annäherung. Am Drusberg, einem der imposantesten Gipfel der Innerschweiz, machte ich Jahre später eine ähnliche Erfahrung. Ich habe mein Ziel nicht erreicht, und wieder war es die Rigi, die mich unterhalb des Gipfels zur Umkehr zwang.

Ab dem vierzigsten Lebensjahr wollte ich mir jeweils im späten Juni beweisen, dass ich immer noch rüstig genug sei, um auf einen »Hoger« wie den Drusberg hinaufzukommen.

Allein hätte ich es nicht geschafft, doch mein Freund Bruno Hitz half mir jeweils durch die Geröllhalde und oben, unterhalb des Gipfels, über den Grat. Wir übernachteten am Fuß der Wand und machten uns im frühen Morgen an den Aufstieg. Trotz des diesigen Wetters gelangten wir problemlos bis unter den steilrechten Kamm, wo wir, wie jedes Jahr, eine längere Rast einlegten, um dann ausgeruht die gefährlichste Passage zu bewältigen, den Grat. Nach den ersten Metern war mir klar: Es geht nicht mehr! Ein heftiger Schwindel hatte mich gepackt, so dass ich auf allen vieren zum Rastplatz zurückkriechen musste. Während Bruno weiterstieg, fiel ich in den Tiefschlaf, nicht nur vom Aufstieg, auch von meiner Niederlage erschöpft – das Altern hatte begonnen, von jetzt an würde meine Zeit unerbittlich ablaufen. Als ich eine Stunde später aufschreckte, glaubte ich meinen Augen nicht zu trauen. Aus dem Nebel kam langsam ein grauer Schemen auf mich zugeschritten, die Pfeife im Mund: der Älpler-Kondukteur der Rigi-Bahn. Stumm zog er an mir vorbei, um dann wie ein Geist im trüben Abgrund zu verschwinden …

Ob ich von der letzten Fahrt berichten kann? Immerhin bin ich nun reiseerfahren genug, um eine Ahnung zu haben, wie sie verläuft. Sie beginnt wieder auf jenem Meer, das für den Knaben, einen süchtigen Leser von Abenteuerbüchern, der milde Zugersee gewesen war … die Delfine tauchen ab, kreischende Möwen empfangen uns, aus der silbernen See erhebt sich ein dunkles Land, und schon nähert sich uns mit Molen, Masten und quietschenden Kränen der Hafen. Ein älterer Herr ist an meine Seite getreten. »Was für ein Gefühl«, sagt er, »nach Hause zu kommen!«

Der Herr erweist sich als profunder Kenner der griechischen Philosophie und antiker Mythen, und während wir nebeneinander an der Reling stehen, den Blick auf die rasch herangleitende Felswand gerichtet, raunt er mir zu, dass wir eben die acherusische See überquert hätten. Klar, im ersten Moment werde ich ein wenig erschrecken, denn die acherusische See ist die See der Seen, und wer sie befährt, begreift: Hinter dem Vielen ist das Eine. Wie viele Frauen du geküsst hast: in allen hast du die eine geliebt. In Tausenden von Büchern hast du ein einziges gelesen, dein Lebensbuch. So viele Fahrten es waren, alle haben dich auf die letzte Passage vorbereitet, und ohne es zu wissen, hast du stets diesen Ort gesucht, den Hafen am Fuß der hohen dunklen Wand.

Der Kondukteur der Rigi-Bahn, dem die gekrümmte Pfeife im weißen Bart hängt, kommt mir schon recht vertraut vor – es ist ja nicht unsere erste Begegnung. Er wird mich in eine lärmerfüllte Halle führen, wo die Bahn zur Abfahrt bereitsteht, und zu meiner Verwunderung werden die Waggons mit lauter Chinesen gefüllt sein, Touristen, die mit ihren Smartphones und Selfiestangen wie ich zum Gipfel wollen. Dann wird es durch immer kühlere, nebelumwallte Wälder höher gehen, in die Felsen hinauf, und vielleicht, wer weiß, wird mich vor dem ersten Tunnel ein zwiespältiges Gefühl beschleichen. Ob ich es diesmal schaffen werde, bis ganz nach oben zu gelangen?

Es war am letzten Tag im Jahr. Der Gipfel der Rigi ragte über dem alpenweiten Nebelmeer in eine Abendglut hinauf, die in allen Farben schillerte – mitternachtsblau, föhngrün, goldgelb und nach Sonnenuntergang in einem das ganze Gewölbe überfließenden Flammenrot. Die Terrasse des Kulm-Hotels hing wie ein schmales Deck ins Leere hinaus, und dort, ganz vorn, sah ich eine Frau an der Reling stehen, ins Abschiedslicht gegossen, schön wie Majandra, damals, auf dem Oberdeck des Oceanliners der Peninsular-and-Oriental-Company. Ob ich es wagen durfte, an ihre Seite zu treten? Ein Firn nach dem andern erlosch; die weite Alpenkette wurde zu einem schwarzen Schattenriss im tiefroten Himmel. Da und dort drang von den versunkenen Städten ein schwaches Schimmern herauf, fahle Inseln im Nebelmeer, und auf einmal erfasste mich ein Schwindelgefühl, wie am Abgrund. War die Schöne ein Höhenrausch? Oder ein Traum? Oder eine wirklich gewordene Erinnerung an die Morgendämmerung des Lebens, da man ganz und gar

Erwartung gewesen war, gelingender Entwurf, unendliche Zukunft?

Es war stärker als ich. Es zog und trieb mich zu ihr hin, und als die Musik aus dem Speisesaal des Hotels verklang, als die Sterne hinter dem Horizont heraufsprühten und der lautlose Wind stärker wurde, kam es uns vor, als würden wir auf unserem Planeten hinabrollen in die Tiefe des Alls. Im Norden lag unter der nun schon dunklen Nebeldecke jene Stadt, wo seinerzeit eine junge Familie mit Picnic-Körben, Winterpullis, Skijacken und der Reiseapotheke auf die Rigi aufgebrochen war. Westlich von uns befand sich hinter dem Großen und dem Kleinen Mythen der Talkessel von Einsiedeln, und dort, fern im Dunkel, war der Fels, an dessen Fuß sich schon bald die erste, winzige, hellgrüne Knospe zeigen würde. Frühling. Wiederkehr. Liebe auf den ersten Blick. Ich war in dieser Situation nicht unerfahren, fragte mich aber, ob ich es wagen durfte, meine Vorderpfote auf ihre schmale, um das Geländer geklammerte Hand zu legen.

Einer der Berge in der Alpenkette war der Fronalpstock, auf dessen Flanke ich seinerzeit gewandert war, und ich konnte nur hoffen, dass mich meine Majandra an der Reling der Rigi nicht für den Baubauzi hielt, den Popanz, dem es in gewissen Nächten gelingt, das Tintenfass auf dem Fensterbrett vor dem Küchenfenster zu verlassen. Nein, sie schien sich keineswegs über mich zu wundern, strich über meinen Pelz, kraulte mich unterm Kinn, schenkte mir ihr zauberhaftes Lächeln. Ich schnurrte vor Behagen. Endlich! Endlich hatte ich sie gefunden: sie, die Eine, die Einzige, die ich immer, ein Leben lang, gesucht hatte. Dennoch zögerte ich, den Antrag nachzuholen, den ich seinerzeit, auf dem Indischen Ozean, nicht gewagt hatte. Vielleicht bat ich sie erst später, in festlicher Stimmung, nach einem Tanz auf dem Ball im Hotel, meine Frau zu werden. Eine gute Idee – hätte sie erst ein Fläschchen Champagner intus und wäre vom Walzern artig erregt, würde sie einer Katerpersönlichkeit wie mir nicht widerstehen können. Ich räusperte mich in meine Pfote hinein. »Prinzessin«, hauchte ich, »es wäre mir eine Ehre, Euch auf den Ball zu begleiten.« »Wenn Sie sich eine Frackschleife umbinden.« »Ihr Wunsch sei mir Befehl. Auch werde ich die Schnauzhaare mit Goldstaub pudern. Aber auf Hosen und Stiefel verzichte ich. Gestiefelte Kater«, bemerkte ich und führte die Geliebte durch die Sternennacht zum Hotel, »gibt's nur im Märchen.«

Textnachweise

Das Erwachen der Steine

Das Holztheater

Der Wegweiser

Geborene Verteidiger
   Aus: Das Holztheater. Geschichten und Gedanken am Rand,
   Zürich: Ammann Verlag, 1997.

Augenmensch und Hörnlimann

Höhenfeuer

Spurensuche in Galizien
   Aus: Himmelsöhi, hilf! Über die Schweiz und andere Nester,
   Zürich: Ammann Verlag, 2002.

Schreiben

»Schreiben kannst du!« (Auszug aus »Lehrjahre in Platons
Höhle«)
   Aus: Der Sprung in den Papierkorb. Geschichten, Gedanken
   und Notizen am Rand, Zürich: Ammann Verlag, 2008.

Dämmerschoppen

Der Tunnel

L'Heure fédérale auf der Titanic

L'Esprit de l'escalier. Über die Treppe
   Aus: Dämmerschoppen. Geschichten aus dreißig Jahren, Zürich: Ammann Verlag, 2009.

Rigi. Ein Herangang
Aus: Andreas Iten (Hrsg.): Der Rigi ist die Rigi. Ein Lesebuch,
Luzern/Rigi Kulm: Edition Bücherlese/Rigi Kulm-Hotel Rigi
Kulm, 2016.

Wer könnte das Eine nicht lieben? 14 Stationen
Aus: Jan-Heiner Tück (Hrsg.): »Der große Niemand.« Reli-
giöse Motive im literarischen Werk von Thomas Hürlimann,
Freiburg/Basel/Wien: Herder, 2018.

Wir vom Club der Atheisten
In: Die Zeit, 31. März 2010.

Lazarus (erschienen als: »Kurze Story meiner Auferweckung«)
In: Die Zeit, 26. März 2015.

Familienalbum
In: NZZ Geschichte, Juli 2015.

Berliner Madonna
In: Communio, März/April 2017.

Demokratie jenseits der Mehrzahl
In: Neue Zürcher Zeitung, 17. Juli 2017.

Meine Reise ins eigene Innere
In: Neue Zürcher Zeitung, 27. April 2019.

Der doppelte Gottfried
In: Die Weltwoche, 11. Juli 2019.

Blick aus dem Fenster
In: Frankfurter Allgemeine Zeitung, 3. April 2020.

Matthias Hürlimann. Ein Nachruf
Erstveröffentlichung

Sämtliche Texte wurden durchgesehen und überarbeitet.
Die Kater-Texte sind Originalbeiträge für diesen Band.

Dank

Ich danke Fedora Wesseler für die Durchsicht der Veröffentlichungen aus vierzig Jahren. Ich danke Jürgen Hosemann, dem Lektor; gemeinsam wählten wir die Texte für diesen Band aus und ordneten sie sieben Kapiteln zu. Ich danke meinen Cousins Christoph und Tobias Hürlimann; sie richteten mir die ideale Wohn- und Schreibstatt ein. Ich danke meiner Schwester Gabrielle Hürlimann und meinem Schwager Christoph Haering; bei ihnen konnte ich mich von meiner Krankheit erholen.

Walchwil,
im Fährhaus »Zum Sternen«,
am 31. März 2020
Thomas Hürlimann